Kerstin Bläser

Ermessensraum

Sozial- und Kulturgeographie

Band 20

Kerstin Bläser studierte Geographie an der Philipps-Universität Marburg. Sie promovierte an der Goethe-Universität Frankfurt am Main im Schnittfeld von Wirtschafts- und Stadtgeographie.

Kerstin Bläser

Ermessensraum

Zur kalkulativen Hervorbringung von Investitionsobjekten im Immobiliengeschäft

[transcript]

D.30

Bibliografische Information der Deutschen Nationalbibliothek
Die Deutsche Nationalbibliothek verzeichnet diese Publikation in der Deutschen Nationalbibliografie; detaillierte bibliografische Daten sind im Internet über http://dnb.d-nb.de abrufbar.

transcript Verlag | Hermannstraße 26 | D-33602 Bielefeld | live@transcript-verlag.de

Umschlagkonzept: Kordula Röckenhaus, Bielefeld
Umschlagabbildung: burandt / photocase.com
Druck: docupoint GmbH, Magdeburg
Print-ISBN 978-3-8376-3859-2
PDF-ISBN 978-3-8394-3859-6

Gedruckt auf alterungsbeständigem Papier mit chlorfrei gebleichtem Zellstoff.
Besuchen Sie uns im Internet: *http://www.transcript-verlag.de*
Bitte fordern Sie unser Gesamtverzeichnis und andere Broschüren an unter: *info@transcript-verlag.de*

Inhalt

Vorwort

Die grundlegenden Arbeiten zu dieser Dissertation entstanden im Wesentlichen zu meiner Zeit als Doktorandin an der Goethe-Universität Frankfurt in den Jahren 2012 bis 2015. Auf dem Weg hin zu dieser Publikation haben mich dabei zahlreiche Personen eine längere Zeit begleitet, sind für kürzere Phasen hinzugekommen oder haben sich mit einzelnen Beiträgen und Rückmeldungen auf Konferenzen oder Gesprächen kurz zu Wort gemeldet. Viele von ihnen haben meine Arbeit und damit diese Publikation sehr geprägt und bereichert. Auch wenn ich an dieser Stelle nicht alle erwähnen kann, gilt ihnen mein Dank.

Besonders bedanke ich mich bei meiner Promotionsbetreuerin Prof. Susanne Heeg. Sie verstand es einerseits, Freiheiten für die eigene Forschung zu lassen, Neujustierungen zu akzeptieren und das Einschlagen unbekannter Wege, auch auf die Gefahr von Sackgassen hin, mitzutragen. Andererseits wusste sie immer wieder klug an Zeitplanungen und bereits gesetzte Eckpfeiler zu erinnern und Überlegungen zu fokussieren. Wo sie konnte, hat sie Türen geöffnet und für mich damit die Auseinandersetzung zwischen Accounting-Forschung und Finanzgeographie ermöglicht.

Prof. Uwe Vormbusch war nicht nur mein Zweitgutachter, sondern hat zudem meinen Forschungsaufenthalt an der London School of Economics and Political Science unterstützt und erste Kontakte hergestellt. Ihm danke ich auch für seine inhaltlichen Anregungen und seinen Zuspruch – den brauchte es gelegentlich, um sich als Geographin in die Tiefen des Accounting zu wagen. In diesem Zusammenhang danke ich außerdem Dr. Andrea Mennicken für ihre Gastfreundschaft und inhaltlichen Anregungen zu meiner Zeit an der London School of Economics and Political Science.

Erste Ideen und Überlegungen zu meinem Forschungsprojekt entstanden bereits zur Zeit als wissenschaftliche Mitarbeiterin am Institut für Landes-

und Stadtentwicklungsforschung in Aachen/Dortmund zwischen 2009 und 2012. Mein damaliger Mentor Prof. Rainer Danielzyk ermutigte tapfer und diskutierte beharrlich meine ersten Ideen. Er stellte den Kontakt zu meiner Betreuerin Prof. Susanne Heeg überhaupt erst her und ebnete damit den Weg für dieses Projekt.

Ich danke meinen Kolleginnen und Kollegen der Arbeitsgruppe und des Instituts für ihre Diskussionsfreude und Unterstützung.

Ich danke meinem Freund Dominik für seine immense Geduld. Große Unterstützung über all die Jahre erhielt ich durch meine Familie. Ich danke Steffi und Simone dafür, dass sie nie an mir und diesem Projekt gezweifelt haben. In besonderem Maße danke ich meinen Eltern. Selbst fernab von jedem akademischen Leben haben sie meinen Weg, der ihnen sicher so oft so eigenartig erschien, bedingungslos unterstützt! Sie haben versucht, mir alle Hindernisse aus dem Weg zu räumen und mir gleichzeitig klargemacht, dass das Schreiben einer solchen Arbeit „nicht alles im Leben ist". Ich danke ihnen für ihren Rückhalt, ihre Geduld und Unterstützung!

Ihnen ist diese Arbeit gewidmet.

Technischer Hinweis

Anonymisierung: Die Namen aller interviewten Personen und aller damit verbundenen Firmen wurden gemäß der Zusicherung, die vor den Gesprächen gegeben wurde, anonymisiert. Um Rückschlüsse auch tatsächlich ausschließen zu können, wurden an einigen Stellen zudem auch Investitionsstandorte umbenannt. Dies schmälert an den jeweiligen Stellen nicht die Aussagekraft der Ergebnisse, stellt aber sicher, dass die den Gesprächspartnern zugesicherte Anonymisierung auch tatsächlich gewährleistet werden kann.

Verzeichnisse

Abbildungsverzeichnis

Tabellenverzeichnis

Info-Box

Abkürzungsverzeichnis

ANT	Akteur-Netzwerk-Theorie
BaFin	Bundesanstalt für Finanzdienstleistungsaufsicht
CAPM	Capital Asset Pricing Model
DCF	Discounted Cash Flow
EU	Europäische Union
Gif	Gesellschaft für immobilienwirtschaftliche Forschung e.V.
IASB	International Accounting Standards Board
IPD	Investment Property Databank
IVSC	International Valuation Standards Council
KAG	Kapitalanlagegesellschaft
KAGB	Kapitalanlagegesetzbuch
KVG	Kapitalverwaltungsgesellschaft
REIM	Real Estate Investment Management
SSA	Social Studies of Accounting
SSF	Social Studies of Finance
SSM	Social Studies of Marketization
STS	Science and Technology Studies
TEGoVA	The European Group of Valuers' Associations

Einleitung: Mobilisierung des Immobilen

Er legte eine ausgedruckte PowerPoint-Präsentation vor uns auf den Tisch, schlug eine Seite auf, auf der Quadranten zu sehen waren. In die Quadranten waren Punkte eingezeichnet. Mit dem Kugelschreiber in der Hand begann er:

„So kann ich nun alle wunderbar gegeneinander legen. Was ganz interessant ist zum Beispiel, hier in der Liste ganz oben [er tippt mit dem Kugelschreiber auf einen Punkt], ist Dublin. Für Dublin wird erwartet, dass sich der Markt bereits wieder, ja, von seinem Tiefpunkt auf dem Weg nach oben befindet und das wird noch deutlich zunehmen. Also, wenn man Geld retten möchte, dann würde man das auf Dublin setzen. Oder reden wir von Wette, weil das ist ja opportunistisch, das ist nicht so der Markt, wo wir agieren werden. Aber so schmeiße ich alle Märkte zusammen und am Ende des Tages habe ich dann so eine Matrix, die ich dann auch einteilen kann aufgrund der Durchschnittswerte und sagen kann, zum Beispiel hier in diesem Quadranten, das sind die Märkte, die einen hohen Ertrag erwirtschaften, überdurchschnittlichen Ertrag bei unterdurchschnittlichen Risiken [...]. Und so kann man dann auch anfangen zu diskutieren. Und dann einfach sagen: ‚Wo sind eigentlich die Chancen? Was wollen wir machen?'" (E).

Vor mir in einem Konferenzraum einer Investmentfirma breitete er seine Investitionswelt aus. Eine Landkarte aus Quadranten bestehend, aus Renditebergen und Risikotälern. Das war ihr Maßstab.

Immobilien und Finanzkapital

„Even if you start with the simplest and most natural item you can think of – say, a bale of cotton – you will quickly find that this must also undergo considerable amounts of framing before it is fit for the market" (Holm und Nielsen 2007, S. 174).

Schaut man sich das gegenwärtige Treiben institutioneller Immobilieninvestoren[1] auf dem deutschen Immobilienmarkt an, wird deutlich, dass Immobilien – wahrlich nach einem kurzen Einbruch in Folge der Finanzkrise – kaum an Attraktivität als Assetklasse verloren haben. Günstige Finanzierungsbedingungen im Zuge eines aktuell niedrigen Zinsumfeldes sowie wenig rentierliche Entwicklungen von Alternativanlagen führen dazu, dass Immobilienanlagen bei institutionellen Investoren hoch im Kurs stehen und Kapital vom Anleihen- in den Immobilienmarkt umgeschichtet wird. Immobilien sind von einem „Gebrauchsgut zu einem Finanzprodukt" (Heeg 2013, S. 5) geworden und gelten als attraktives Investmentziel anlagesuchender Finanzkapitalien.

Das, worüber man fast allzu schnell hinwegzulesen droht, beschreibt die Grundlage eines finanzialisierten Kapitalismus: das beständige Einhegen neuer Anlagemöglichkeiten in die Sphäre der Finanzmärkte. Es beschreibt ein Geschehen, das aus Getreide derivate Finanzgüter, aus CO2-Emissionsrechten Futures oder aus Agrarland „Underlyings" für Landwirtschaftsfonds macht. So unterschiedlich diese neuen Assetklassen auch sein mögen, im Kern geht es um das Gleiche: sie im Finanzmarktsinne lesbar und finanzförmig handelbar zu machen. Es bedeutet eine Übersetzungsleistung in Form von Quantifizierung und Standardisierung, auf deren Basis finanzökonomische Kalkulationen der Bewertungsarbeit anschließen können und „Kalkulierbarkeit" als machtvolles Instrument zur Mobilisierung von Kapital hervorgebracht werden kann. Es geht um das Verzahnen anlagesuchenden Kapitals mit anlagefähigen Objekten, in vorliegender Untersuchung um das Generieren eines Investitionsflusses in Immobilienprojekte in die eine und das Generieren entsprechender Verzinsungen des eingesetzten Kapitals in die andere Richtung.

Es handelt sich um ein Geschehen, das Gotham (2009, S. 357) als „financial process of transforming illiquid commodities into liquid resources" beschreibt. Er meint damit, dass aus nicht austauschbaren, nicht übertragbaren, immobilen, illiquiden Gütern, die zudem durch lange Transferzeiten zwischen Kauf und Verkauf gekennzeichnet sind, liquide Anlagen werden (ebd.). Seien erste meist Güter, bei denen es aufgrund sehr verschiedenartiger, sehr spezifischer und heterogener Eigenschaften schwerfalle, den Wert

1 | Wenn von Investoren gesprochen wird, sind im Rahmen der vorliegenden Arbeit damit in der Regel institutionelle Investoren gemeint – also keine Privatpersonen –, woraus sich die Verwendung der männlichen Sprachform ergibt.

des Gutes zu ermitteln, zeichne sich ein liquides Gut durch homogene, berechenbare und standardisierte Eigenschaften aus, was es Investoren möglich mache, Wert nach eingeübten Verfahren zu bestimmen. „Liquidity is neither a psychological phenomenon nor a static and immutable feature of an asset. As a social construction, liquidity is variable, contingent and dependent on state actions and legal and regulatory frameworks to support the standardization, homogenization and exchangeability of commodities" (ebd.). Deutlich mit diesem Zitat wird: Finanzmarktgängigkeit ist keine intrinsische Eigenschaft von Gütern, sondern Ergebnis einer wechselseitigen Konstituierungs- und Formierungsleistung eines Prozesses „finanzieller Vermarktlichung"[2]. Dieser Prozess umfasst die Transformation, also die Einpassung in finanzmarktliche Kalkulationsweisen, sowohl bisher marktferner Bereiche, wie etwa CO2-Emissionen, als auch bereits marktlich organisierter Terrains hin zu auf Finanzmärkten handelbaren Assets.

Numerisch-kalkulative Bewertungsarbeit ist ein zentraler Bestandteil dieser finanziellen Vermarktlichung. Sie lehnt an eine Rationalität finanzmarktlichen Handelns an, deren Entscheidungsvollzüge als hochgradig technisierte, quantifizierte und standardisierte Arbeitsweisen erscheinen. In ihrer Anwendung sind sie an die Vorstellung gebunden, dass „Entscheidungen auf der Grundlage präziser Beobachtungen der ökonomischen Wirklichkeit getroffen werden" (Kalthoff 2000, S. 103) – oder dies zumindest theoretisch möglich ist. Zudem sind sie an die Vorstellung gebunden, dass entsprechende Berechnungs- und Kalkulationsweisen – als neutrale und distanzierte Technik – Kapital effektiv der bestmöglichen Nutzung zuführen, dies sowohl innerhalb der Assetklasse Immobilien als auch im Vergleich zu anderen Anlageformen und bezogen auf Erwartungswerte, etwa zukünftiger Cashflows oder Wertentwicklungen. Im Immobiliensektor müssen dazu aus einer Vielzahl potenzieller Investitionsmöglichkeiten, bezogen auf Standorte und Gebäude, jene selektiert werden, die besonders rentierliche Investments

2 | In Anlehnung und gleichzeitiger Präzisierung zu dem Begriff „finanzielle Ökonomisierung" (Ouma und Bläser 2015) fokussiert der Begriff „finanzielle Vermarktlichung" konkret auf die Herstellung der Bedingungen finanzmarktlichen Austauschs, also die Möglichkeit, Immobilien nach eingeführten Bewertungsweisen der Finanzmärkte kalkulierbar bzw. bewertbar zu machen. Vermarktlichung ist in Anlehnung an Caliskan und Callon (2010) zwar Bestandteil von Ökonomisierung, also der Hervorbringung „des Ökonomischen" bzw. der Rahmung von etwas als „ökonomisch", zielt jedoch konkreter auf die marktkonstitutiven Effekte von Praktiken und Dingen.

in Aussicht stellen. Es ist ein Vorgang, der sich über eine möglichst detaillierte Berechnung und präzise Darstellungen des zu Beobachtenden formuliert.

Entsprechende Kalkulationen werden alltäglich und beständig vollzogen in heterogenen Konstellationen aus AnalystInnen und PortfoliomanagerInnen, deren Rankings und Excel-Sheets und einer darin verwobenen Vielzahl finanzmarktlicher Kennziffern und Modellierungen und vielem mehr mit dem Ziel, immobilienwirtschaftliche Charakteristika in finanzmarktlesbare Zahlengebilde zu übersetzen und darauf aufbauend Entscheidungen zu treffen.[3] Kennziffern und Berechnungsweisen sind dabei eingelassen in „institutionalisierte Kalkulationssysteme und Wertungsregime“ (Ouma und Bläser 2015, S. 215), in Gang gesetzt und überwacht durch das Ineinandergreifen staatlicher und privatwirtschaftlicher Einrichtungen, die in die Autorität gesetzt werden. „Es handelt sich um wirkmächtige, differente Praxisformen, die Finanzzentralen mit bestimmten Orten verbinden und maßgeblich dafür sind, Kapital auf den Weg zu bringen und Investitionsstandorte entstehen zu lassen“ (ebd.). Zwischen den Konferenzräumen der Investmentgesellschaften, den Büros der MarktanalystInnen, den Ständen von Investmentmessen und den Grundstücken der Immobilie vor Ort werden Modelle und Kalkulationsweisen, Regeln und Standards, Software und Grafiken, menschliche und nicht-menschliche Wesen so relationiert, dass ein finanzmarktlicher Austausch der Immobilien möglich wird.

Es ist die Frage nach den soziotechnischen Beziehungen dieser Elemente, die aus einem Ort einen Investitionsstandort, aus einem Gebäude ein Asset und damit schlussendlich aus all dem einen Anlagemarkt werden lassen und Kapitalströme räumlich ausrichten, die diese Arbeit grundlegend organisiert. Zur Aufgabe gemacht wird, hinter die glatten Fassaden kalkulativ-numerischer Zahlenarbeit zu schauen und zu fragen, wie Kalkulationsprozesse alltäglich vollzogen werden, welche Rollen kalkulative Praktiken in der Investmentpraxis einnehmen und welche Wirkmächtigkeiten sie entfalten. Ziel ist es, die Funktion kalkulativer Praktiken bei der Etablierung und Aufrechterhaltung einer Assetklasse herauszuarbeiten und damit das Verständnis finanzieller Vermarktlichung sowie des Modell- und Zahlengebrauchs in Finanzumwelten zu schärfen und daraus resultierend die räumliche Ka-

3 | Genau wie Botzem (2014, S. 61) darauf hinweist, sind mit der Bezeichnung AkteurInnen, AnalystInnen usw. stets sowohl Männer als auch Frauen gemeint, jedoch sind es in der Tat meist Männer, die in entsprechenden Positionen zu finden sind. So ließ sich auch die Interviewgruppe vorliegender Untersuchung ausschließlich aus Männern zusammensetzen.

nalisierung von Finanzkapital über kalkulativ-numerische Praktiken in den Blick zu nehmen. Dazu wird der Kalkulation auf den kommenden Seiten ins Feld gefolgt, es wird eingetaucht in die Büros der Investoren, die Hallen der Immobilienmessen und die Seminarräume der ManagerInnenausbildung. Beobachtet wird, wie Zukünftiges in Gegenwartswerte transformiert, nach intrinsischen Werten gesucht wird und vieles mehr.

Finanzielle Inwertsetzung

Bedingungen der Integration von Finanz- und Immobilienmärkten wurden innerhalb der Geographie sicherlich an prominentester Stelle in politökonomischen Ansätzen diskutiert. Beginnend argumentiert wird meist mit dem Anspruch von Finanzvermögen auf Gewinn, etwa in Form von Zinsen oder Renten, der in der Realwirtschaft, also aus dem Sozialprodukt, aufgrund der im Verhältnis langsamer steigenden Wertschöpfung[4] nicht zu erzielen ist und im Ergebnis in periodischen Formen von Überakkumulation endet. David Harvey (z.B. 2005) ist es, der Strategien der Hinauszögerung von Überakkumulation beschreibt, was entweder durch zeitliche oder räumliche Verschiebung bzw. deren Überlagerung geschieht. Während Ersteres nach Harvey die Verlagerung von Kapital in langfristige Projekte wie umfangreiche öffentliche Programme meint, geht eine räumliche Verschiebung mit „Streuung oder Export von überschüssigem Kapital und Arbeit in neue und profitablere Räume“ (2005, S. 101) einher.

In diesem Prozess produziere Kapital immerwährend neue Landschaften, nur um sie zu einem späteren Zeitpunkt wieder zu zerstören und sich im Anschluss als erneute Hinauszögerungsstrategie der Krise wieder an ihnen zu bedienen (Harvey 2001, S. 25):

„This leads to one of the central contradictions of capital: that it has to build a fixed space (or ‚landscape') necessary for its own functioning at a certain point in its history only to have to destroy that space (and devalue much of the capital invested therein) at a later point in order to make way for a new ‚spatial fix' (openings for fresh accumulation in new spaces and territories) at a later point in its history".

4 | Das weltweite private Kapitalvermögen stieg von 1980 bis 2007 von 12 auf 197 Billionen Dollar an. Ihm gegenüber steht ein Anstieg des Weltsozialprodukts im gleichen Zeitraum von lediglich 10,1 auf 55,5 Billionen Dollar (Huffschmid 2009, S. 13).

Ohne diese Möglichkeit zur räumlichen Expansion, so Harvey (ebd.), sei gegenwärtiger Kapitalismus nicht existenzfähig.

Auf diesen Expansionszwang zielt auch die Argumentation anderer Autoren wie die von Klaus Dörre (z.B. 2012) ab, der die Angewiesenheit des Kapitalismus, das nichtkapitalistische Äußere in Besitz zu nehmen, als „finanzkapitalistische[...] Landnahmen" (ebd., S. 141) bezeichnet, da sich Kapitalismen jeglichen Typs, auch die fortgeschrittenen, nicht aus sich selbst heraus reproduzieren könnten. Nah sind entsprechende Interpretationen – sowohl von Harvey als auch von Dörre – an Luxemburgs (1913, S. 338) Überlegungen zum Expansionszwang des Kapitalismus und der Argumentation, „daß die kapitalistische Akkumulation zu ihrer Bewegung nichtkapitalistischer sozialer Formationen als ihrer Umgebung bedarf, in ständigem Stoffwechsel mit ihnen vorwärts schreitet und nur so lange existieren kann, als sie dieses Milieu vorfindet". Zentraler Unterschied zwischen Harvey und Luxemburg ist nun, dass nach Luxemburg die Möglichkeiten kapitalistischer Landnahmen endlich sind und zwar dann, wenn nichts jenseits kapitalistischer Organisation übrig bleibt. Harvey – im Gegensatz dazu – geht davon aus, dass das „Jenseits" kapitalistischer Formation stets neu produziert werden kann (dazu Dörre 2012, S. 124). Der Immobiliensektor ist für Harvey dabei zentraler – wenn auch nicht alleiniger – Kanal zum Auffang überschüssiger Kapitalien und damit entscheidend für kapitalistische Entwicklung insgesamt.[5]

Alles in allem bilden erwähnte Arbeiten ein wichtiges Gerüst zur Kontextualisierung aktueller Geschehnisse, das Warum kapitalistischer Landnahme wird erklärt, Strategien zur Hinauszögerung von Überakkumulationskrisen beschrieben. Es wird also auf die Makroebene kapitalistischer Landnahmen fokussiert. Harvey geht dabei davon aus, dass ein kapitalistisches Außen als Ziel neuer Expansionen, aktiv hergestellt werden kann. Wie dieses entsteht, klammert er jedoch weitgehend aus. Christophers (2014, S. 16) schreibt dazu: „Harvey's markets remain largely theoretical ones. He is interested in, for

---

5 | Mit Blick auf die USA führt Harvey (25.05.2012) illustrierend aus, dass eine Maßnahme der keynesianischen Politik gegen die Weltwirtschaftskrise ab 1929 war, Hypotheken zu vergeben und den Hauskauf zu fördern. „Vorher besaßen nur knapp 40 Prozent der Amerikaner Wohneigentum. (Heute sind es fast 70 Prozent. M.B.) Nach dem Zweiten Weltkrieg trugen der Bau der Vorstädte und die Schuldenfinanzierung von neuen Häusern entscheidend zur Wiederbelebung der amerikanischen Wirtschaft und damit auch der Weltwirtschaft bei. Historisch betrachtet war das der erste Versuch, durch Urbanisierung die Wirtschaft zu stabilisieren und diese Strategie wurde die ganze neoliberale Ära hindurch verfolgt".

instance, the role of geographic market expansion in easing effective demand problems, but because he approaches such expansion from the abstract perspective of Marx rather than from the empirical perspective of markets thus configured, the latter remain, at best, only hazily formed". Gewendet auf das Erkenntnisinteresse dieser Arbeit bedeutet dies, dass konkrete Abläufe, Praktiken und AkteurInnen von Vermarktlichungsprozessen, also etwa die Einführung, Anwendung, Funktion und Effekte finanzmarktlicher Kalkulations- und Bewertungsweisen in zu vermarktlichende Sphären, weitgehend ausgeblendet werden.

Rund um den Begriff der Finanzialisierung sind eine ganze Reihe von Arbeiten entstanden, im Zuge derer Kennzeichen finanzmarktlicher Expansion diskutiert werden: Deeg (2014, o.S.) etwa unterscheidet zwei Elemente von Finanzialisierung: „profit financialization" und „control financialization", die zugleich die zwei wesentlichen Forschungsfelder der Auseinandersetzung aktueller Finanzialisierungsliteratur markieren. „Profit financialization" steht für ihn für „the growing share of corporate profits earned by financial firms or earned by non-financial firms from financial activities", im Zusammenhang mit dieser Anschauung werden also veränderte Formen von Kapitalakkumulation diskutiert. „Control financialization" steht hingegen für „the heightened influence of financial actors and financial performance measures over corporate management". Ausgehend von dieser Perspektive wird der Bedeutungszuwachs von Finanzmarktakteuren und finanzmarktlichen Handlungsweisen und Argumentationsformen in alle möglichen Bereiche des Ökonomischen und Sozialen diskutiert (so z.B. auch Epstein 2002 sowie Kädler 2009).[6] Alles in allem existiert eine ganze Reihe von Arbeiten, die aus unterschiedlichsten Blickwinkeln und zu unterschiedlichen Gegenstandsbereichen zu Fragen der Finanzialisierung forschen. Doch auch im Rahmen dieser Arbeiten ging es bisher weniger um konkrete Praktiken der Herstellung von Anlagemärkten für Finanzkapital. Zusammenfassend bringen es Berndt und Boeckler (2012, S. 203) auf den Punkt:

„For neoclassical economic geographers the market does not constitute an object of inquiry. Being just a question of prices and adjustment, the market is no problem – it solves problems! For political economy the reverse is true. The market is the problem, creating inequality through uneven accumulation processes. It is an object of critique and resistance rather than one to study."

---

6 | Dazu auch Ouma (2014, S. 199).

In dieser Arbeit geht es weder um das eine noch um das andere, weder geht es um die Frage, ob Markt Problem oder Lösung des Problems ist, es geht um die Frage, wie er entsteht und alltäglich am Leben gehalten wird; wie er als Ergebnis des Zusammenwirkens differenter Praxisformen gelingt. Aufgrund der sehr breiten und bereits auf andere Weisen belegten Verwendung des Begriffs Finanzialisierung wird dazu für den weiteren Verlauf der Arbeit der bereits erwähnte Begriff „finanzielle Vermarktlichung" in Anlehnung an Caliskan und Callon (2010) vorgeschlagen, was die Transformation von einem „Etwas" zu einem Anlagegut meint, also dessen Standardisierung und Quantifizierung, um diese im Finanzmarktsinne sichtbar und bewertbar zu machen.

Ökonomie und Ökonomisierung

Es sind im weitesten Sinne kulturökonomische Ansätze, die sich zur Aufgabe machen, die Selbstverständlichkeiten „des Ökonomischen" zu hinterfragen. Ökonomie wird als Ergebnis diskursiver Praxis und praktischen Vollzugs verstanden (dazu Berndt und Glückler 2006, S. 19 ff.), also das, was MacKenzie (1998, S. 61) als „the construction of the economic" bezeichnet: „Economic phenomena such as prices, profits, and markets are not just ‚there' – self-sustaining, self-explaining – but exist only to the extent that certain kinds of relations between people exist" (ebd.). Das Aufdecken der Konstruktionsweisen dieser ökonomischen „Quasi-Entitäten" (Berndt und Boeckler 2007, S. 216) ist Gegenstand eines interdisziplinären Forschungsprogramms der sog. Social Studies of Marketization (SSM) (Caliskan und Callon 2009, 2010). Caliskan und Callon (2010) verstehen Vermarktlichung als Teil eines übergeordneten Prozesses der Ökonomisierung, bei dem es um all jene Vorgänge geht, die Dinge, wie spezifische Verhaltensweisen, Institutionen und Organisationen als ökonomisch rahmen (ebd., S. 2). Die Untersuchung von Vermarktlichung umfasst die Beschreibung und Analyse der spezifischen Verfasstheiten und Dynamiken soziotechnischer Markt-Gefüge (ebd., S. 3). Märkte werden dabei verstanden als „socio-technical arrangements or assemblages (*agencements*)" (ebd.), also soziotechnische Beziehungen, die stets nur temporär stabilisiert so relationiert werden, dass Dinge marktförmig bewertbar und handelbar gemacht werden und Kapital investiert werden kann.

Im Unterschied zu Arbeiten aus dem Feld sozioökonomisch informierter Perspektiven, die von einem im Vorfeld der Analyse festlegbaren Bereich der

Ökonomie ausgehen, der getrennt – weil eingebettet – werden kann, geht es bei dieser Lesart genau darum, diese Trennung aufzulösen und zu analysieren, „wie der wirkmächtige Diskurs der orthodoxen Ökonomik gegenwärtig im Begriff ist, die Welt nach seinen Modellen und Modellannahmen zu gestalten" (Berndt und Boeckler 2007, S. 215). Entsprechende Arbeiten, u.a. aus dem Umfeld der Akteur-Netzwerk-Theorie (ANT) sowie der Science and Technology Studies (STS) geprägt, öffnen dabei den Blick für das Zusammenwirken materialer, diskursiver und menschlicher Akteure, also deren soziotechnische Verwicklung bei der Hervorbringung ökonomischer Größen. Es ist eine Perspektive, aus der das Symmetrieprinzip der ANT spricht, das menschlichen und nicht-menschlichen Wesen gleichermaßen die Fähigkeit zuspricht zu wirken. Für den Kontext der vorliegenden Arbeit ist das Symmetrieprinzip eine Suchrichtung, welche die Arbeit im Feld sensibilisiert. Nur mit einer Perspektive, die technische und numerische Artefakte in eine Analyse einbezieht bzw. die davon absieht, der empirischen Analyse vorgängige Kategorisierungen von mehr oder weniger Handlungsmacht im Feld vorschnell zu treffen, kann das gegenwärtige Treiben der Marktkoordination und -konstituierung auf Finanzmärkten verstanden werden, die ohne dabei zur Anwendung kommende Informations-, Bewertungs- und Kommunikationstechnologien sowie materiale Infrastrukturen kaum mehr zu denken sind.

In hier vorgestellter Perspektive geht es also um die Untersuchung dessen, was als ökonomisch zu bezeichnen ist:

„in order to grasp ‚the economy' one has to look for that which is ‚economic'. The shift from a noun (the economy) to an adjective (economic) is the first step in moving towards a study of economization. In place of studying ‚economies', this leads to the study of ‚economic X' (in which X could be a behaviour, a way of reasoning, forms of activity, institutions or arrangements)" (Caliskan und Callon 2009, S. 372).

Damit geht eine Verschiebung des Erkenntnisinteresses einher, was ausgerichtet wird auf die Analyse jener Arbeit, die Dinge als *ökonomisch* hervorbringt. Rationalität, Markt und Kalkulierbarkeit ist damit nicht End- sondern Ausgangspunkt einer Auseinandersetzung oder als Frage formuliert: Welche Arbeit liegt zugrunde, damit etwas z.B. als kalkulierbar erscheint? Für die vorliegende Arbeit wird damit der Blick geöffnet, um Prozesse der Hervorbringung eines Anlagemarktes für Immobilien ins Auge fassen zu können. Es geht um die Frage, wie „Etwas" zu einem potenziellen Investitionsstandort wird, wie Rationalität erzeugt wird und Dinge als „rentierlich" stabilisiert oder Identitäten von Dingen hervorgebracht werden – etwa die Investmentgesellschaft als „rationalen Kalkulierer" – und Unzähligem mehr.

Zahlenarbeit

Rechenpraktiken und zahlenbasierte Arbeit und Organisation sind Bestandteil von finanzieller Vermarktlichung. Vor dem Hintergrund des bisher Gesagten nimmt es dabei kaum wunder, dass die Arbeit einen affirmativen Blick auf ökonomische Berechnungsweisen suspendiert, der von einer spezifischen Form der Rationalität und Funktionalität dieser ausgeht. Vielmehr schließt sie an Arbeiten aus dem Feld soziologisch orientierter Accounting-Forschung, den Social Studies of Accounting (SSA), an, mit denen eine geänderte Sicht auf Accounting-Praktiken einhergeht und was mit Hopwood (etwa 1976) und Burchel et al. (etwa 1980, 1985) zum proklamatorischen Ausgangspunkt dieser Forschungsrichtung wurde.

Zum einen geht es dabei um eine Abkehr von einer funktionalistischen Sicht auf kalkulative Praktiken als neutrale und distanzierte Technik. In dieser Perspektive wurde Accounting als unterstützende Technologie für Entscheidungsvollzüge verstanden, tatsächliche Zusammenhänge zwischen Accounting-Informationen und Entscheidungsvorgängen wurden nicht untersucht.

„In these ways we have chosen to give particular emphasis to the distinction between the imperatives which are articulated on behalf of accounting and those roles which it is made to serve in the context of organizational and social functioning. [...] seeing thereby the roles which accounting serves as being intertwined in the contexts in which it operates, we also have pointed to the diversity of functions which can be associated with even a single accounting" (Burchell et al. 1980, S. 22).

Diese Divergenz zwischen der originären, also der mit der Implementierung artikulierten Funktion, und jener, die sie tatsächlich in Entscheidungsvorgängen oder sonstigen Situationen einnehmen, wird auch von MacKenzie (2005) und seinem Aufruf zur Erforschung dieser Accounting-„Black Box"[7]

7 | Auf den Begriff der „Black Box" wird im Folgenden noch einzugehen sein. An dieser Stelle sei auf die Definition von MacKenzie verwiesen: „roughly speaking, it describes a device whose

adressiert. Er bezeichnet eine solche Forschungsaufgabe als „Ethnoaccountancy" und meint eine Analyse, die untersucht, wie AkteurInnen im Feld ihre Kalkulationen tagtäglich durchführen, und die dabei Vorstellungen davon, wie diese Arbeitsvorgänge *eigentlich*, also in ihrer „Lehrbuchversion" durchzuführen wären, außen vor lässt (MacKenzie 2005, S. 566). Eine solche Forschungsaufgabe impliziert, Kalkulation in ihrem praktischen Vollzug, also im Feld, zu beobachten.

Entscheidungsprozesse in der Immobilienwirtschaft zeichnen sich dabei durch eine hohe Relationalität der Bewertungen aus. Sie ergibt sich etwa durch die Konkurrenz zu anderen Assetklassen (die sog. relative Rendite) bzw. zu spezifischen Marktphasen sowie in Konkurrenz der Standorte untereinander. Die räumliche Expansion von Investoren in sog. „Emerging-Markets"[8] auf dem Peek des Investmentbooms 2007 und der darauf folgende Rückzug auf Märkte der „Kernökonomien" und etablierte Standorte im Zuge der Finanzkrise haben eindrücklich gezeigt, dass das, was kalkulierbar, machbar und vertretbar ist, wesentlich von jeweiligen Marktzyklen abhängt und der Frage, wie hoch der Anlagedruck ist.

Das Augenmerk dieser Arbeit liegt also auf der Relationalität von Kalkulationsweisen und deren Funktion in dynamischen Marktumfeldern im Zuge finanzieller Vermarktlichung. Es geht um die Frage, wie diese Dynamik und Relationalität trotz, durch oder entgegen von Kalkulationsprozessen verarbeitet wird, sodass es am Ende des Tages gelingt, Investmentoptionen als Ergebnis einer stabilisierten systematischen Informationstechnologie auszuschreiben, durch die Kapital überhaupt erst mobilisiert werden kann. Um genau diese Funktionen kalkulativer Praktiken in dynamischen Kontexten besser herausarbeiten zu können bzw. sie in Erscheinung treten zu lassen, wird ein Teil der empirischen Betrachtung Investments in sog. Regionalstandorte oder B-Standorte[9] in den Blick nehmen, also in weitgehend gemie-

internal structure can be disregarded. All the engineer needs to know is that the device transforms given inputs into predictable outputs: how it does this can be ignored. It can thus be treated as opaque, as if its contents cannot be seen" (2005, S. 557).

8 | Emerging-Markets bezeichnen jene Märkte, die bisher nicht im Fokus der Investoren standen und sich in der Regel in sog. „Schwellenländern" befinden. Investoren gehen für diese Märkte von höheren Renditen und Risiken aufgrund etwa geringerer Transparenz der Märkte aus.

9 | Es muss festgehalten werden, dass keineswegs alle Autoren, die mit den Schlagworten Regionalstandort bzw. B-Stadt/Standort arbeiten, darunter auch jeweils dasselbe verstehen. Die dene Märkte abseits der Metropolen, die häufig dann in Betracht gezogen werden, wenn Investitionsmöglichkeiten in A-Standorten[10] verknappen wie 2007 oder gegenwärtig, und fragen, inwieweit sich gesamtökonomische Investitionsbedingungen in konkreten Kalkulationsprozessen wiederfinden lassen, sich mit diesen verbinden bzw. durch sie bearbeitet werden.[11]

Kalkulationsweisen sind im vorliegenden Verständnis also keine neutralen und bloßen Abbildungen einer ökonomischen Realität der Märkte „da draußen" oder des intrinsischen Wertes einer Anlage an sich, die wiederum von Formen der Repräsentation unberührt bleiben, mit den Worten Callons (1998, S. 23) gesprochen: „The most interesting element is to be found in the relationship between what is to be measured and the tools used to measure it. The latter do not merely record a reality independent of themselves; they contribute powerfully to shaping, simply by measuring it, the reality that they measure". Sie sind aus dieser Perspektive heraus wirkmächtige soziale Praxis, die auf Konventionen und Interessen beruht, deren konkrete Anwendung ein verwobenes, wechselseitiges Gemenge der Aushandlung, Simplifizierung und Improvisation sein kann. Entgegen „realistischer" Auffassungen, wie sie in Mainstream-Ansätzen des Accounting zu finden sind und in einer affirmativen Sicht davon ausgehen, dass es eine unabhängige Wirklichkeit gibt, die neutral und von den Apparaturen ihrer Darstellung unberührt dargestellt

Bezeichnungen variieren ebenso wie die Vorstellungen davon, welche Städte sich hinter diesen verbergen. In einigen Punkten scheinen sich die Städte jedoch zu ähneln: Es ist die geringere Markttransparenz und Marktliquidität im Vergleich zu den A-Standorten, die primäre Durchdringung der Märkte durch lokale Akteure mit ihren spezifischen Praktiken und Regeln, nach denen die lokalen Märkte funktionieren, sowie die Tatsache, dass es eigentlich weitgehend ignorierte Standorte sind – Ausnahmen sind Fonds, die sich speziell auf dieses Segment fokussieren, bei denen Investitionen in Regionalstandorte also Teil einer übergeordneten Investmentstrategie sind.

10 | Im Gegensatz zu B-Standorten lassen sich A-Standorte einigermaßen einheitlich klassifizieren und umfassen München, Frankfurt am Main, Berlin, Hamburg und Düsseldorf, manchmal werden auch Stuttgart und Köln hinzugezählt.

11 | Modi der Realisierung dieser Umlagerung von Kapital standen bisher kaum im Fokus der Auseinandersetzung zu immobilienökonomischen Themen. Gotham (2009, S. 359) diskutiert entsprechende Erscheinungsformen anhand der Arbeiten von Aalbers (2007) und Charney (2001). Charney (2001) arbeitet am Beispiel des kanadischen Immobilienmarktes etwa „three dimensions of capital switching" heraus, zu denen neue Betriebsformen, neue Immobilientypen oder geographische Verlagerungen zählen.

werden kann, lehnt die Arbeit an Auffassungen der Social Studies of Accounting an, die diese Wirklichkeitsauffassung zurückweisen und stattdessen den konstitutiven Aspekt der Zahlenarbeit betonen. In deutschsprachigen Debatten soziologischer Auseinandersetzung zu kalkulativen Praktiken wird Darstellung im Anschluss an Rheinberger (2002) etwa als Hervorbringung konzeptionalisiert, also dass ein ökonomisches Objekt überhaupt nur durch seine Darstellung zur Existenz kommt. Dieses Argument auf die Praktiken des Kalkulierens anzuwenden bedeutet nach Kalthoff (2007b, S. 153), „dass nicht ein Risiko die ökonomische Darstellung und Entscheidung bedingt, sondern die Kalkulation und ihre Medien das ‚Entbergen' des Risikos und damit den Markt, das Geschäft oder den Gewinn".

Zusammengenommen ermöglicht diese Sicht auf Accounting-Praktiken erstens, deren marktkonstituierende Effekte in den Blick zu nehmen, und zweitens, eine affirmative Sicht auf kalkulative Praktiken zu suspendieren. Während letztgenannter Punkt übereinstimmend ist mit der Perspektive der Social Studies of Finance (SSF), wurde die Funktion von Accounting-Praktiken in Bezug auf Marktformierung – im Gegensatz zu SSF – in der Accounting-Literatur einigermaßen ausgeblendet, während die SSF wiederum einen recht unspezifischen Blick auf konkrete Kalkulations- und Rechenpraktiken und die operativen Eigenschaften von Berechnungen haben. In dieser Arbeit sollen SSA und STS zur Diskussion der empirischen Befunde und damit zur Erklärung von Prozessen finanzieller Vermarktlichung herangezogen werden.

Abseits der Zahlenräume

Es sind die hier erst grob umrissenen Kalkulationsweisen in ihrer soziotechnischen Beziehung, die in ihrer Fabrikation von Sichtbarkeit, Plausibilität und Legitimation immerwährend neue Investitionslandkarten produzieren und dabei Finanzzentren mit bestimmten Orten verbinden. Sie richten Kapital aus, schicken es auf den Weg, produzieren neue finanzialisierte Landkarten. Was nun erstaunt ist, wie wenig sich in finanz- bzw. wirtschaftsgeographischen Arbeiten mit den kalkulativen Verbindungen von Finanzzentren und Investitionsstandorten bzw. mit der Frage, wie Orte in Investitionsstandorte transformiert werden, beschäftigt wurde. Arbeiten, die sich im Themenfeld der Finanzgeographie bewegen, spannen vielmehr einen recht breiten Korridor an theoretisch-konzeptionellen Fundierungen und empirisch zu gewinnenden Gegenstandsbereichen auf, die von institutionalistischen Ansätzen bis hin zu sozioökonomisch orientierten Analysen reichen und primär auf Entstehung und Vernetzung von Finanzzentren untereinander fokussieren, die Visualisierung und Quantifizierung von Finanzströmen auf die Agenda setzen oder vergleichende Analysen nationaler Finanzsysteme anstellen (z.B. Wójcik und MacDonald-Korth 2015). Ausnahmen, die explizit kalkulative Praktiken in den Blick nehmen, kommen primär aus dem Feld kulturökonomischer Perspektiven in der Geographie bzw. der Immobilienmarktforschung, wie die Arbeiten von Henneberry und Roberts (2008) und Pryke (2006).

In allen Fällen fehlt es an überzeugenden Konzeptionalisierungen der wechselseitigen Konstituierung organisational-kognitiver Räume der Kalkulation und der Kalkulation physischer Räume in ökonomischen Zusammenhängen (dazu Ouma und Bläser 2015). Erstaunlicherweise ist es z.B. eine Auseinandersetzung mit Kalkulation und Raum in ökonomischen Kontexten aus dem Feld der Social Studies of Accounting, die dazu erste Anknüpfungspunkte bzw. Überlegungen liefert: Mennicken und Miller (2012) sprechen von Accounting als „inherently territorializing activity" (ebd., S. 20). Sie beschreiben zwei verschiedene Weisen, auf die Accounting „territorialisieren" kann. Zum einen gehe es darum, physischen Raum, zum anderen „*abstract* spaces" (ebd.), also etwa organisatorische Einheiten einer Firma wie „Profit-Center", kalkulierbar zu machen. Es geht um die Frage, wie Raum und Kalkulation in finanzialisierten Umwelten miteinander verwoben sind, zu deren Beantwortung diese Arbeit einen Beitrag leisten will.

Anlagewerdung

Das Zusammenbringen von Finanzkapital und Immobilien im Zuge finanzieller Vermarktlichung ist kein glatter oder unkomplizierter Akt oder etwas, was als gegeben oder selbstverständlich anzusehen ist. Es sind vielmehr wirkmächtige Handlungsweisen, deren zugrundeliegende Zahlen und numerische Repräsentationen eine hohe Suggestivität besitzen, deren Wirkmacht auf Rationalität und Objektivität beruht und als solches in der Lage ist, erhebliche Summen anlagesuchenden Kapitals zu mobilisieren. Es ist eine mitnichten „banale ökonomische Praxis" (Ouma und Bläser 2015, S. 226), die Kapitalflüsse räumlich ausrichtet und denen nachzuspüren Ziel dieser Arbeit ist. Im Mittelpunkt stehen zwei zentrale Fragen: zum einen jene nach der Funktion kalkulativer Praktiken bei der Integration von Finanz- und Immobilienmärkten, zum anderen jene nach den Effekten dieser Kalkulationsarbeit für die räumliche Kanalisierung von Kapital.

Ausgehend von den in den bisherigen Ausführungen bereits skizzierten Positionierungen hat die Arbeit einen Blick, der von kulturökonomischen Ansätzen der Geographie sowie aus dem Feld der Social Studies of Accounting (SSA), den Social Studies of Marketization (SSM), den Social Studies of Finance (SSF) sowie Arbeiten der Akteur-Netzwerk-Theorie inspiriert ist. Mit dem Fokus auf kalkulative Praktiken wird der Frage nachgegangen, wie heterogene Materialien so relationiert werden, dass aus einem Gebäude ein Anlageprodukt wird, in das Kapital investiert werden kann. Welche – mit den Worten Latours (2006b, S. 504) – „Kollektive" sind es, die in ihrer temporären Zusammenkunft Investitionskapital ausrichten? Wodurch aktualisieren sich diese temporären Zusammenkünfte? Was bringt sie zur Neuformierung bzw. wie elastisch, wie dehnbar sind sie? Dazu wird die Rolle kalkulativer Praktiken im Rahmen der Markt- und Assetauswahl (Research und Bewertung) im institutionellen Immobiliengeschäft innerhalb von Investmentgesellschaften analysiert – es geht also um Modelle in ihrem praktischen Gebrauch.

Mit den in der Arbeit gewonnenen Erkenntnissen soll zunächst ein Beitrag zur Erforschung von Entscheidungsprozessen im institutionellen Immobilieninvestmentgeschäft geleistet werden. Entscheidungsprozesse von Investoren sind bislang nur recht dürftig erforscht, eine kritische Analyse von Berechnungsweisen in der Praxis füllt eine Lücke bisheriger (geographischer) Immobilienmarktforschung. Zudem soll die Arbeit das Verständnis von finanzieller Vermarktlichung schärfen, indem die Aufrechterhaltung bzw. der Vollzug einer Assetklasse in den Blick genommen wird. Mit der Fokussierung auf kalkulative Praktiken der Bewertung soll es gelingen, die Bedeutung dieser im Zuge von finanzieller Vermarktlichung zu betrachten und damit die Rolle von „Zahlenarbeit" in Finanzmarktumwelten in den Blick zu nehmen. Damit soll der Arbeit neben einem Beitrag zur Finanzialisierungsliteratur ein Beitrag zu jenen finanzgeographischen Arbeiten gelingen, die sich mit kalkulativen Praktiken der Finanzmärkte und Fragen der Hervorbringung bzw. Erschließung neuer Anlagemärkte bzw. Vermarktlichungsvorgängen beschäftigen.

Immobilien im Umfeld der Finanzmärkte

Immobilien gelten mittlerweile als weitgehend etablierte Assetklasse, deren Einpassung in die Kalkulationsschemata der Finanzmärkte sich jedoch nach Auffassung vieler AkteurInnen der Branche als recht anspruchsvolles Unterfangen erweist. Ihre Heterogenität und geringe Transaktionszahlen – etwa im Vergleich zu Wertpapieren – bedingen, dass es zu Schwierigkeiten bei der Preisfindung und damit zu Hemmnissen der Marktbildung kommt, so Vornholz (2013, S. 137). Er kommt zu dem Schluss, dass Immobilienmärkte „mehr als andere Gütermärkte vom Idealbild eines vollkommenen Marktes ab[weichen]" (ebd., S. 136).[1] Konfrontiert werden diese Charakteristika der Immobilien mit der Angewiesenheit von FinanzmarktakteurInnen auf eben diese standardisierten und einheitlich erhobenen Zahlen und Kennziffern, auf deren Basis verglichen und bewertet werden kann. Resultat ist, dass der Immobilienbewertung als Grundlage jedweder Transaktion eine hohe Bedeutung zukommt (Naubereit 2010, S. 365), um diese relative Sperrigkeit der Immobilie zu bearbeiten. In nachfolgendem Kapitel geht es daher um die Entwicklung von Immobilien im Einflussbereich der Finanzmärkte sowie die damit zusammenhängenden Veränderungen der Bewertungs- und Managementweisen von Immobilien.

Die Öffnung der Märkte

Bis zur Erklärung des freien Grundverkehrs der EU war die Immobilienwirtschaft, so Heeg (2009c, S. 125), in Westeuropa eine primär lokale Unternehmung auf miteinander unverbundenen, intransparenten Märkten, finanziert

1 | Ein vollkommener Markt zeichnet sich nach Vornholz (2013, S. 137) durch homogene Güter, vollständige Konkurrenz, Markttransparenz und unendlich schnelle Anpassung an Veränderungen aus.

über langfristige Hypotheken nationaler bzw. regional ansässiger Banken. Im Zuge der Deregulierung nationaler Finanzmärkte und der Liberalisierung des internationalen Kapitalverkehrs begann diese „Versteinerung des Immobilienmarktes“ (Lichtenberger 1995, S. 25) zu bröckeln. Entsprechende Entwicklungen nahmen in Deutschland im Verhältnis zu Großbritannien (Beginn 1980er Jahre) oder den USA (Beginn 1970er Jahre) einen späten Anfang. Grund hierfür ist, „dass eine zeitlich frühere Deregulierung der nationalen Finanzsysteme und eine zunehmende private Absicherung individueller Risiken in den USA, Kanada, Großbritannien, Neuseeland und Australien Kapital freisetzte, das nach Anlagemöglichkeiten suchte und damit zu Umbrüchen in der Immobilienwirtschaft beitrug“ (Heeg 2009b, S. 132). Aufgrund dieser erst spät einsetzenden Integration von Finanz- und Immobilienmärkten hielten Arbeiten zu den Interdependenzen auch zunächst in englischsprachigen – geographischen und auch stadtsoziologischen – Debatten Einzug (z.B. Haila 1991; Logan 1993; Coakley 1994).[2]

Das Zusammenwachsen von Finanz- und Immobilienmärkten in Deutschland wurde von mehreren Seiten befeuert. Zum einen durch die Tertiärisierung der Ökonomie und der damit verbundenen erhöhten Nachfrage nach innerstädtischen Büroflächen bei gleichzeitigem Abzug von Industrieunternehmen aus diesen Standorten, was ein nicht unerhebliches Entwicklungspotenzial freisetzte und entsprechende Flächen für Immobilieninvestoren attraktiv werden ließ (Heeg 2009b, S. 131). Diese Entwicklungen übersetzten sich nach Heeg (2009a) auch auf die Ebene städtischer Politiken in Form von Flexibilisierung entsprechender Regulierungsweisen nach dem Vorbild von Großstädten mit dynamischer Wirtschaftsentwicklung. Ebenso wie Heeg (ebd.) feststellt, muss jedoch gesagt werden, dass es wohl die strukturellen Veränderungen des Finanzsystems sind, denen eine gewichtigere Rolle für die Dynamisierung der Immobilienwirtschaft zukommt und denen an dieser Stelle einige Aufmerksamkeit einzuräumen ist:

Tauglicher Ausgangspunkt dieser Betrachtung kann der Zusammenbruch des Währungsregimes von Bretton-Woods Anfang der 1970er Jahre sein. Es beschreibt den Wechsel von politisch festgesetzten, zum US-Dollar fixierten – wobei der Dollar wiederum an den Wert des Goldes gekoppelt war –, zu flexiblen Paritäten zwischen Staaten. Diese Aufhebung setzte Finanzinstitute, wie Huffschmid (2002, S. 107) argumentiert, verschärfter nationaler und internationaler Konkurrenz aus. Strategien der Staaten auf diese Situation ihrer Finanzinstitute und Unternehmen seien die Deregulierung

2 | Für eine umfassende Literaturschau dazu siehe Heeg (2009b).

der nationalen Finanzmärkte und die Liberalisierung des internationalen Kapitalverkehrs gewesen. Merkliche Liberalisierungsbemühungen nahmen in Deutschland im Verhältnis zu den USA und Großbritannien dabei einen späten Anfang; konkret zwischen 1990 und 2002 und der Umsetzung der Finanzmarktförderungsgesetze (FMFG), die zusammengenommen die Geschäftsmöglichkeiten von Kapitalanlagegesellschaften (KAGs)[3] erweiterten und schrittweise den räumlichen Investitionsradius für offene Immobilienfonds zunächst von nationalen Beschränkungen in den europäischen Wirtschaftsraum (erstes FMFG 1990) und schließlich hin zu einem weltweiten Radius im vierten FMFG 2002 ausdehnte (dazu Heeg und Dörry 2009).

Die Aufgabe des Bretton-Woods-Systems sowie die Liberalisierung der Finanzmärkte erklärt, *wie* freie Bewegungen des Kapitals möglich wurden. Um die Bedeutungszunahme und Dynamiken auf Finanzmärkten zu erklären, reicht dies jedoch nicht aus. Vielmehr muss eine weitere Ebene in die Betrachtung integriert werden, jene globaler Liquiditätsentwicklung.

Abbildung 1: Entwicklung des weltweiten Finanzvermögens und des Sozialprodukts zwischen 1980–2007

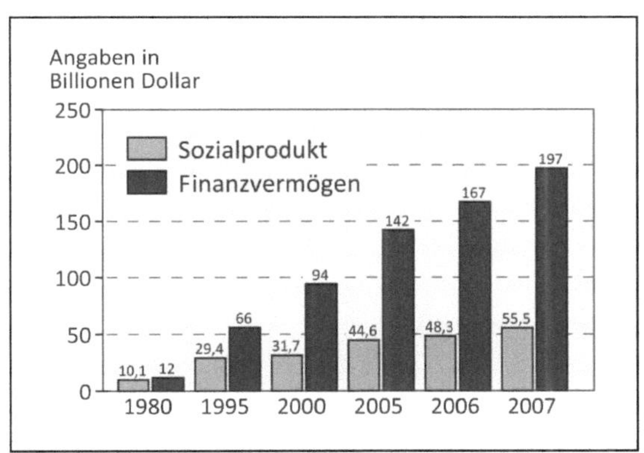

Quelle: aus Huffschmid 2009, S. 13

3 | Im Zuge der Anfertigung dieser Dissertation wurden Kapitalanlagegesellschaften gemäß Kapitalanlagegesetzbuch (KAGB) in Kapitalverwaltungsgesellschaften (KVG) unbenannt. Da sich der Begriff der KAG im Sprachgebrauch der AkteurInnen jedoch festgesetzt hat und auch in den entsprechenden Interviews von „Kapitalanlagegesellschaften" die Rede war, wird im Rahmen der vorliegenden Arbeit an der Verwendung dieses Begriffs festgehalten.

Zu beginnen ist hier mit der in der Einleitung bereits angesprochenen Entwicklung des Kapitalvermögens bzw. Anlagevermögens und des Weltsozialprodukts. Während sich Letzteres zwischen 1980 und 2007 knapp verfünffachte, ist Ersteres in derselben Zeit um das 16-fache gestiegen (Huffschmid 2009, S. 13). Resultat dieser Entwicklung ist, dass Gewinn (Zinsen, Renten, Dividenden) nicht mehr aus dem Sozialprodukt zu erwirtschaften sind und Überakkumulation entsteht: „Es wird mehr Kapital mit Gewinnanspruch aufgehäuft (akkumuliert), als profitabel verwertet werden kann" (ebd.).

Was ist nun der Grund für diese weltweite Überschussliquidität, deren Anfänge in den Entwicklungen der 1970er Jahren zu suchen sind so Huffschmid (ebd., S. 12). Er führt dazu im Wesentlichen drei Gründe ins Feld, wobei die Liberalisierung und Deregulierung des Kapitalverkehrs bereits angesprochen wurden. Weiterer Grund sei die „Zunahme von Ungleichheit durch die Umverteilung von Einkommen und Vermögen von unten nach oben" (ebd., S. 13), was sich an dem Rückgang der Lohnquote in den kapitalistischen Ländern ablesen lasse (ebd., S. 14). Als dritten Grund führt er den Trend zur Privatisierung der sozialen Sicherung, vor allem der Alterssicherung ins Feld, wodurch Beiträge von Versicherten und ArbeitnehmerInnen auf Finanzmärkte gelenkt würden. Zusammengenommen, so weist er darauf hin, entsprächen diese Entwicklungen den „Interessen des Kapitals" (ebd., S. 15), was jedoch kaum ausreicht, um dessen Aufstieg zu einer alles dominierenden Kausalität zu beschreiben, stünden diesen (Interessen) doch Demokratie und die Interessen der Arbeit entgegen.

Entscheidend sei vielmehr die Umkehrung des Verhältnisses zwischen anlagesuchendem Kapital und kapitalsuchender Anlage: Charakteristikum des Industriekapitalismus war der relative Mangel an Kapital auf der einen und eine Vielzahl kapitalsuchender Anlageformen auf der anderen Seite. Die Ausgabe von Aktien und Anleihen war, so Huffschmid (2009, S. 16), eine Strategie, dieser Knappheit beizukommen. Jedoch änderte sich diese Ausgangssituation in den letzten Jahren, in denen immer weiter wachsendes Finanzkapital auf eine immer geringere Anzahl profitabler Anlageprodukte traf: „Nicht mehr die Unternehmer und Manager suchten Geld zur Finanzierung ihrer Investitionen, sondern die Geldbesitzer suchten nach Möglichkeiten des rentablen Finanzinvestments" (ebd.). Mit diesen neuen Bedingungen erhielt, so Huffschmid, die Dienstleistungsbranche des „Finanzinvestments" zentrale Bedeutung, die entsprechendes Kapital investierten.

Zur gleichen Zeit veränderten sich jedoch auch die Möglichkeiten zur Kapitalanlage: „Die Dynamik des Wirtschaftswachstums hatte nachgelassen, der Bedarf der Unternehmen an externen Finanzierungsmitteln der Unternehmen war gesunken, und in der zweiten Hälfte der 1990er Jahre hielten sich Regierungen bei der Neuverschuldung zunehmend zurück" (Huffschmid 2002, S. 64). Dieser Entwicklung gegenüber stand eine weiter ansteigende Liquidität, Investoren gerieten also von zwei Seiten unter Druck (ebd.). Antwort der Finanzkonzerne auf diese Situation sei die Umstrukturierung ihres Geschäfts gewesen, das in Richtung Investmentbanking entwickelt wurde. Dazu gründeten Großbanken und Versicherungen bereits erwähnte sog. Kapitalanlagegesellschaften (KAGs), wie die Deka als Investmentgesellschaft der Sparkassen oder Union Investment als Teil der Genossenschaftlichen FinanzGruppe Volksbanken Raiffeisenbanken. Bevor es um diese Investorengruppe auf Finanzmärkten gehen soll, noch einmal zurück zu den Entwicklungen der Immobilienmärkte.

Zusammen mit den geschilderten Bedingungen gerieten Immobilien als Anlage in den Fokus der Investoren: Finanzmarktliberalisierungen und die immerwährende Suche nach lukrativen Anlagemöglichkeiten ließen sie zu einem attraktiven Tätigkeitsfeld von Finanzinvestoren werden. Investitionsschranken für Auslandinvestitionen wurden abgebaut, andersherum konnten auch ausländische Investoren auf dem deutschen Markt investieren. Dabei war es Lichtenberger (1995), die erste Tendenzen der Internationalisierung für den europäischen Immobilienmarkt für London und Paris in den 1980er Jahren konstatierte. Doch zunächst – bis zur Wiedervereinigung – waren es in Deutschland primär deutsche institutionelle Investoren, wie Lebensversicherungen und offene Immobilienfonds mit sog. „buy-and-hold"-Strategien, die den Markt dominierten. Erst mit Beginn der 1990er Jahre verbreiterte sich das Spektrum der Investoren um geschlossene Fonds, bevor es – merklich – ab Mitte/Ende der 1990er Jahre zu einer Internationalisierung auch des deutschen Immobilienmarktes kam (Pohl und Vornholz 2010, S. 21).

Eine hohe Investitionsdynamik auf dem globalen Immobilieninvestmentmarkt zeigte sich dann vor allem in den Jahren zwischen 2000 bis 2007 mit schnell ansteigenden Transaktionsvolumina, was einen Höhepunkt im Jahr 2007 fand, der von einem Einbruch als Folge der Finanzkrise abgelöst wurde. Die Zeit nach 2007 war von geringen Transaktionsvolumina geprägt, insbesondere im Jahr 2009, der Talsohle dieser Entwicklungen, verringerten sich zudem die grenzüberschreitenden Transaktionen erheblich, was sich vor allem für jene Märkte Europas, Südamerikas und Asiens zeigte, die als besonders risikoreich angesehen wurden, sog. „Emerging-Markets" (Pohl und Vornholz 2013, S. 7 f.).

Zunehmend und als Reaktion auf erneut sinkende Renditen werden heute von Investoren auch wieder risikoreichere Investments ins Auge gefasst, was sowohl Investments in seit der Finanzkrise gemiedene Märkte und Standorte wie auch in neue Segmente, etwa Logistikimmobilien, bedeuten kann. Als Ergebnis zeigt sich insgesamt, dass die Entwicklungen in den Jahren 2008/2009 zwar einen Einschnitt darstellen, nicht aber zu einer „Trendumkehr" einer zunehmenden Etablierung von Immobilien als Assetklasse an den Kapitalmärkten geführt hat so Vornholz (2013, S. 46).

Insgesamt spiegeln sich die geschilderten Entwicklungen in einer neuen Welle der Auseinandersetzungen wider, die Themen der Internationalisierung von Märkten, etwa Scharmanski (2009) oder Heeg und Bitterer (2015), zu neuen Bewertungs- und Managementweisen und deren Geographien Henneberry und Roberts (2008), David und Halbert (2014), Pryke (2006) oder Einflüssen von Finanzmärkten auf die Entwicklungen im Bereich Wohnen, etwa Aalbers (2007), in den Blick nehmen.

Zur Organisation institutioneller Immobilieninvestments

Was macht nun die gegenwärtige Dynamik einer finanzialisierten Immobilienwirtschaft aus, die eine tiefgreifende Reorganisation der Immobilienbranche mit sich brachte. Ein zentraler Aspekt ist wohl der Einfluss neuer Beteiligter, allen voran die Bedeutungszunahme institutioneller Investoren. Institutionelle Investoren sind Kapitalsammelstellen, deren Geschäftszweck darin besteht, Geld für Dritte anzulegen. Damit erwirtschaften sie ihren Gewinn und stehen folglich untereinander in Konkurrenz um anlagesuchendes Kapital. Um möglichst profitable Investments zu ermöglichen, sind sie stets auf der Suche nach neuen Anlagemöglichkeiten und einträglichen Investmentstrategien.

Huffschmid (2002, S. 90) unterscheidet drei große Gruppen institutioneller Investoren: Zum einen sind dies Kapitalanlagegesellschaften (KAGs), „deren Zweck darin besteht, ein Fondsvermögen durch Anlage auf den Finanzmärkten zu vermehren. Das Vermögen (der *Investmentfonds*) wird finanziert durch Einzahlungen von Privatpersonen oder Unternehmen, die im Gegenzug Eigentumszertifikate erhalten". Weiter unterscheidet er Pensionsfonds sowie Versicherungen, die beide wiederum Geldgeber für KAGs sein können, wenn sie etwa Immobilien nicht direkt halten, sondern indirekt über eine KAG Kapital platzieren.

KAGs, die im Fokus der Arbeit stehen, sind Initiatoren und Verwalter von Fonds. Fonds, die in diesem Prozess aufgelegt und verwaltet werden, gehören zu den sog. indirekten, nicht börsengehandelten Immobilienanlagen, die sich in offene sowie geschlossene Immobilienfonds einteilen lassen. Die sog. Spezialfonds, also Vehikel, die ausschließlich für nicht natürliche Anleger, wie Pensionskassen und Versicherungen, vorgesehen sind, lassen sich den offenen Fonds zuordnen. Die gesamte Bandbreite an Anlagen – also nicht nur Fonds, sondern auch Immobilien-AG's oder Mortgage Backed Securities[4] etc. – lassen sich nach einer Vielzahl von Gesichtspunkten unterscheiden, etwa deren Eigen- oder Fremdkapitalorientierung und deren Handelsform (dazu Rehkugler und Sotelo 2007, S. 7), zudem nach dem Grad ihrer Regulierung.

Immobilienpublikumsfonds, die neben den Spezialfonds die Gruppe der offenen Immobilienfonds bilden, zeichnen sich durch den höchsten Grad der Regulierung aus, da sie sich überwiegend an private AnlegerInnen richten, die es nach dem Willen des Gesetzgebers besonders zu schützen gilt, nicht zuletzt deshalb, weil sie keinerlei Einfluss auf die Investitionstätigkeit der Investmentfirma haben. Grundsätzlich ist die Organisation der Investments gekennzeichnet durch die Trias KAG, Sondervermögen und Depotbank (Rehkugler und Sotelo 2007, S. 13). Die KAG sammelt das Geld der AnlegerInnen und kauft davon Immobilien, von denen sie Eigentümerin wird. Sie führt die Geschäfte dieses Sondervermögens[5] getrennt von eigenem Vermögen und verwaltet das Kapital der Anleger treuhänderisch und auf Rechnung der Anleger des Fonds (Rehkugler und Sotelo 2007, S. 13). Aufbewahrt wird das Sondervermögen bei der sog. Depotbank, die auch Ausgabe und Rücknahme der Anteilsscheine übernimmt und die Investmentgesellschaft überwacht (ebd.). Charakteristikum dieser Anlageform ist, dass Kapital prinzipiell zu jeder Zeit eingezahlt und entnommen werden kann. Freilich gibt es auch hier Ausnahmen. So kann es vorkommen, dass die Einzahlung in Fonds gestoppt wird, da in gegebener Situation keine passenden Immobilien zum Kauf gefunden werden und anlagesuchendes Kapital folglich nicht investiert und auch nicht unbegrenzt in Warteposition – aufgrund des Ausbleibens entsprechender Verzinsung – geparkt werden kann. Zudem kann es – in anderer

---

4 | Mortgage Backed Securities weisen etwa eine höhere Fremdkapitalfinanzierung auf, haben aber im Vergleich zu den Fonds und Immobilien-AG's eine geringere Bedeutung.

5 | Das Sondervermögen besteht aus dem von den AnteilseignerInnen einbezahlten Geld sowie den erworbenen Vermögensgegenständen (Rehkugler und Sotelo 2007, S. 13).

Richtung – sein, dass die Entnahme von Kapital gestoppt wird. Dies ist dann der Fall, wenn eine ganze Reihe von AnlegerInnen aus dem Fonds ausscheiden wollen, etwa aufgrund ökonomischer Gesamtentwicklungen oder Misswirtschaft der KAG etc., und das die Liquidität des Fonds übersteigt. Dazu wird in der Regel eine Frist ausgehandelt, innerhalb derer das Kapital zurückgezahlt werden muss. Ist die Auszahlung auch nach dieser Frist nicht möglich, müssen Immobilien verkauft werden (Rehkugler und Sotelo 2007, S. 15).

Problematisch wird die Situation dann, wenn niemand gefunden wird, der die Immobilie zu einem angemessenen – im Vergleich zu dem vom sog. Sachverständigenausschuss festgelegten Wert – kaufen will. Sofern sich diese Situation nicht löst und der Fonds aufgelöst wird, gehen die nicht verkauften Immobilien in den Besitz der Depotbank über. Der Sachverständigenausschuss besteht „aus mindestens drei Mitgliedern, die unabhängige, zuverlässige und fachlich geeignete Persönlichkeiten mit besonderen Erfahrungen auf dem Gebiet der Bewertung von Liegenschaften sein müssen. Vorschlag und Bestellung erfolgen durch die KAG, die BaFin ist hiervon zu unterrichten und hat ein Ablehnungsrecht" (Schäfer und Conzen 2011, S. 44).[6] Diese Sachverständigen führen die sog. Folgebewertung der Immobilien aus und das alle zwölf Monate sowie vor Verkauf der Immobilie, sofern sich etwas seit der letzten Bewertung geändert hat. Die sog. Erstbewertung der Immobilie vor dem Ankauf muss nach den Regelungen des Ende 2007 in Kraft getretenen Investmentänderungsgesetzes durch unabhängige Sachverständige erfolgen. Diese dürfen nicht Mitglieder der Sachverständigenausschüsse der KAG sein (Schäfer und Conzen 2011, S. 45). Gegenwärtig wird in offenen Immobilienpublikumsfonds ein Vermögen von 81.985 Mio. Euro verwaltet, in offenen Immobilienspezialfonds 48.952 Mio. Euro (Stichtag 30. April 2015, Bundesverband Investment und Asset Management 2015).

Immobilienspezialfonds gehören zu den offenen Fonds, zeichnen sich aber dadurch aus, dass ihr Anlegerkreis auf nicht natürliche Personen beschränkt ist, die zudem über den Anlageausschuss eine gewisse Mitsprache im Investmentprozess haben. „Nicht natürliche" Personen meint etwa Erst- und Rückversicherungen, Pensionskassen und Versorgungswerke, die oftmals zudem auch in der direkten Anlage Immobilien halten. Im Falle international ausgerichteter Fonds etwa sind jedoch eine gewisse Expertise bzw. Kooperationen zu AkteurInnen vor Ort von Vorteil, die in der eigenen Unternehmung häufig nicht vorgehalten werden können. Spezialfonds lassen sich

6 | Bundesanstalt für Finanzdienstleistungsaufsicht (BaFin).

unterscheiden in sog. Individualfonds und Poolfonds. Bei einem Individualfonds wird Kapital von nur einem Kapitalgeber[7] investiert, sie werden auch Spezialmandate genannt. Abstimmungen über An- und Verkäufe können entsprechend direkt erfolgen. In Poolfonds ist das Kapital mehrerer Investoren (ca. 10 bis 30) investiert (Schäfer und Conzen 2011, S. 60 f.).

Die letzte Anlageform, die erwähnt werden soll, ist der geschlossene Fonds. Dabei beteiligen sich die Investoren an einer zum Erwerb einer oder mehrerer Immobilien ausgerichteten Gesellschaft. Es handelt sich also um eine unternehmerische Beteiligung. Die Finanzierung erfolgt über Eigenkapital der Investoren und Bankenkredite der Fondsgesellschaft (Schäfer und Conzen 2011, S. 102). Bei Auflegung des Fonds wird ein Investitionsvolumen zum Zwecke des Erwerbs einer oder mehrerer Immobilien ausgegeben. Ist dieses Volumen eingesammelt, wird der Fonds geschlossen. Im Gegensatz zu offenen Fonds besteht keine Garantie zur Rücknahme der Anteilscheine während der Fondslaufzeit. Regulierung und staatliche Auflagen sind bei dieser Form der Geldanlage eher gering.

Deutlich geworden sind im Wesentlichen zwei Dinge. Zum einen, und das zeigt sich bereits bei dieser knappen Vorstellung der Anlageformen am Beispiel der offenen Fonds, wird das Management u.a. durch die – zumindest theoretisch – beständige Möglichkeit zu Kapitalzu- und abflüssen herausgefordert: Investoren müssen ein aktives Asset Management der Anlagen betreiben, das einen Exit, also den Verkauf der Immobilie, mitdenkt. Im Zuge dieser Umstellung der Managementweise wurden Immobilien zu einer mobilen Anlage mit immer kürzeren Haltedauern (Scharmanski 2009, S. 70). So schreibt Scharmanski (2009, S. 64): „War das traditionelle Immobilienmanagement noch hauptsächlich auf die solitäre Betrachtung der einzelnen Immobilie und die reine Bestandsverwaltung (*Buy-and-hold*) gerichtet, rückt nunmehr das aktive Portfoliomanagement (*Buy-and-sell*) mit konkreten Investitions-, Desinvestitions- und Bestandsoptimierungsstrategien in den Vordergrund". Folge dieser geänderten Managementweise so Scharmanski (ebd.), sei die Tatsache, dass Immobilien in immer kürzeren Intervallen gekauft und verkauft würden. Dieser Paradigmenwechsel sei aus wirtschaftsgeographischer Perspektive von besonderer Bedeutung, „da die Verbreitung des modernen Portfoliomanagements die räumliche Entbettung

7 | Die primäre Verwendung der maskulinen Form resultiert aus der Tatsache, dass Kunden von Kapitalanlagegesellschaften, die im Fokus vorliegender Untersuchung stehen, meist institutionelle Investoren, also Penionskassen oder Versicherungen sind und keine natürlichen Personen.

der Immobilienwirtschaft ermöglicht und vorantreibt". Damit bringt er die Einführung neuer Kalkulationsformen und modelltheoretischer Annahmen direkt in Zusammenhang mit der Entstehung neuer Kapitalflüsse bzw. der Verschiebung von Kapitalflüssen.

Auch Henneberry und Roberts (2008) stellen einen Zusammenhang zwischen der Anwendung neuer modelltheoretischer Annahmen und der räumlichen Kanalisierung von Kapital her. Sie schauen sich Kalkulationspraktiken des Portfoliomanagements in Großbritannien an, wo das sog. IPD Portfolio als Benchmark-Portfolio dient. Es basiert auf Daten aus 232 Portfolios mit 11.400 Immobilien. Dieses Portfolio dient der Orientierung zum Aufbau neuer Portfolien: „The IPD benchmark provides them with a tried and tested fund structure that is likely to achieve a positive return. Most fund managers working in the UK are tied to it" (ebd., S. 1232). Entsprechende Prozesse sind dabei hochgradig selbstreferentiell. Einen großen Anteil der in der Benchmark berücksichtigten Fonds haben eine risikoaverse Strategie, in der Konsequenz sind es auch risikoaverse Investoren, die primär entsprechende Strategien verfolgen, was bedeutet, dass Core-Märkte präferiert werden: „The centring effect of this calculative technique is clear. The benchmark has forced the interviewees into uniform behaviour. All of them now adopt the same approach, structuring portfolios in accordance with the benchmark. Stepping out of line from the norm, (that is, away from the benchmark) could result in a very public failure and a fund manager could lose his [sic] job (Interviewee 29)" (ebd., S. 1232). Diese Starrheit als Konsequenz des „portfolio tracking" (ebd., S. 1235) ist eine Barriere für geographische Diversifizierung: Die beschriebene Kalkulationsweise bedingt, dass Kapital an immer dieselben Standorte fließt und eine „IPD world" (ebd., S. 1236) nach Handlungsweisen der Benchmark entsteht.

Ein weiterer Schritt der Betrachtung wäre nicht nur die Frage, wie sich Kapitalströme in Folge der Anwendung ökonomischer Modelle oder Kalkulationsweisen verändern, sondern auch welchen Einfluss dann sich ändernde Marktphasen auf die Ausrichtung dieser haben. Ein Beispiel wäre etwa nachfolgendes Ereignis, das in einem Grundlagenwerk der Branche wie folgt beschrieben wird:

„So haben die Fondsgesellschaften mit großen Deutschlandbeständen die Zeit historisch hoher Nachfrage nach Bestandsportfolios durch ausländische Kapitalsammelstellen in den Jahren 2006 und 2007 genutzt, um milliardenschwere Immobilienportfolios mit z.T. größeren Leerständen und älteren Objekten zu Preisen über ihren damaligen Verkehrswerten zu veräußern.

Dies bot die Möglichkeit, mit Reinvestition der Erlöse die Fonds mit neuwertigen und besser ausbalancierten Beständen neu aufzustellen" (Schäfer und Conzen 2011, S. 43).

Ein Interviewpartner beschreibt die Situation wie folgt:

„Letztendlich z.B. die vielen deutschen Fonds: Die hatten ja Objekte aus den 1970er Jahren, die sie ewig lange gehalten haben. Und das Problem war ja, dass quasi durch die Bewertung, die noch in den Büchern standen, die wären niemals am Markt erzielbar gewesen, und das war natürlich für die ein absoluter Segen, dass dann halt so ein Boom war 2005/2006/2007 und man sozusagen den ganzen Schrott erst mal an die Ausländer veräußert hat [...]. Die haben natürlich die leeren Objekte gesehen und das ist dann immer so, da ändert sich quasi die Perspektive. Man sagt dann halt: ‚Oh, der Leerstand ist jetzt nicht auf einmal mehr Risiko, sondern ist auf einmal die Chance'. Man sagt dann: ‚Wow, wenn ich dann einfach 'mal das ein bisschen umbaue, wenn ich das ein bisschen attraktiver mache, wenn ich vielleicht noch irgendetwas mache oder ich habe vielleicht gute Beziehungen zu verschiedenen Mietergruppen, dann schaffe ich es, die Immobilie wieder zu vermieten und marktgängig zu machen und das ist eine super Sache'. Gut, die Banken springen dann auch auf das Brett auf und sagen dann: ‚Super, das finde ich total eine gute Strategie, hier hast du das Geld von mir'. Da muss man dazu sagen, zu dem Zeitpunkt war es ja so, für den Investor war das Risiko ja Null, weil der hat ja kaum Eigenkapital gegeben. So, und am Ende ist dann ja das Ganze bei den Banken gelandet und die Banken hatten dann auf einmal Immobilien an irgendwelchen Standorten, die leer waren, wo keiner was mit anfangen konnte" (H).

Dieses Zitat zeigt, dass sich Strategien eines aktiven Asset Managements vor dem Hintergrund jeweiliger Marktphasen immerwährend neu aktualisieren, was die Notwendigkeit einer gewissen Flexibilität des Fondsmanagements bedingt. Entsprechende Handlungsweisen bewegen sich also zwischen der Anforderung „to ride the cycle", also Marktphasen aktiv zu managen und dazu passend Immobilien zu finden und diese in der Konkurrenz um entsprechende Assets zu sichern auf der einen Seite und auf der anderen Seite, getätigte Absprachen mit den Kapitalgebern und festgelegte Investitionskriterien nicht zu verletzen und angebotenes Geld zu investieren.

In dieser Konstellation zeigt sich nun auch das Charakteristikum der Architektur moderner Finanzmärkte. Auf Finanzmärkten tätige Investoren wie KAGs investieren kein eigenes Geld, sondern das Geld Dritter, was sie treuhänderisch verwalten. Das tun sie, indem sie anhand festgesetzter Modelle und Kalkulationsweisen, die wiederum auf spezifischen Annahmen aufbauen und deren Einsatz und Geltungsanspruch durch die Akzeptanz und Verwendung durch Regulatoren abgesichert und festgesetzt wird, Entscheidungen treffen. MitarbeiterInnen der Finanzwelt werden eingestellt, nachdem sie entsprechende Ausbildungen der Branche durchlaufen und diese Kalkulations- und Entscheidungsprozesse erlernt haben. In Konkurrenz um anlagesuchendes Kapital, so steht es in einem Fachbuch der Immobilienbranche geschrieben, sind „Personen, die über die *Allokation* von Kapital bzw. über die *Re-Allokation* (Hervorh. im Original fett) von in Immobilien gebundenen Mitteln entscheiden, vor die Aufgabe gestellt […], stets die bestmögliche Verwendung des Kapitals zu finden und getroffene Entscheidungen turnusmäßig zu überprüfen. Das wiederum bedeutet, dass den Entscheidungsträgern dafür

- eindeutige Entscheidungskriterien,
- die für die Entscheidung benötigten relevanten Informationen,
- klar definierte Entscheidungs- und Umsetzungsprozesse,
- effiziente und transparente Instrumente (Verfahren und Tools)“

zur Verfügung stehen müssen (Bals und Wellner 2011, S. 557, Hervorh. im Original). Ortiz (2013, S. 66) spricht in diesem Zusammenhang von einem „bureaucratic setting“, in dem die ManagerInnen unter Anwendung entsprechender Kalkulationsweisen agieren und entscheiden. Ihnen wird das Geld zur Anlage überlassen in dem Glauben, dass sie Entsprechendes besser platzieren können, als dessen Eigentümer dies könnten. Hinzukommt, dass in vielen Fällen nicht einmal die Kapitalgeber wie Pensionskassen und Versicherungen im eigentlichen Sinne Eigentümer dieses Geldes sind. Auch sie sammeln das Geld, etwa der Versicherten, und legen dies an.

Bevor zum Einsatz kommende Kalkulationsweisen in den Blick genommen werden, seien noch zwei Akteursgruppen erwähnt, die in den letzten Jahren mehr Einfluss auf bzw. für Immobilienmärkte gefunden haben: Zum einen sind dies Finanzintermediäre (Windolf 2008), zu nennen sind z.B. Ratingagenturen, Wirtschaftsprüfer, Datenprovider. Die Liste ließe sich ohne Mühe fortsetzen. Botzem und Dobusch (2012) etwa untersuchen die Rolle von Intermediären und deren Kalkulationsprozesse bei der Integration von Finanz- und Immobilienmärkten und unterstreichen anhand ihrer empirischen Arbeit deren Bedeutung für die Finanzialisierung unterschiedlichster Geschäftspraktiken (ebd., S. 694). Finanzintermediäre stützen etwa, wie bereits erwähnt, Werteinschätzungen von Immobilien ab, agieren gleichzeitig aber im Auftrag der Investmentgesellschaften, was sie zu nicht unabhängigen

Gutachtern macht, wie Botzem und Dobusch (2012, S. 689 f.) in ihrer Arbeit mit einem Interviewausschnitt darlegen:

„[Der Wirtschaftsprüfer] hat auch irgendwo in München einen Immobiliengutachter sitzen, halt ein sehr konservativer Deutscher, der sagt, also irgendwie ist das alles korrekt gerechnet, ja. Aber unter dem Strich zahlt das kein Mensch. Die [Wertgutachter Firma ABCD] sagt, das ist alles richtig gerechnet und ob das wer zahlt oder nicht, das ist eine Beweisfrage.... Und das witzige war, aufgelöst hat sich das dadurch, dass die Deutschen gesagt haben, naja, an und für sich ist ja [Wirtschaftsprüferin] OASIS beauftragt, weil es ist ja eine OASIS-Gesellschaft. Die müssen ja auch testieren.... Und die haben dem [deutschen Prüfer] wörtlich gesagt, er kann das Gutachten entweder akzeptieren oder tatsächlich das Testat verweigern. Und auf das, dass er das Testat verweigert, hat er sich nicht eingelassen, weil die [Wertgutachter Firma ABCD] ist auch nicht irgendwer am Markt."

Zudem ist eine weitere wichtige Gruppe zu nennen nämlich jene der Standardsetzer bzw. Standardüberprüfer etwa das sog. International Accounting Standards Board (IASB). Die Entwicklung, Implementierung und Überprüfung von Accounting-Standards im Zuge von Steuerung und Regulierung ist dabei einer zunehmenden Reorganisation unterworfen. Laut Michael Power (2007, S. 123) ist diese u.a. dadurch gekennzeichnet, dass zunehmend nicht staatliche Akteure in die Autorität gesetzt werden, Die Einführung operativer Risiken sei ferner Ausdruck für „eine anhaltende politische Nachfrage nach effektiver Steuerung und rationaler Kontrolle in der (Wieder-)Herstellung von Vertrauen in die Sicherheit des Finanzsystems. So bleibt ein mehr als nur geringfügiger Verdacht, dass die Erfindung operativer Risiken am Ende einen Versucht darstellt, zu erfassen, was nicht zu erfassen ist, um dabei tief sitzende Ängste vor dem Versagen gesellschaftlicher Kontrolle zu besänftigen und Monster zu domestizieren, die das globale Finanzsystem selbst hervorgezüchtet hat" (ebd., S. 140). Klar ist, dass mit Regulierungsanstrengungen in aktuell vorzufindender Weise die Entstehung eines riesigen Marktes etwa für Beratungsunternehmen verbunden ist. Diese beraten Regierungen zu der Frage, wie entsprechende Gesetze zu formulieren sind, prüfen im Auftrag von Regulierungsbehörden und beraten gleichzeitig Unternehmen darin, Regulierungsanforderungen für eigene Geschäftsfelder möglichst gering zu halten.

„Don't put all your eggs in one basket": Ein Streifzug durch die Investmenttheorie

Im Grunde, und genau wie Ortiz (2013) darlegt, erscheinen finanzmarktliche Kalkulations- und Argumentationsweisen der Wertermittlung heute als hochgradig standardisierte Handlungen, die global anerkannt als best practice-Ansätze durch Regulatoren festgesetzte Verfahren der Branche sind. Basis sind die Annahmen aus dem Feld neoklassischer Wirtschaftstheorie, die Individuen als in Handlungsfreiheit und in marktlich verfassten Gesellschaften agierend entwirft, in der in Preisen alle gegebenen Informationen verwertet sind, was zu einer optimalen Allokation von Ressourcen führt.

„In general terms, the ideal is a market in which prices provide accurate signals for resource allocation: that is, a market in which firms can make production-investment decisions, and investors can choose among the securities that represent ownership of firms' activities under the assumption that security prices at any time ‚fully reflect' all available information. A market in which prices always ‚fully reflect' available information is called ‚efficient'" (Fama 1970, S. 383).

Innerhalb dieses Rahmens agiert das freie Individuum rational, das heißt nutzenmaximierend, wozu es etwa eine Klassifizierung von Investmentoptionen erarbeitet, die auf der Übereinkunft basiert, dass höhere Risiken durch höhere Renditen entlohnt werden, und dazu entsprechend Entscheidungen trifft.

Entsprechende Konzeptionen fundieren in einer zutiefst philosophisch-liberalen Vorstellung einer marktlich organisierten und freiheitlich verfassten Gesellschaft, die – so konstituiert und möglichst ungelenkt durch politische Intervention – Wohlfahrt erzielt (dazu Ortiz 2014). Der soeben erwähnte größtmögliche Nutzen ist dabei Basis ökonomischer Rationalität. Stolz (2014) verweist in diesem Zusammenhang auf ein Zitat Coe's et al. (2007, S. 40): „utility represented a common element in all economic transactions and rendered them as comparable and quantifiable". Und genau wie Stolz (ebd.) darauf hinweist, wird damit die Notwendigkeit numerisch-kalkulativen Zahlenmaterials und entsprechender Berechnungsweisen deutlich, denn aus dieser Perspektive ist nur auf deren Basis eine objektive Kalkulation von Preisen möglich. Marktförmige Rationalität und die Anwendung kalkulativer Praktiken sind folglich nicht voneinander zu trennen (ebd.).

Die dargestellten Annahmen fanden Einzug in die moderne Investmenttheorie, wie sie wesentlich durch die Arbeiten von Markowitz (1952) und

Fama (1970) formuliert wurde. Markowitz' Überlegungen folgen der Ausgangsfrage, wie ein effizientes Portfolio für einen Investor zu erreichen ist. „An die modelltheoretische Stelle der bis dato unterstellten monovariablen Gewinnmaximierungsstrategie eines Investors [setzt er] zwei konfligierende Parameter: das Verhältnis von erwarteter Rendite und erwartetem Risiko" (Vormbusch 2010, S. 57). Er geht davon aus, dass höhere Renditen nur durch das Eingehen höherer Risiken der Investition zu erzielen sind. Ein effizientes Portfolio ist es, wenn es „bei gegebener erwarteter Rendite keine anderen Portfolios mit geringerem Risiko bzw. bei gegebenem Risiko keine anderen Portfolios mit höherer erwarteter Rendite gibt" (Fischer 2002, S. 44). Grundidee ist die Diversifikation, also die Auswahl unterschiedlicher nicht miteinander korrelierender Anlagen. Aufbauend auf Markowitz' Überlegungen wurde in den 1960er Jahren das Capital Asset Pricing Model (CAPM) entwickelt, das der Frage der Preisbildung auf Kapitalmärkten nachgeht. Näherhin geht es um die Ermittlung der zu fordernden Rendite bei gegebenem Risiko eines Portfolios im Kapitalmarktgleichgewicht für den Fall, dass zusätzlich die Option einer risikolosen Anlage zur Verfügung steht.

Weitere Basis der modernen Finanztheorie sind die Arbeiten Eugene Famas. Er geht davon aus, dass es keine Informationsvorsprünge gibt, durch die Gewinne zu realisieren sind, da alle Informationen korrekt in Preisen verarbeitet werden. Neu hinzukommende Informationen würden gleich im Preis berücksichtigt. „If the market is efficient, stock prices at any point in time represent good estimates of intrinsic value, so additional analysis is useless unless the analyst has new (private) information or insights" (Fama 1995, S. 75). Gebunden sind seine Aussagen an die Annahmen, dass alle Informationen offen zugänglich sind und von rationalen MarktteilnehmerInnen zu einem fairen Wert verarbeitet werden. Gerade bei den Arbeiten Famas zeigt sich, dass sich nicht nur die Theorien in liberaler Denktradition entwickelt haben, die entsprechende Annahmen prägten. Es zeigt sich zudem, dass die so entwickelten Theoriegebäude der Ökonomie zur Begründung und damit Durchsetzung entsprechender Politiken freier und deregulierter Märkte beitrugen, wie etwa in den Ausführungen zur Liberalisierung und Deregulierung der Kapitalmärkte deutlich gemacht wurde. Schließlich führten nach seiner Auffassung staatliche Eingriffe zu einer Störung des Effizienz-Mechanismus der Märkte.

Deutlich wurde zudem, dass die Annahmen neoklassischer Ökonomik und dadurch auch die moderne Investmenttheorie Individuen als rational handelnde und kalkulierende AkteurInnen einsetzt, die sich – ausgestattet mit entsprechendem Handwerkszeug und Handlungsanweisungen der

Ökonomik – durch das Dickicht einer Vielzahl von Anlagemöglichkeiten und Portfoliokonstellationen kalkulieren. Ihr fundamentaler Wegweiser sind Rendite-Risiko-Konstellationen, nach denen sie Investitionen zu klassifizieren wissen, und nach so erzeugter Aufstellung sie handeln. Herausforderung ist nun, neue Anlageklassen, wie Immobilien, in diese Schemata einzupassen.

Immobilien und die Kalkulationsmatrix der Finanzmärkte

Anwendung in der Immobilienwirtschaft fanden die Überlegungen der Portfoliotheorie erst seit Anfang des 21. Jahrhunderts (Scharmanski 2009, S. 188). Der Investitionsprozess, im Zuge dessen Abstimmungen mit Kapitalgebern und die Umsetzung entsprechender Vorstellungen im Rahmen des Portfoliomanagements erfolgen, wird auch als Real Estate Investment Management (REIM) bezeichnet (Rebitzer 2011, S. 9).

Abbildung 2: Ebenen des Real Estate Investment Management

Investment-Ebene
Portfolio-Ebene
Objekt-Ebene

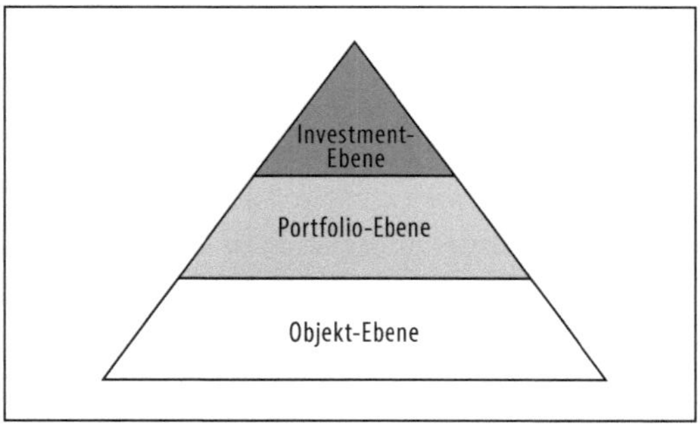

Quelle: leicht verändert aus Rebitzer 2011, S. 9

Es ist ein Prozess, der vereinfacht aus drei Ebenen besteht, von denen die oberste die Investmentebene ist. Dort geht es um die Abstimmung mit Investoren, um die Schaffung eines „institutionellen" Rahmens und die Schaffung einer Produktumgebung (Rebitzer 2011, S. 9). Dort werden Renditeziele vereinbart, die erreicht bzw. im besten Falle überschritten werden sollen. Zudem geht es hier um die Kontrolle des Portfoliomanagements und um das Risikomanagement auf Ebene der KAG. Auf der Portfolioebene werden diese festgelegten Strategien umgesetzt, zudem erfolgt das Management des Portfolios.

Auf Objektebene geht es schließlich um konkrete Transaktionen, also Kauf und Verkauf von Immobilien. Reporting und Research sind Querschnittsaufgaben und finden sich auf bzw. zwischen allen Ebenen (ebd.). Wie bei jeder Schematisierung ist die vorzufindende Praxis etwas unaufgeräumter; Abgrenzungen sind unterschiedlich bzw. schwerlich auszumachen, weitere Ebenen sind eingezogen usw. Dennoch kann diese Einteilung einen guten Einstieg in die intraorganisationale Organisation von Investmentprozessen geben, wobei der Fokus dieser Arbeit auf dem Research zwischen Portfolio- und Objektebene und dem Transaktions- bzw. Bewertungsgeschäft liegt, also jenen Stellen, wo Immobilie und Kapital zusammengebracht werden.

Die Aufgabe der Einpassung von Immobilien in die Bewertungsmatrix der Finanzmärkte zeigt sich im Wesentlichen an drei Stellen des Investmentprozesses: auf der übergeordneten Ebene des Portfoliomanagements, dem Research und der Bewertung im Rahmen der Transaktion. Auch wenn das Portfoliomanagement im eigentlichen Sinne nicht im (empirischen) Fokus dieser Arbeit liegt, ist es notwendig, dieses hier mitzubetrachten, da es gewissermaßen den Aktions- oder Handlungsrahmen bildet, der entsprechende Vorgänge im Bereich Transaktion und Research anleitet.

Auf Ebene des Portfoliomanagements geht es also darum, den An- und Verkauf bzw. das Management von Immobilien im Portfolio so zu lenken, dass das Risiko bei gegebener Rendite gesenkt bzw. die Rendite bei gegebenem Risiko erhöht wird. Dies soll durch Kombination verschiedener Objekte, etwa im Bezug auf Standort und Nutzung erreicht werden. Herausforderung dabei ist, Immobilien in die modelltheoretischen Annahmen der Portfoliotheorie einzupassen, da es etwa aufgrund ihrer Heterogenität und der vergleichsweise geringen Transparenz schwierig ist, Renditen und Risiken entsprechend zu ermitteln. Notwendige Zeitreihenbetrachtungen – mindestens ein Marktzyklus, also sieben bis elf Jahre, sollte einheitlich für alle betrachteten Märkte zur Grundlage genommen werden – können häufig nicht erfolgen, da entsprechende Daten in vielen Fällen nicht verfügbar sind (Bals und Wellner 2011, S. 567). Auch die lange Transaktionszeit der Immobilien führt zu Problemen für das Portfoliomanagement, da sich die Definition des Zielportfolios im Falle erfolgter Transaktion bereits wieder verändert haben kann, auch wenn sich das Portfoliomanagement im Bereich der Immobilienwirtschaft durch eine geringere Volatilität und geringeren Zeitdruck etwa im Vergleich zum Devisenhandel auszeichnet (dazu Klus 2012, S. 288). Alles in allem kommen Bals und Wellner (2011, S. 567, Hervorh. im Original) zu dem Schluss, dass Immobilien „keine idealen Anlagegüter im Sinne der *Portfolio Selection Theory* (Hervorh. im Original fett)“ sind.

Rendite-Risiko-Klassifikationen von Immobilieninvestments

Was bedeutet es nun, wenn im Immobilieninvestmentbereich von Renditen und Risiken gesprochen wird? Unter Rendite wird allgemein der Vermögenszuwachs (in Prozent) im Verhältnis zum eingesetzten Kapital verstanden. Unterschieden wird nach Brutto- und Nettorendite. Bei Nettowerten werden nicht nur die Zahlungen aus der Immobilienanlage, sondern auch alle anderen Kosten und Einnahmen in Betracht gezogen, wie Transaktionskosten und steuerliche Vor- und Nachteile (Rehkugler et al. 2007, S. 99). Es ergeben sich folgende Definitionen: Die Nettorendite ist „das Verhältnis von Netto-Mieteinnahmen (d.h. Mieteinnahmen minus Kosten, die aus dem Eigentum resultieren) zu Bruttoaquisitionspreis (d.h. plus Nebenkosten)" (Heeg 2010, S. 95). Die Bruttorendite ist demnach das „Verhältnis von Brutto-Mieteinnahmen zu Netto-Aquisitionspreis einer Immobilie" (ebd.). Gerade im internationalen Vergleich sind Renditeaussagen dabei mit Vorsicht zu genießen, da zum einen unterschiedliche Konventionen darüber bestehen, wie etwa Nebenkosten gehandhabt werden, zum anderen existieren etwa im US-amerikanischen Raum andere Berechnungsweisen, wie Heeg (2010, S. 96) darlegt. Dort wird die „Capitalization Rate" verwendet, also die Nettomieteinnahmen geteilt durch den aktuellen Marktwert, während in Deutschland die Betrachtung der Nettoanfangsrenditen im Vordergrund steht, was die Nettomieteinnahmen des ersten Jahres im Verhältnis zum Kaufpreis meint (ebd.). Das Risiko einer Investition ist die Abweichung von der mit der getätigten Investition erwarteten Rendite und wird durch die Standardabweichung bzw. Varianz (Volatilität) berechnet (Rebitzer 2011, S. 6). Unterschieden wird nach systematischen und unsystematischen Risiken der Gesamtanlage. Während systematische Risiken den ganzen Markt betreffen und sich vor ihnen daher kaum zu schützen ist, können unsystematische Risiken reduziert werden, da sie mit den jeweiligen Objekteigenschaften verknüpft sind (Rehkugler et al. 2007, S. 106).

Auf Ebene des Portfolios ist Rendite dann das „gewogene[] arithmetische[] Mittel der Erwartungswerte der Renditen der einzelnen Assets im Portfolio" (Lange 2011, S. 552). Anders als die Rendite ist das Risiko auf Portfolioebene kleiner als die Gesamtsumme der Risikowerte der einzelnen Portfoliobestandteile (ebd., S. 553). Praktisch umgesetzt werden entsprechende Rendite-Risiko-Erwägungen über sog. Risikoklassen, die Rendite-Risiko-Verhältnisse kategorisiert. Diese Risikoklassen dienen in der Praxis gleichzeitig als Klassifizierungsnorm von Immobilien, bisweilen auch von Märkten sowie zur Beschreibung einer Investmentstrategie.

Die Kategorie, die eine recht risikoaverse Strategie beschreibt, der demnach im Verhältnis nur geringe Renditen zugeordnet werden, ist das sog. „Core". Investoren, die dieses Segment favorisieren, sind in der Regel Versicherungen, Pensionskassen und Versorgungswerke. Als Core-Immobilien gelten hochwertige, neue Objekte in A-Standorten und A-Lagen mit langfristigen Mietverträgen bonitätsstarker Mieter. Da solche Immobilien erwartungsgemäß teuer sind, wird die Rendite des Investments aufgrund des Kaufpreises gedrückt. Einschätzungen von Risiken werden dabei häufig im Vergleich zu langfristigen Staatsanleihen bonitätsstarker Staaten ermittelt, die als praktisch risikolos klassifiziert werden. In diesem Vergleich haben Core-Investments auf jeden Fall den geringsten Risikoaufschlag zu Staatsanleihen. „Vereinfacht wird ein ‚spread', sprich eine nominal höhere Nettorendite, für den Anleger von 1% bis zu 2% über langfristigem 10-jährigen Staatsgeld in Aussicht gestellt bzw. angestrebt" (Meinel 2011, S. 231).

Etwas höhere Spreads (etwa 3% bis 4%) sind in der Core+-Strategie zu erwarten, die demnach ein etwas höheres Risiko akzeptiert (ebd., S. 232). Abstriche werden in Bezug auf die Vermietung gemacht, in auslaufenden Mietverträgen Potenziale einer Neuvermietung mit entsprechenden Anhebungen gesehen. Gemeinsam ist diesen Strategien der geringe Anteil an Fremdkapital, der aufgenommen wird (bis maximal 50% der Investitionskosten). Renditen werden nicht aus dem Wiederverkauf, sondern aus einem stabilen Cashflow erwirtschaftet.

Einen „signifikanten Mehrwert" (ebd.) aus laufenden Erträgen und Verkauf versucht die Value-Add-Strategie zu erwirtschaften. Charakteristisch für diese Investmentklasse ist, dass die laufenden Renditen über Fremdkapital gesteigert werden, sie werden also gehebelt „geleveraged". Dies funktioniert, wenn die Mietrendite die Kosten des Kredites übersteigt. Neuvermietungen werden erwogen. Der zwischenzeitliche Leerstand der Immobilie wird akzeptiert, weil er eingepreist, d.h. über einen geringen Kaufpreis eingekauft wurde.

Das höchste Risiko wird im Bereich der sog. Opportunistic-Strategie akzeptiert. Der Ansatz ist hier, Immobilien zu kaufen, die in keine der vorherigen Kategorien passen, etwa aufgrund von Mieten weit unter Marktniveau oder aufgrund besonders schlechter Gebäudequalität, und sie zu einem markgängigen möglichst risikobereinigten Investment zu machen, es geht also ausschließlich um die Wiederveräußerung des Objekts. Erfolgen soll dies über Modernisierung und Neuvermietung (ebd.). Absteigend von Core zu Opportunistic ist die Haltedauer der Immobilie, aufsteigend ist der Fremdkapitalanteil, der akzeptiert wird.

Klar ist, dass entsprechende Kategorisierungen keine starren Gebilde sind. Einheitliche Definitionen existieren nicht. Zudem scheinen sich Vorstellungen, was darunter zu verstehen ist, je nach aktueller Marktphase zu aktualisieren, wie etwa folgender Auszug einer Zeitschrift der Branche stellvertretend für weitere zeigt:

„Der Core-Begriff bei deutschen Immobilien wird gedehnt. Darunter fallen inzwischen auch Büros in Mittelstädten mit achtjähriger Restmietdauer [...]" (Börsen-Zeitung 2012).

Ähnliche Tendenzen zeigt die nach Bomke (2013) zitierte Handlungsempfehlung des Researchers André Scharmanski der Quantum ImmobilienAG:

„‚Wenn nicht genug Core gefunden wird, könnte man ja den Core-Begriff etwas ausdehnen', empfahl er all denen, die vor nichts mehr Angst haben als vor den Stempeln Core-plus, Value-added oder gar Opportunistic. Die Erweiterung des Core-Horizonts hat nach Einschätzung von Marktteilnehmern ohnehin längst begonnen".

Folge eines solchen Aufweichens der Core-Strategie kann dann bedeuten, dass auch Immobilien in weniger etablierten Standorten ins Auge gefasst werden, wie die Ergebnisse von Schubert (2013, S. 77) zu Investments in Regionalstandorten zeigen. Deren Attraktivität entwickelt sich in Abhängigkeit von Renditeentwicklungen der etablierten und eingeführten A-Standorte. Er bezeichnet dies als „Mechanismus zyklisch schwankender Renditen in den Top 7 und [...] damit verknüpften Verlagerungen lukrativer Anlagemöglichkeiten in die Regionalmärkte" (ebd., S. 78). Dazu äußert einer der von ihm befragten Ankäufer eines offenen Immobilienfonds:

„Wir werden auch weiterhin bevorzugt in den Top7 investieren, aber wir gucken jetzt eben bevorzugt mehr auf Rendite und da sind wir dann auch gezwungen, teilweise auszuweichen auf die B-Standorte. Also wenn wir die Wahl hätten, würden wir sicherlich nicht in den regionalen Zentren investieren" (ebd., S. 78 f.).

Unklar ist, welche genaue Bindungskraft diese Kategorien haben, an welches Publikum sie sich wenden, wie sie in der Kommunikation, also etwa dem Vertrieb von Fondsprodukten mit Kapitalgebern eingesetzt werden und vor allem welche Relevanz diese Norm für eben jene hat. Zunehmend lassen sich zum Umgang mit diesen Kategorien kritische Stimmen aus der Branche entnehmen. Zum einen steht einem sehr geringen Anteil von Immobilien, die laut Definitionen einem „risikoarmen" Investment zugeordnet werden könnten, eine riesige Anzahl von Investoren gegenüber, die von sich behaupten, in Core-Immobilien platziert zu sein. BulwienGesa, ein Immobilien-Research Unternehmen, definiert Core als drittverwendungsfähige A-Immobilie in Top-Lage mit langfristigem Mietvertragsmix. Sie kommen zu dem Ergebnis, dass nur 14% der Büroimmobilien in Metropolen als Core-Objekte zu bezeichnen sind. Der geschätzte Verkehrswert der zwölf attraktivsten Büroteilmärkte liegt laut BulwienGesa bei rund 53,2 Mrd. Euro. „Das sind 13,8% des von Institutionellen gehaltenen Immobilienvermögens von 385 Mrd. Euro in 2009" (Der Immobilienbrief 2010). Deutlich wird – auch wenn die Zahlen Schätzungen und Näherungswerte sind –, die Diskrepanz zwischen der Behauptung der meisten Investoren, eine strenge Core-Strategie zu verfolgen, und dem eigentlichen Angebot entsprechender Immobilien. Noch kritischer wird die Kategorie Core in einem Artikel des Manager Magazins (Haimann 2014, o.S.) diskutiert. Darin wird Michael Voigtländer, Immobilienökonom beim Institut der deutschen Wirtschaft, gefragt nach entsprechenden Core-Klassifizierungen, zitiert mit: „‚Marketing-Gag': Der Begriff ‚Core' ist allenfalls eine grobe Klassifizierung, deren Merkmale sich schnell ändern können" (ebd.). Dennoch, so heißt es in dem Artikel weiter, „lieferten sich in den vergangenen Jahren geschlossene und offene Fonds mit institutionellen Investoren wie Pensionskassen und Versicherungen zum Teil regelrechte Bietergefechte um Core-Objekte im In- und Ausland. Das trieb deren Preise in die Höhe und die aus den Mieteinnahmen erzielbaren Renditen spiegelbildlich in den Keller" (ebd.). Im selben Artikel dazu äußert der Inhaber einer Schweizer Immobilienberatungsgesellschaft (Stephan Kloess von KRE): „Bei Core-Objekten erwirbt ein Investor eine Sicherheit, die sich über die Zeit in Ungewissheit verwandelt" (ebd.).

Was das bedeutet, zeigt das von Haimann (2014) angeführte Beispiel der Potsdamer Platz-Immobilie, die von dem Immobilienfonds (SEB Bank) als Core-Investment gehalten wurde. Verkauft wurden den AnlegerInnen eine sichere Anlage, in eine Immobilie an einem Top-Standort und mit bonitätsstarkem Hauptmieter Daimler. Im Zusammenhang mit der Finanzkrise kam es jedoch zu Einsparungen des Automobilkonzerns, der als Folge seinen Mietvertrag im Jahre 2012 kündigte und sich primär auf seinen Standort in Stuttgart fokussierte. Mit Abzug dieses zentralen Ankermieters verlor der gesamte Standort und damit die Immobilie an Attraktivität. Der SEB Fonds ist, wahrscheinlich auch wegen dieses Deals – so mutmaßt Haimann – in Liquiditätsnöte gekommen und wird seit 2012 abgewickelt (ebd.). Mittlerweile sollen laut einem Artikel des Handelsblatts (2015) Interessenten für die Immobilie gefunden worden sein.

Immobilienresearch

Wie auch immer sich nun konkrete An- und Verkaufsentscheidungen in entsprechende Definitionen und Klassifizierungen zu Rendite-Risiko-Klassifikationen einordnen lassen, steht eins jedoch fest: Sie scheinen irgendwie auf die Existenz bzw. Verfügbarkeit von Marktdaten angewiesen zu sein. Operative Einheit der Sammlung und Aufbereitung dieser Daten ist das sog. Immobilienresearch. Es meint „die systematische und zielorientierte Erfassung und Untersuchung der Immobilienmärkte mit Hilfe wissenschaftlicher Erhebungsmethoden. Zielsetzung ist die Schaffung von Transparenz als Basis von immobilienwirtschaftlichen Entscheidungen, um Chancen und Risiken zu identifizieren, zu analysieren und zu bewerten" (Ertle-Straub 2011, S. 408). Zum Einsatz kommende Verfahren variieren dabei in Abhängigkeit vom Ziel jeweiliger Unternehmungen und fokussieren auf Objekt-, Standort- oder Marktanalysen, also gänzlich verschiedene maßstäbliche Betrachtungsweisen, deren Abgrenzungen sehr unterschiedlich verwendet werden und auch einfließende Indikatoren nicht in allen Fällen einheitlich sind, sondern etwa nach Verfügbarkeit variieren.

Datenquellen des Research sind vielfältig. Zunächst sind es amtliche Statistiken, auf die zugegriffen werden kann, wenn es um soziodemographische, zum Teil aber auch um ökonomische Daten oder Verkehrsbewegungen geht. In erweiterter Form können dann auch Veröffentlichungen von lokalen oder regionalen Wirtschaftsförderern oder entsprechender Stadtplanungsämter, aber auch der Industrie- und Handelskammern hinzugezählt werden (Petersen und Radke 2011, S. 499). Gerade die Wirtschaftsförderungen sind von besonderer Relevanz, wenn es um Fragen der Transparenzschaffung vor Ort geht. Sie haben ein besonderes Interesse daran, Informationen zu ihrem Standort zu sammeln, aufzubereiten und in Umlauf zu bringen, um Immobilieninvestoren als Partner der Stadtentwicklung zu gewinnen (dazu „Box 1"). Weitere Stellen sind auf Immobilienmarktdaten spezialisierte Datenanbieter, wie die Investment Property Databank (IPD) und BulwienGesa, aber auch Immobilien-Dienstleister und Maklerhäuser wie Cushman und Wakefield oder Jones Lang LaSalle, die quartalsweise für die jeweiligen Märkte und Segmente Daten erheben und veröffentlichen.

Box 1: Kommunales Immobilienstandortmarketing

Auf kommunaler Ebene sehen sich ansässige Wirtschaftsförderungen in Konkurrenz mit anderen Städten um Immobilieninvestoren. Markert und Zacharias (2006, S. 118) argumentieren, dass in Zeiten prekärer kommunaler Haushaltslagen viele Kommunen nicht mehr in der Lage seien, eigentliche Kernaufgaben wie die Bereitstellung öffentlicher Infrastrukturen und die Beteiligung an „Renommierobjekt[en]“ (ebd.), etwa Theatern oder Opern, zu bewerkstelligen. Wirtschaftsförderungen auf der anderen Seite hätten ein Interesse daran, optimale Bedingungen für ansiedlungswillige Unternehmen zu schaffen, indem sie z.B. auf ein attraktives Immobilienangebot verweisen können. In diesem Sinne gilt es, sich bei Investoren und Intermediären der Branche wie Maklern etc. ins Spiel zu bringen und die eigene Stadt als lohnenswerten Investitionsstandort zu positionieren, um Immobilieninvestoren und Projektentwickler als Partner der Stadtentwicklung zu gewinnen.
Wesentliche Markteintrittsbarriere in Standorte abseits der Metropolen seien dabei fehlende Informationen zu den Dynamiken und Kennzahlen der Immobilienmärkte, die Investoren für ihre Kalkulationen aber zwingend benötigen: „Insbesondere dann, wenn Investoren oder Projektentwicklern ein Engagement in einem solchen B-Standort schmackhaft gemacht werden soll, sind für diese verlässliche Informationen über den Immobilienmarkt und die lokalen Marktakteure von besonderer Wichtigkeit, damit Vermarktungschancen und Risiken realistisch eingeschätzt werden können“ (ebd., S. 119).
Um Bedingungen herzustellen, die Investitionen in Immobilien befördern, antworten einige Städte bereits auf veränderte Praktiken der Immobilienwirtschaft und stellen sich auf neue Akteurskonstellationen ein. Wirtschaftsförderungen werden dabei zu zentralen Beteiligten des Geschehens. Sie verfügen über relevante Marktinformationen, die sie entsprechend des Bedarfs der Investoren aufzubereiten versuchen, und mit deren Veröffentlichung sie zur Transparenz des Standortes beitragen. Sie tun dies, indem sie Immobilienmarktberichte veröffentlichen, auf Immobilienmessen wie der Expo Real auftreten und eigene Immobilienveranstaltungen konzipieren, auf denen sie über ihre Märkte reden. Mit dieser Tätigkeit markieren sie ein neues Aufgabenfeld der Wirtschaftsförderung, nämlich jenes des *kommunalen Immobilienstandortmarketings*.

Research kann, muss aber nicht von einer gesonderten Abteilung durchgeführt werden. Und auch deren Bedeutung innerhalb des Unternehmens, etwa deren Mitsprache bei An- und Verkauf von Immobilien, variiert von Unternehmen zu Unternehmen. Oftmals hat das Research eine weit größere Zielgruppe als die Abteilungen des eigenen Unternehmens. So richten sich Marktberichte auch an diejenigen, die Kapital zur Investition zur Verfügung stellen, um für neue Strategien – wissenschaftlich fundiert – Werbung zu machen und zu demonstrieren, dass Entscheidungen innerhalb des Unternehmens nach mathematisch-wissenschaftlichen Kriterien ablaufen. Entsprechende Daten des Research fließen zudem in die Bewertung von Immobilien ein, was sowohl operative Berechnungen zur Wertermittlung der Immobilie meint bzw. – davon kaum zu trennen – zur Investitionsrechnung.

Bewertung institutioneller Immobilieninvestments

Investitionstätigkeit ist an die Bedingung gebunden, die Rentabilität eines (potenziellen) Finanzguts zuordnen zu können, um das Anlagekapital Dritter – im Rahmen von im Vorfeld festgelegten Kriterien – bestmöglich anzulegen. Bestmöglich bedeutet mit hoher Verzinsung und möglichst sicher. Dies wiederum bedeutet, entsprechende Investitionsobjekte aus der Masse potenzieller Investitionsmöglichkeiten zu selektieren und entsprechend zu bewerten. Nun sind Immobilien – wie erwähnt – aufgrund ihrer Charakteristika ein nicht leicht zu standardisierendes Gut. Wie Naubereit (2010, S. 365) ausführt, sind sie sehr heterogen und haben eine im Vergleich zu Wertpapieren recht geringe Handelsfrequenz, was zu Informationsasymmetrien zwischen den MarktteilnehmerInnen führe, weshalb Immobilienbewertung als Grundlage für Transaktionen eine hohe Bedeutung zukomme. Der Immobilienkapitalmarkt gehört dabei zu den sog. „nicht organisierten" Marktsegmenten im Gegensatz etwa zum Aktienmarkt, wie Brühl und Jandura (2011, S. 457) ausführen. Sie weisen darauf hin, dass sich je nach Immobiliensegment und MarkteilnehmerInnen Teilmärkte mit individuellen Preismechanismen entwickelt hätten, die entsprechende singuläre Bewertungen notwendig machten. Dabei meinen sie hier Bewertung im engeren Sinne, also Wertermittlung auf Basis von Wertermittlungsverfahren. Davon zu trennen – obwohl es häufig Überschneidungen gibt –, sind Verfahren der Investitionsanalyse, die sich mit „voraussichtlich erzielbaren Renditen unter Einsatz statischer und dynamischer Investitionsrechenverfahren" beschäftigt (Ertle-Straub 2011, S. 414) und um die es am Ende des Kapitels gehen soll.

Bewertungen im Kontext von Wertermittlungsverfahren finden im Rahmen verschiedenster Bewertungsanlässe statt, etwa im Zusammenhang mit Kauf oder Verkauf der Immobilie oder im Falle versicherungsrechtlicher Fragen etc. In Deutschland wird zwischen dem Verkehrswert, dem Beleihungswert, dem Versicherungswert und dem steuerlichen Bedarfswert unterschieden. Im Falle transaktionsbezogener Bewertungsanlässe, um die es weiter gehen soll, bei denen es also darum geht, einen angemessenen Kauf- oder Verkaufspreis zu ermitteln, findet der sog. Verkehrswert Anwendung. Die nachfolgenden Ausführungen beziehen sich auf dessen Ermittlung.[8] Investoren sind insbesondere im Zuge dieser transaktionsbezogenen Bewertungsanlässe einem besonderen Druck in Bezug auf ihre Bewertungsarbeit ausgesetzt. So weisen Brühl und Jandura (2011) darauf hin, dass in Phasen hoher Nachfrage nach Immobilien die Bewerter vor der Herausforderung stehen, unter enormem Zeitdruck und mit begrenzten Informationen zu fundierten Ergebnissen zu kommen. Andersherum seien Bewerter in Phasen geringer Transaktionsvolumina gefordert, den Wert ohne fundierte Basis, also ohne entsprechende Vergleichstransaktionen, zu ermitteln. Dieser Hinweis ist schon einmal der Fingerzeig darauf, dass alltägliche Bewertungsarbeit an den jeweiligen Situationen ausgerichtet und angepasst wird, also an zur Verfügung stehende Zeitfenster und Datenlagen.

Der grundlegende Aspekt der Bewertungsarbeit ist der Verkehrswert bzw. Marktwert. Die Begriffe sind synonym zu verwenden. Der Marktwert ist das „globale Primat" (Naubereit 2010, S. 373) und Zielgröße der Wertermittlung. Zu bestimmen ist der Preis, der zu einem bestimmten Zeitpunkt im Markt zu erwarten ist. Das heißt, dass der Wert der Immobilie mit spezifischen Marktentwicklungen zusammenhängt, weswegen dieser im Zuge einer Immobilienblase auch ansteigen würde, eben weil die MarktteilnehmerIn-

8 | Die Bewertungspraxis in der Immobilienwirtschaft wird von der Internationalisierung der Branche und steigenden grenzüberschreitenden Investitionen geprägt, weshalb es schon seit längerem – Naubereit (2010) spricht von Anfängen Ende der 1970er Jahre für den europäischen Raum – zu Diskussionen über Annäherungen der Ermittlungsverfahren kam. Erster Erfolg ist die mittlerweile einheitliche Auffassung des Marktwerts, der sowohl zwischen der „angelsächsischen, amerikanischen und deutschen Immobilienwertermittlung als auch mit den Standards des IVSC und der TEGoVA [TEGoVA: The European Group of Valuers' Associations. IVSC: International Valuation Standards Council]" übereinstimmt (ebd., S. 373).

nen in diesen Phasen zu entsprechend überhöhten Preisen einsteigen (ebd., S. 374). Es geht also um den Preis, „der im Zeitpunkt der Wertermittlung im gewöhnlichen Geschäftsverkehr nach den rechtlichen Gegebenheiten und tatsächlichen Eigenschaften ohne Rücksicht auf ungewöhnliche Verhältnisse zu erzielen wäre" (§ 194 Baugesetzbuch nach Naubereit 2010, S. 376). Geregelt sind die Verfahren zur Ermittlung in der sog. Immobilienwertermittlungsverordnung (ImmoWertV). Als Verfahren zur Verkehrswertermittlung werden das Vergleichswertverfahren, das Ertragswertverfahren sowie das Sachwertverfahren benannt. Im Rahmen renditebezogener Analysen kommt das sog. Ertragswertverfahren zum Einsatz. Deshalb werden die anderen beiden Verfahren nur kurz vorgestellt:

Im Vergleichswertverfahren wird der Wert aus einer möglichst hohen Vielzahl von Vergleichspreisen abgeleitet und zwar von möglichst ähnlichen Grundstücken (Brauer 2011, S. 502). Aufgrund der hohen Anforderungen an ein als vergleichbar geltendes Grundstück wird dieses Verfahren primär bei unbebauten Grundstücken zur Bewertung des Bodenwertes angewendet (Naubereit 2010, S. 370). Im Sachwertverfahren, das primär zur Ermittlung von Versicherungswerten verwendet wird, wird der Wert aus den (nutzbaren) baulichen Anlagen sowie dem Bodenwert ermittelt. Kategorien wie Ertrag spielen keine Rolle, sondern werden von Fragen zu Herstellungskosten etc. abgelöst.

Sowohl das Ertragswertverfahren im Rahmen der Wertermittlung als auch das sog. Discounted-Cash-Flow-Verfahren (DCF) im Rahmen der Investitionsanalyse haben den sog. Barwert (Net Present Value) zur Grundlage, also den gegenwärtigen Wert zukünftiger Zahlungen, also etwa Mieten. Der Barwert entspricht dann dem letztendlichen Immobilienpreis. „Auf dem Investmentmarkt werden also Cash-Flows aus dem Nutzermarkt in Preise transformiert. Der Investmentmarkt ist folglich nichts anderes als ein Kapitalmarkt für Mieterträge, auf dem die Kapitalisierung zukünftiger Mieterträge erfolgt. Das zentrale Konzept im Rahmen dieser Kapitalisierung ist der Barwert oder Gegenwartswert" (Cieleback et al. 2008, S. 138). Auffällig ist, dass bezüglich beider Verfahren recht uneindeutige Einschätzungen zu Unterschieden und Gemeinsamkeiten kursieren. Einige AutorInnen sehen das DCF als lediglich „eine spezifische Variante des Ertragswertverfahrens" (Beck und Rehkugler 2007, S. 348), andere argumentieren dafür, von einer Klasse von Verfahren auszugehen, die die Bewertung mit Diskontierungszinsen unternehmen und zu denen beide Verfahren gehören (Salden 2014, S. 779). Dieser letzten Argumentationsweise ist zu folgen. Sie wird zur Grundlage beider Verfahren genommen.

Sogenannte Barwertberechnungen oder Ertragswertverfahren zur Bewertung von Zahlungsströmen und dem daraus abgeleiteten Verkehrswert basieren auf dem Umstand, dass Zahlungen zu verschiedenen Zeiten aufgrund von Zinszahlungen unterschiedlich bewertet werden, also einen unterschiedlichen Zeitwert haben. Der Ertragswert einer Immobilie ist nun die Summe der Barwerte aller zukünftigen Erträge. Entsprechende Verfahren sind auch wiederum gebunden an (eine Handlungsanleitung für) den rationalen Investor: „Das Barwertverfahren basiert auf dem Prinzip des Zeitwertes von Kapital, also der Erkenntnis, dass ein rationaler Investor einen Euro, den er heute besitzt, einem Euro, der ihm erst in einem halben Jahr zufließt, vorzieht" (Brühl und Jandura 2011, S. 463). „Bei rationaler Abwägung und Beschränkung auf monetäre Zielkriterien wird niemand bereit sein, für ein Investitionsobjekt mehr zu bezahlen, als diesem Barwert des zu erwartenden Zahlungsstroms entspricht" (Rehkugler und Goronczy 2007, S. 61).

Grundsätzlich bestehen entsprechende Verfahren dabei aus zwei Komponenten: nämlich zum einen aus der Projektion der erwarteten Erträge und zum anderen aus der Abzinsung (Brühl und Jandura 2011, S. 462). Das klassische Ertragswertverfahren geht von einer endlichen Nutzungsdauer der Immobilie aus und unterscheidet demnach nach Gebäude- und Grundstückswert, die zunächst getrennt ermittelt und am Ende zusammengeführt werden. „Die Summe aus dem Bodenwert und Ertragswert der baulichen Anlagen ergibt den Ertragswert der gesamten Liegenschaft. Im Unterschied zur DCF-Methode wird hier also auf eine explizite Schätzung oder Prognose der zukünftigen Reinerträge verzichtet" (Busse von Colbe et al. 2011, S. 368).

Zwar ist das DCF-Verfahren dem Verfahren der Ertragswertermittlung in einigen Punkten recht ähnlich, verfolgt aber ein anderes Ziel: Es geht nämlich bei dem DCF weniger um die Ermittlung des Marktwerts, also eines objektiven Preises etwa für Verkaufsverhandlungen, sondern um den Investitionswert. Zunächst unterscheiden sich beide Verfahren rein praktisch nicht wesentlich voneinander: Im DCF-Verfahren werden die zukünftigen Einnahmen – Betrachtungszeitraum sind etwa fünf bis 15 Jahre – auf den Bewertungsstichtag abgezinst. Auf den sich daraus ergebenden Barwert wird der sog. Restwert der Immobilie, der für die Immobilie über diesen Zeitpunkt hinaus angenommen wird, addiert (Salden 2014, S. 80). Ein wesentlicher Unterschied zum Ertragswertverfahren ist nun die Abzinsung: „Denn während das Ertragswertverfahren auf Basis des Liegenschaftszinssatzes den Anspruch vertritt, eine objektive und marktgerechte Abzinsung vorzunehmen, verwendet die DCF-Methode einen subjektiven Kalkulationszins, also eben den Zinssatz, mit dem ein Investor sein Kapital verzinst sehen möchte" (ebd.). Neben der Renditevorstellung setzt sich dieser auch aus der Risikoerwartung des Investors zusammen, also aus einer risikolosen Verzinsung, die den Aufschlag einer Risikoprognose erhält (ebd., S. 80). Die Festlegung beider erfolgt nach Einschätzung des Investors. Investitionsrechenverfahren verfolgen demnach das Ziel, Plausibilitäten oder Chancen eines Investments zu prüfen und eine Basis für Investitionsentscheidungen zu bilden. Es sind also Verfahren der „internen" Anwendung, während klassische Verfahren der Wertermittlung eher auch eine nach außen gerichtete Komponente haben, etwa als regulatorische Anforderung oder zur Ermittlung von Kaufs- oder Verkaufspreisen.

Zusammenfassung

Es hat sich gezeigt, dass die Integration von Finanz- und Immobilienmärkten in zentralem Maße an die Etablierung und Anwendung neuer kalkulatorischer Vorgehensweisen und Modellannahmen gebunden ist. KAGs, die Kapital treuhänderisch verwalten, bekommen standardisierte Verfahren und Kalkulationsweisen an die Hand, um sich durch das Dickicht an Investitionsmöglichkeiten zu kalkulieren und rationale Entscheidungen zu treffen. Konfrontiert wird diese formalisierte Arbeit zum einen mit der relativen Sperrigkeit von Immobilien, die es erschwert, sie etwa in portfoliotheoretische Matrizen einzupassen: Es sind die Heterogenität der Immobilien und die geringe Transparenz der Märkte, die „die Einschätzung von Rendite und Risikopotenzialen gegenüber Geldanalagen in relativ homogenen Wertpapiertiteln" erschweren (Lange 2011, S. 553). Zum anderen ist eine gewisse Flexibilität im Umgang mit entsprechenden Verfahren gefordert, da sich Bewertungen und Investmentanalysen etwa in spezifischen Marktphasen aktualisieren oder schlicht Immobilien, die zu entsprechenden Strategien passen würden, nicht erworben werden können, etwa aufgrund eines zu geringen Angebots. Es stellt sich die Frage, wie sich die AkteurInnen zwischen den formalisierten Anforderungen und den erwähnten Schwierigkeiten der Passung auf finanzmarktliche Kalkulationsweisen und den Dynamiken des Marktumfelds bewegen.

Marktformierung

Die Integration von Finanz- und Immobilienmärkten und damit die Entstehung und Aufrechterhaltung eines neuen Anlagemarktes geht, dies wurde im vorangegangenen Kapitel bereits deutlich, einher mit der Standardisierung und Quantifizierung von Immobilien sowie dem Einsetzen auf spezifische Weise kalkulierender Investoren (Scharmanski 2009; Henneberry und Roberts 2008; Bitterer und Heeg 2015). Auf welche Weise können nun finanzielle Vermarktlichung und Zahlenarbeit zusammengedacht und konzeptionalisiert werden?

Forschungsfelder, die sich mit ökonomischer Zahlenarbeit als Marktaktivität bzw. Kalkulation und der Formierung (finanz-)marktlichen Austauschs beschäftigen, sind die Social Studies of Finance (SSF) (z.B. MacKenzie 2006; Hardie und MacKenzie 2006; Knorr-Cetina und Brügger 2002; Preda 2009), die Social Studies of Marketization (SSM) (z.B. Caliskan und Callon 2009; Berndt und Boeckler 2009) sowie die Social Studies of Accounting (SSA) (z.B. Miller 2007b; Hopwood 1983). Mit Blick aus erstgenannten Richtungen und ihrer Fokussierung auf Formierung von Märkten und Entstehung von Markthandeln wird die Einführung und Verwendung konkreter Berechnungsmodelle und Formeln zu einem konstitutiven Element der Hervorbringung von Märkten; aus Sicht der SSA und ihrer Fokussierung auf konkrete Rechenpraktiken ist die Hervorbringung von Märkten ein Effekt kalkulativer Praktiken. Die in dieser Arbeit verfolgte Zusammenschau beider Forschungsrichtungen unter dem Bezugspunkt von finanzieller Vermarktlichung soll dazu beitragen, unser Verständnis von „accountingization“, also der „proliferation of accounting, audit, risk and performance measurement“ (Vollmer et al. 2009, S. 628) im Zuge von finanzialisierten Vermarktlichungsprozessen bzw. Anlagewerdung zu schärfen.

Gemeinsam ist den genannten Forschungsrichtungen eine Perspektive, die die Selbstverständlichkeit von Märkten und ökonomischen Objekten hinterfragt. Deren Existenz ist vielmehr gebunden an eine permanente Hervorbringungstätigkeit, die es in den Blick zu nehmen gilt. In die Einsicht der Konstruiertheit von Märkten stimmen auch andere Forschungsrichtungen neuer wirtschaftssoziologischer Forschung überein, wie sie in den 1980er Jahren in den USA entstanden. Wie Aspers und Beckert (2008, S. 234) schreiben, ist es inzwischen üblich, zwischen drei wesentlichen Ansätzen zu unterscheiden: Zum einen ist dies der Zweig sozio-ökonomischer Arbeiten zur sozialen Einbettung (Granovetter 1985), die Märkte mit der Perspektive sozialer Beziehungen der Marktakteure untereinander untersuchen. Zweiter Ansatz sind institutionalistische Perspektiven auf Märkte und marktliches Handeln, die auf formelle und informelle Regeln zur Erklärung für das Zustandekommen von Marktaktivitäten fokussieren (ebd.). „Die Koordination des Handelns wird in diesem Ansatz vornehmlich von den formellen und informellen Regeln her analysiert, die den Marktakteuren kognitive und normative Orientierungen angemessenen Verhaltens zur Verfügung stellen und sanktionsgeschützt sind" (Aspers und Beckert 2008, S. 238).

Entscheidender Unterschied zu dem dritten Ansatz, also den SSF bzw. SSM ist, dass sich vorherige Ansätze im Wesentlichen an einer Kritik der Annahmen und Programme neoklassischer Forschungstradition abarbeiten. Die SSF und SSM gründen demgegenüber vielmehr auf der Beobachtung, dass „allen Vorwürfen der Realitätsferne zum Trotz die Modelle der neoklassischen Ökonomik erstaunlich erfolgreich sind" (Berndt und Boeckler 2007, S. 215). Wie in Kapitel zwei durch die dort erfolgte Beschreibung der Modellvorstellungen und damit einhergehender Anweisungen zur optimalen Anwendung im Praxisfeld der Immobilienwirtschaft durch wissenschaftliche Publikationen und Lehrmeinungen schon deutlich wurde, ist es dabei zentral, dass Modelle und dabei formulierte Präferenzstrukturen und Handlungsorientierungen von den AkteurInnen verinnerlicht und entsprechend angewendet werden, um anerkannte (Investitions-)Entscheidungen treffen zu können. All dies deutet auf die Verwicklung der – in ihrem Selbstverständnis – deskriptiven, distanzierten und analytischen Wirtschaftswissenschaft und der ökonomischen Praxis, wie sie unter dem Begriff der Performativität (Callon 1998) geführt wird. Eine Frage ist, wie so informierte Kalkulationsweisen, Modelle, dafür erdachte Excel-Programme, entsprechend ausgebildete ManagerInnen usw. so zusammengebracht werden, dass Märkte alltäglich performt werden können.

Maßgeblichen Einfluss auf die SSF und SSM hatten die Arbeiten von Michel Callon, einem Begründer der Akteur-Netzwerk-Theorie (ANT). Dieser Ansatz, ursprünglich im Kontext der Science and Technology Studies (STS) entstanden, wurde mit Callon (1998) auf ökonomische Themen übertragen mit der Frage, wie eine ANT informierte Perspektive helfen kann, Märkte zu untersuchen.

Märkte in der Akteur-Netzwerk-Theorie

Bevor es um die Frage geht, wie die Perspektive der ANT helfen kann, Märkte zu untersuchen, soll zunächst der ANT an sich einige Aufmerksamkeit geschenkt werden, wobei es an dieser Stelle lediglich um eine Skizzierung jener grundlegenden Aspekte geht, die vorliegende Arbeit informieren und weniger um eine umfassende Darstellung des Gesamtansatzes. Wichtig ist eine Auseinandersetzung mit den Ansätzen der ANT schließlich auch deshalb, weil SSF und SSM in vielen Teilen aus eben jenen Überlegungen inspiriert sind, die – wenn man so will – aus einem „‚economic atom‘ of neoclassical economics“, also einem „single, utility maximising agent“, ein „‚economic molecule'“ macht, ein „cluster of humans and devices“ (Millo 2007, o.S.). Wie ist es dazu gekommen?

Der ANT, wie sie seit Mitte der 1980er Jahre im Wesentlichen von Michel Callon, Bruno Latour und John Law entwickelt wurde, geht es darum zu untersuchen, wie Dinge zusammengebracht und verknüpft werden und wie sie damit als das erscheinen können, als das wir sie wahrnehmen: „Zersplitterung, Destruktion und Dekonstruktion sind nicht das, was zu erreichen, sondern was zu überwinden ist. Wichtiger ist es herauszufinden, welches die neuen Institutionen, Verfahren und Konzepte sind, um das Soziale zu sammeln und wieder zu verknüpfen“ (Latour 2007, S. 27). Es handelt sich bei diesen Verknüpfungen um temporär stabilisierte Zusammenkünfte, die als solche immer der Gefahr ausgesetzt sind, wieder auseinanderzufallen, was auf die Notwendigkeit der beständigen Aufrechterhaltung dieser Gebilde verweist.

Diese Aufrechterhaltung wird vollzogen in einem Zusammenspiel menschlicher und nicht-menschlicher Elemente. Es geht also in der ANT zum einen darum, unsere Auffassung eines Akteurs zu erweitern. Ein Akteur[1] umfasst aus ANT-Perspektive „jedes Ding, das eine gegebene Situation

1 | Im Zusammenhang mit der Diskussion der theoretischen Perspektive der Akteur-Netzwerk-Theorie wird von „Akteur" gesprochen, was AkteurInnen in Bezug auf menschliche Beteiligte an Agencements einschließt. Neben menschlichen AkteurInnen sind damit – und gemäß dem

verändert, indem es einen Unterschied macht" (Latour 2007, S. 124). Auf welche dieser Akteure können wir nun treffen? Die einfache Antwort lautet wohl: auf alle möglichen, so sie denn irgendwelche Auswirkungen haben.

> „Dies bedeutet selbstverständlich nicht, daß diese Beteiligten das Handeln ‚determinieren', daß Körbe das Halten von Vorräten ‚verursachen' oder daß Hämmer das Schlagen von Nägeln ‚erzwingen' [...]. Sondern es bedeutet, daß zwischen voller Kausalität und schierer Inexistenz viele metaphysische Schattierungen existieren können. Außer zu ‚determinieren' und als bloßer ‚Hintergrund für menschliches Handeln' zu dienen, könnten Dinge vielleicht ermächtigen, ermöglichen, anbieten, ermutigen, erlauben, nahelegen, beeinflussen, verhindern, autorisieren, ausschließen und so fort" (Latour 2007, S. 124).

Diese Betonung der Notwendigkeit, die Rolle technischer Apparaturen, Artefakte usw. in empirische Analysen einzubeziehen, ist eine Perspektive, die im Rahmen der vorliegende Arbeit den Blick im Feld sensibilisiert für das Zusammenwirken menschlicher und nicht-menschlicher Dinge, wie Computer, Modelle, Excel-Listen und vielem mehr. Es geht um die Untersuchung dessen, was Artefakte im Feld nahelegen zu tun, wie sie Handeln beeinflussen, Aufmerksamkeiten ausrichten, Dinge ausblenden. Die Arbeit folgt der Einsicht, dass der Prozess finanzieller Vermarktlichung von Immobilien in ihrer computerisierten, digitalisierten, mathematisch modellhaften Durchdringung ohne den Blick auf diese Materialitäten unzureichend bleiben würde, dies jedoch ohne deren Bedeutung im Sinne eines alles determinierenden Effekts zu überhöhen.

Die Überlegungen der ANT richten sich also an der Frage darüber aus, auf welche Weise Dinge zu erforschen sind. Sie lenken den Blick auf die Verknüpfungen und Beziehungen, die zwischen den heterogenen Elementen eines Netzwerks entstehen und soziotechnische „Mischwesen" (Belliger und Krieger 2006, S. 23), etwa einen Markt, entstehen lassen. Um diese Verknüpfungen zu Gesicht zu bekommen, versucht die ANT, die soziale Welt „flach" zu halten (Latour 2007, S. 36). Organisation und Gruppe sind nicht gegebene Kategorien, die über die Situation im Feld „gestülpt" werden, sondern werden allenfalls als Effekte der Arbeit der Akteure im Feld hervorgebracht. Kontext und Struktur, Mikro-Makro-Probleme oder Akteur-System-Fragen

---

Symmetrieprinzip der ANT – aber eben auch nicht-menschliche Akteure gemeint; eine Verwendung der weiblichen Form könnte Gefahr laufen, die Vorstellung allein von menschlichen AkteurInnen zu sprechen wieder hervorzurufen, was es eben genau zu verhindern gilt und worauf daher zu verzichten ist.

(Latour 2007; S. 292) sind nicht a priori gegebene Einheiten, mit denen das empirische Material zu ordnen ist. Deutlich wird diese Auffassung bei der Differenzierung von Mikro- und Makroakteuren, die von Callon und Latour (2006, S. 77) nicht prinzipiell ihrer Existenz beraubt werden: „*Es gibt* natürlich Makro- und Mikroakteure; die Unterschiede zwischen ihnen werden jedoch durch Machtverhältnisse und die Konstruktionen von Netzwerken hergestellt, die sich *der Analyse* entziehen, wenn wir a priori annehmen, dass Makro-Akteure größer oder überlegener seien als Mikro-Akteure". Es geht darum, die zur Untersuchung angesetzten Wege identisch zu halten, egal wen wir vor uns haben. Dadurch dass der Analyserahmen in Abhängigkeit von der Erwartung eines Mikro- oder Makro-Akteurs gewechselt wird, würden Machtverhältnisse, so Callon und Latour (2006, S. 78), stabilisiert, der Gewinner bekäme Hilfestellung und der Verlierer das „vae victis". Es kann Mikro- und Makro-Akteure geben. Sie unterscheiden sich in ihrer Anzahl von Beziehungen, die sie in einer Black Box ablegen können.

„Eine Black Box enthält, was nicht länger beachtet werden muss – jene Dinge, deren Inhalte zum Gegenstand der Indifferenz geworden sind. Je mehr Elemente man in Black Boxes platzieren kann – Denkweisen, Angewohnheiten, Kräfte und Objekte –, desto größer sind die Konstruktionen, die man aufstellen kann. Natürlich bleiben Black Boxes niemals vollständig geschlossen oder richtig abgesperrt [...]; Makro-Akteure können jedoch vorgeben, sie wären verschlossen und dunkel" (Callon und Latour 2006, S. 83).

Bisher festgestellt wurde, dass es äußerst heterogene Elemente sind, die eine sog. Akteur-Welt bilden, also ein Netzwerk aus Entitäten, die wiederum aus anderen Netzwerken bestehen (Callon 2006b, S. 189). Eine Frage ist, wie diese heterogenen Elemente in ein Netzwerk eingebunden oder eingeflochten werden. Um dies zu beschreiben, nutzt die ANT den für sie zentralen Begriff der Übersetzung (translation). Akteuren werden im Rahmen eines Handlungsprogramms bestimmte Rollen zugewiesen, was als Übersetzung bezeichnet wird (Belliger und Krieger 2006, S. 38 f.). Es meint den dauernden Versuch, „Akteure in ein Netzwerk einzubinden, indem sie in Rollen und Interessen ‚übersetzt' werden (Latour 1987), d.h. indem ihre Interessen angeglichen und gemeinsam ausgerichtet werden" (ebd., S. 39). Dieses gemeinsame Ausrichten ist schließlich die Voraussetzung für gerichtetes kollektives Handeln der relationierten Elemente. Der Prozess der Übersetzung ist dabei als eine Art reziproker Prozess zu verstehen, Übersetzung ist „gegenseitig" und nicht „intentionale Strategie individueller Subjekte" (Belliger und Krieger 2006, S. 43).

Zudem sind die so entstandenen Verbindungen eines Netzwerks nur dann wirklich fest, wenn zugewiesene Rollen akzeptiert werden, sich also niemand gegen seine im Netzwerk erhaltene und in der Relationierung entstehende Rolle auflehnt (Belliger und Krieger 2006, S. 41). Entscheidend für diesen Prozess dieser (Re-)Definition sind sog. „Inskriptionen" bzw. „immutable mobiles", also unveränderliche, mobile Elemente. „‚Sie zweifeln an dem, was ich sage? Ich werde es ihnen zeigen.' Und ohne mich mehr als ein paar Zentimeter zu bewegen, entfalte ich vor Ihren Augen Ziffern, Diagramme, Striche, Texte, Umrisse und zeige hier und jetzt Dinge, die weit entfernt sind und mit denen nun eine Art von Hin- und Rückverbindung hergestellt worden ist" (Latour 2006a, S. 276). Inskriptionen können dabei recht verschiedenartige Dinge meinen wie Landkarten, Schnipsel, juristische Texte, Tabellen und vieles mehr. Zudem verweist der Begriff der Inskriptionen auf den Wissensbegriff der ANT, welches immer eine materielle Form annimmt, etwa in oben aufgezählten Dingen oder aber Formen der Verkörperung, etwa durch „kompetente Wissenschaftler und Technologien" (Law 2006, S. 431). Wissen ist also ein soziales Produkt, ein Effekt eines heterogenen Netzwerks.

Inskriptionen bekommen auch eine zentrale Bedeutung bei der Diskussion der Frage, wie sich die Entwicklung eines Mikro-Akteurs zu einem Makro-Akteur vollzieht. Zu erinnern ist daran, dass es zu Beginn um das Ablegen möglichst vieler Verbindungen in Black Boxes ging. Es geht also, wenn man so will, um die Frage von Macht und Herrschaft und deren Adressierung, dazu Latour (2006a, S. 298):

> „Über Macht zu sprechen ist eine endlose und mystische Aufgabe; von Distanz, Sammlung, Loyalität, Zusammenfassung, Transmission zu sprechen ist eine empirische Aufgabe [...] Statt wie die meisten Wissenschaftler große Entitäten zu verwenden, um Wissenschaft und Technik zu erklären, sollten wir bei den Inskriptionen und ihren Mobilisierungen beginnen und sehen, wie sie kleinen Entitäten helfen, größer zu werden".

Im Fokus steht also die Frage, wie Makro-Akteure es schaffen – trotz möglicher Unterbrechungen, Widerstände etc. – groß zu werden, also Verbindungen bzw. Effekte von Macht zu erzeugen (Law 2006, S. 430). Vor diesem Hintergrund ist es Anliegen der ANT zu erforschen, wie heterogene Netzwerke organisiert sind, sodass sie Effekte wie Macht und Ungleichheit hervorbringen (ebd., S. 432).

Welche Perspektiven eröffnet die ANT zur Erforschung von Anlagewerdung? Es ist ein relationaler und prozesshafter Ansatz darüber, wie Märkte zu erforschen sind, nämlich als Effekte heterogener Netzwerke. Ihre Beiträge bekommen Akteure im Netzwerk durch ihre dortige Position zugewiesen. Daher ist es „unmöglich zu fragen, welche Möglichkeiten ein einzelnes Subjekt hat, den Lauf der Dinge willentlich zu beeinflussen. Vielmehr kann man umgekehrt fragen, welches verwobene Netzwerk von Aktanten wiederum notwendig ist, um einen (menschlichen) Handlungsbeitrag als intentional, willentlich, interessengeleitet oder bewusst wirken zu lassen" (Passoth 2010, S. 314). Für eine Analyse von Entscheidungsprozessen bedeutet dies etwa danach zu fragen, wie es gelingt, einen Handlungsbeitrag als rational, als einer Informationstechnologie folgend und objektiv dastehen zu lassen oder die KAG als rationalen und legitimen Verwalter von anlagesuchendem Kapital auszuschreiben. Welche Elemente werden dazu mobilisiert und wie angeordnet? Wie wird der Versuch organisationaler Kalkulation unternommen?

Märkte aus der Perspektive der Akteur-Netzwerk-Theorie

Aus ANT-Perspektive sind Märkte also Effekte von Netzwerkarbeit. Dazu sei noch einmal an die Beschreibung der Einführung finanztheoretisch informierter Handlungsweisen auf Immobilieninvestmentmärkten erinnert. Sie sind verbunden mit dem Einsetzen rationaler, nutzenmaximierender und damit auf spezifische Weise kalkulierender Akteure. Akteure, die Kategorisierungen von Investments erarbeiten und nach einem Präferenzkatalog zu bearbeiten wissen, die hohes Risiko mit hoher Rendite entlohnt haben wollen usw. Es passt zu dem, was Gusneries (nach Callon 2006a, S. 547) als einen Markt beschreibt:

> „eine Einrichtung zur Koordination, in der a) Agenten ihre eigenen Interessen verfolgen und zu diesem Zweck wirtschaftliche Berechnung ausführen, was als Operation zur Optimierung und/oder Maximierung betrachtet werden kann; b) die Agenten allgemein divergierende Interessen haben, die sie dazu führen, sich zu engagieren, und zwar in c) Transaktionen, die den Konflikt auflösen, indem sie einen Preis definieren".

Mit anderen Worten erzeugt der Markt auf spezifische Weise kalkulierende Akteure, was die Frage nach sich zieht, unter welchen Bedingungen entsprechende Berechnungen erfolgen können. Voraussetzung, so Callon (ebd., S. 550), seien „Rahmung und Entwirrung", was bedeute, dass definiert werden muss, was in jeweiligen Berechnungen in Betracht gezogen und was ignoriert wird. Rahmung kann als ein Prozess verstanden werden, der es ermöglicht, einzelne Güter erkennbar zu machen, die dazu von ihrer Umgebung getrennt werden. Deutlich wird hier der Zusammenhang zu den Ausführungen des vorherigen Kapitels. Sobald etwas in einem Netzwerk als Gut in Erscheinung tritt, darf eben nicht vergessen werden, dass dieses (Gut) aus einer Vielzahl weiterer Verknüpfungen besteht und Resultat dieser ist. Um jedoch mit dem Gut arbeiten zu können, ist es notwendig, es aus diesem Gewirr herauszulösen. Dieses Herauslösen ist jedoch nie vollständig möglich, wie Callon (ebd., S. 553) anhand seines Beispiels des Autokaufs definiert. Selbst wenn es gelingt, es von demjenigen im Rahmen des Kaufprozesses zu trennen, der es verkaufen will, steckt in ihm doch das Know-how des Herstellers und vieles mehr. Diese Unmöglichkeit vollständiger Rahmung bezeichnet Callon als „Überfließen" (ebd., S. 552). Ein konkreter Markt ist nun, wie Callon sagt, das Resultat dieser Rahmungen und Entwirrungen, und „um einen Markt zu verstehen ist es notwendig, zuerst einmal darin übereinzustimmen, das, was er tut, ernst zu nehmen; das bedeutet, die Konstruktion berechnender Akteure" (ebd., S. 556).

Damit geht es um ein weiteres zentrales Moment Callons Konzeptionalisierung von Märkten. Er besteht darin, die Existenz kalkulierender Akteure zunächst einmal festzustellen. Sie sind Ergebnis einer Einfassung in hybride Netzwerke bestehend aus ökonomischen Modellen, kalkulativen Werkzeugen, Programmatiken und Ideen. Es geht ihm also nicht darum, eine Kritik an den Annahmen des „homo oeconomicus" zu entwerfen. Vielmehr entwirft er das Verhältnis von Ökonomik (Wirtschaftswissenschaft) und Ökonomie (Wirtschaft) neu: „economy is embedded not in society but in economics" (Callon 1998, S. 30) und wendet damit den Performativitätsbegriff für eine Analyse von Märkten an. Diese Perspektive performativer Zugänge in ökonomischen Debatten verweist darauf, dass Wirtschaftswissenschaft die empirische Realität von Märkten nicht allein beschreibt und erklärt, sondern diese Realität selbst in spezifischer Weise hervorbringt, realisiert durch das rege Bezugnehmen der Markakteure auf entsprechende Wissensbestände etwa beim Aufstellen von Strategien oder durch das Erschaffen von Regeln zur Organisation des Markttausches (MacKenzie et al. 2007, S. 136). Aspers und Beckert (2008, S. 240) bezeichnen die ökonomische Theorie denn auch als „Blaupause", die von den Akteuren als Vorlage für die Organisation des Marktes in Gebrauch genommen wird. „Durch das von der ökonomischen Theorie hervorgebrachte Wissen erlangen die Akteure eine kognitive Basis für die Kalkulation ihrer Entscheidungen, die sie in ihren Handlungen umsetzen, wodurch sie diese verändern und zum Teil sogar erst schaffen" (ebd.).

Entgegengesetzt zu der Vielzahl von Accounting-Arbeiten kommt Callons Auffassung von Kalkulation dabei ohne die Kopplung an konkrete Zahlenarbeit aus. „Calculation does not necessarily mean performing mathematical or even numerical operations (Lave, 1988). Calculation starts by establishing distinctions between things or states of the world, and by imagining an estimating courses of action associated with those things or with those states as well as their consequences" (Callon und Muniesa 2005, S. 1231). Er beschreibt Kalkulation als Prozess bestehend aus mehreren Schritten: Zunächst müssen die Dinge, die kalkuliert werden sollen, isoliert und mit anderen Entitäten zusammengebracht werden. Dieser Ort des Zusammenbringens kann ein Excel-Sheet, ein Koordinatennetz oder sonst etwas sein. In einem zweiten Schritt werden diese in Verbindung zueinander gebracht, bevor aus diesem Prozedere ein Ergebnis produziert wird, also eine neue Entität, wie eine Liste, eine Summe etc. Diese Auffassung von Kalkulation ermöglicht es, so Callon weiter, eben auch jene Kalkulationssituationen zu erfassen, die nicht ausschließlich aus mathematischen oder numerischen Operationen bestehen. „Depending on the concrete achievement of each calculative step, calculation can either meet the requirements of algorithmic formulation or be closer to intuition or judgement" (Callon und Muniesa 2005, S. 1232). Kalkulation ist also eine kollektive Praxis zusammengesetzt aus Programmen, Ideen, Excel-Sheets, menschlichen Akteuren und vielem mehr. Konkrete Kalkulationssituationen sind durchzogen von einer Vielzahl kalkulatorischer Artefakte, die den Akteuren zur Seite gestellt sind und zwischen denen sich Kalkulationsvorgänge vollziehen.

Kalkulation ist dabei gleichzeitig Voraussetzung wie auch Ergebnis oder anders gesagt ist es keine Abfolge, sondern eine Gleichzeitigkeit: „A sociotechnical agencement includes the statement(s) pointing to it, and it is because the former includes the latter that the agencement acts in line with the statement, just as the operating instructions are part of the device and participate in making it work" (Callon 2007, S. 320). Callon nutzt hier den Begriff des „agencements", womit er sich von dem Begriff Assemblage abgrenzt: „Arrangements (as well as assemblages) could imply a sort of divide between human agents (those who arrange or assemble) and things that have been arranged" (Callon 2007, S. 320). Der Begriff „agencement" im Gegensatz dazu enthält mit „agencer" eine Doppelbedeutung: Zum einen bedeutet dies „bien agencé", also „well equipped" (Hardie und MacKenzie 2006, S. 3). Die zweite Bedeutung des Wortes ist „agence" also „agency"[2]: *„agencements*

---

2 | Agency bedeutet „the capacity of (social) action to transform given structures and to reconfigure its own context" (Preda 2009, S. 4). Zentral bei dieser Definition ist das Moment

are arrangements endowed with the capacits of acting in different ways depending on their configuration. This means that there is nothing left outside *agencements*: there is no need for further explanation, because the construction of its meaning is part of an *agencement*" (Callon 2007, S. 320). Märkte als soziotechnische Agencements bringen eine Form des Kalkulierens hervor, mit deren Aufführung sie überhaupt erst entstehen.

Zur Erforschung von Vermarktlichung

Mit den bisherigen Ausführungen wurden einige konzeptionelle Grundlagen des Forschungsprogramms der „Social Studies of Marketization" (SSM) skizziert, wie sie im Wesentlichen von Caliskan und Callon (2009) begonnen wurde zu formulieren. Sie benutzen den Begriff „economization", um das Prozesshafte und Dynamische der Ökonomisierung zu betonen: prozesshafte Aufwendungen also, die Dinge, Handlungen und Vorgänge als „ökonomisch" rahmen und formatieren. „Marketization" ist eine Form von Economization, deren Analyse die Beschreibung und Untersuchung der spezifischen Verfasstheiten und Dynamiken soziotechnischer Marktgefüge umfasst (Caliskan und Callon 2010, S. 3). Es geht also um Hervorbringung und Expansion von Märkten bzw. spezifischen Marktideen und Kalkulationsweisen, was auch die Transformation bzw. Restrukturierung bereits marktlich organisierter Formen in neue Marktweisen meint. Im Fokus des Interesses steht nicht primär der Markt „an sich", sondern stehen die Prozesse des Marktwerdens und Aufrechterhaltens, denn Markt ist – adressiert als soziotechnisches Netzwerk – selten stabil, sondern eher fragiles Ergebnis kontextueller hybrider Praxis und Relationen, die Märkte aufrechterhalten. Dabei werden materielle und menschliche Akteure so miteinander in Verbindung gebracht, dass letztlich marktlicher Austausch möglich wird.

Märkte existieren dabei in ganz verschiedenen Organisationsformen und Architekturen. Sie haben unterschiedliche Temporalitäten und Austauschweisen. Dennoch, so argumentieren Caliskan und Callon (2010), „in practice, there is a certain coherence to the overall process of marketization", die sie mit dem Forschungsprogramm der SSM zu adressieren versuchen. Prozesse der Vermarktlichung folgen dabei nicht einem singulären Mechanismus. Es

---

der Transformation, also dass bestehende Strukturen durch neue ersetzt bzw. mit neuen zusammengeführt werden.

handelt sich vielmehr um ein multiples Geschehen, das der Diversität von Märkten geschuldet ist. Frage ist nun, wie jene Elemente, die diese vielfältigen Erscheinungsformen von Märkten determinieren, bestimmt und untersucht werden können. Caliskan und Callon (2010, S. 5) unterscheiden dazu fünf Ausgangspunkte zur Analyse von Märkten: 1) Pacifying goods, 2) Marketizing agencies, 3) Market encounters, 4) Price-setting und schließlich 5) Market design and maintenance.

Unter „pacifying goods" verstehen Caliskan und Callon das Herauslösen von Gütern aus ihrer Umgebung, also das Trennen möglichst vieler der Verbindungen, die dieses Gut im Laufe seiner Produktgeschichte bisher gesammelt hat. Es meint ihr Isolieren und Stabilisieren, um es möglich zu machen, Handlungen auf diese auszurichten: „it is the passivity of things that transforms them into goods, and that enables agencies to form expectations, make plans, stabilize their preferences and undertake calculations" (ebd., S. 5). Stabilisiert wird dieser Prozess durch „Standardization", d.h. durch die Beschreibung und damit Definition des Gutes anhand spezifischer Indikatoren, wodurch es zu einer festgeschriebenen Marktentität wird, über das Marktakteure Kalkulationen anstellen und Erwartungshaltungen ausbilden können (ebd., S. 7). Zudem ist ein funktionierender Marktmechanismus daran gebunden, dass diese Güter nicht nur „passive" sind, wie Caliskan und Callon ausdrücken, sondern auch an das Vorhandensein entsprechender Eigentumsrechte, mit dem das Gut in die Verfügungsgewalt desjenigen übergehen kann, der zu kaufen gedenkt (ebd.).

Ein wesentliches Charakteristikum von Vermarktlichung und bei der Herausbildung von „Marketizing agencies" ist der Aspekt, dass tagtäglich eine ganze Reihe von Akteuren um die Definition und Bewertungsweisen von (Anlage-)Produkten konkurrieren. Es sind Investmentfirmen, Banken, Regulierungsbehörden und öffentlich/private Hybride wie das „International Accounting Standards Board" (IASB) und viele mehr. Mit dem Begriff der „socio-technical agencements" (STA) ist es möglich, dieser Vielzahl von Akteuren, die in jeweils verschiedenartigen Kombinationen und Zusammenhängen auftreten, aufscheinen und wieder verschwinden, habhaft zu werden, ohne diese – auch in Bezug auf ihren konkreten Beitrag – zu korsettieren (ebd., S. 8). Je nach Ausstattung des STA kann es sich um beratende, kalkulatorische oder nichtkalkulatorische, kollektive oder individualistische Handlungsvollzüge handeln (ebd., S. 10). Zentral sind die „tools", also die Instrumente und Werkzeuge, die Akteuren in ihrem Tun dabei zur Verfügung stehen. In diesem Zusammenhang hat sich insbesondere die Social Studies of

Finance (SSF) mit dem Ergebnis verdient gemacht, dass das, was Akteure auf Finanzmärkten realisieren, zentral von ihrem Computer und „mathematical equipment“ abhängt (ebd., S. 12). Auf Märkten besteht also eine Konkurrenz um Bewertungsweisen. Zudem sind die Marktakteure recht unterschiedlich mit „tools“ und „devices“ zur Kalkulation ausgestattet.

Weiteres Charakteristikum von Vermarktlichung sind die Orte, an denen Austausch stattfindet, also „market encounters“, die ebenso formatiert und auf spezifische Weise hervorgebracht werden wie „calculative agencies“ und „calculative products“. Diese Orte, an denen Produkte und kalkulierende Akteure zusammenfinden, können völlig unterschiedliche Ausprägungen annehmen und verschiedenartig gestaltet sein. Es kann sich um Telefone ebenso handeln wie um Computer und vieles mehr.

Der vorletzte von Caliskan und Callon (2010) beschriebene Mechanismus der Marktgestaltung ist jener der Preisfestsetzung, in dem schließlich die zuvor beschriebenen Prozesse auf irgendeine Art und Weise einfließen. Preise sind Effekte einer Vielzahl von Elementen wie Kalkulationsweisen, modelltheoretischen Annahmen, Denkschulen, Ausbildungswegen, Darstellungsformaten und vielem mehr. Nur innerhalb dieses Gefüges kann der auf spezifische Weise kalkulierte Preis das Siegel richtig oder falsch, realistisch oder weniger realistisch bekommen. Eine zentrale Rolle spielen dabei die verwendeten Formeln zur Preisfestsetzung, von denen eine ganze Reihe existieren, angefangen von Preisfestsetzung anhand anderer Preise oder anhand des „intrinsischen Werts“ eines Assets usw. Einige Ansätze im Feld der Immobilienbewertung wurden in Kapitel zwei diskutiert. Zahlreiche Aspekte scheinen im Zusammenhang mit dieser „Formelarbeit“ aufzuscheinen. So beeinflusst die Entscheidung für eine spezifische Kalkulationsweise des Preises wesentlich das zu erwartende Ergebnis. Auf diese Weise argumentieren auch Caliskan und Callon (2010, S. 18): „It is not the prices that are fair or unfair, but their modalities of calculation, i.e. their formulas“. Die Funktion von Formeln, etwa in modernen Finanzmarktumgebungen, kann dabei nicht lediglich auf eine passive oder ausführende reduziert werden. Formeln ermöglichen, ihnen haftet etwa an, Preise nach anerkannter und institutionell abgesicherter Abschätzung zukünftiger Cashflows in einem Preismodell kalkulieren zu können. Dies bedeutet dann auch, abgesicherten und legitimierten Zugriff auf zukünftige Erträge zu haben: Erwartungswerte, die durch Simulierung zukünftiger Geschehnisse gebildet werden und die sich auf gegenwärtige Werte niederschlagen. Es ist die Frage nach zugrunde liegender Kalkulationsform, die Einfluss auf den gegenwärtigen Wert von etwas hat.

Geographies of Marketization

Zentrales Charakteristikum eines Marktes und damit seiner Analyse ist jenes der Dynamik, also dessen beständige Konstruktion und Formierung ebenso wie dessen Ausbreitung und Aufrechterhaltung. Aus der Perspektive der Marketization Studies geht es dabei um ein beständiges „Aufeinander-Abstimmen" und Einstimmen ökonomischer „Realität" mit den Modellannahmen der Theorie bzw. vice versa. Es geht darum, ökonomische Praxis „einzufangen" und durch die Verzifferung und Modellierung mit den Annahmen der neoklassischen Theorie „auf Spur zu bringen": „marketization can be read as a radical translation process, one which ensures that economic and social realities are brought into line with the laboratory conditions of economic modelling, allowing the radical project of neoclassical economics to realize itself" (Boeckler und Berndt 2012, S. 425). Dieser Prozess ist keinesfalls geradlinig und stringent, sondern geprägt etwa durch spezifische (lokale) Aneignungen bzw. Anpassungen von Marktregeln im Falle geographischer Expansionen von Marktideen sowie Widerständen und Konflikten. Geöffnet für eine geographische Analyse scheinen dabei also Fragen auf, wie sich spezifische Marktprogramme ausbreiten, welche (finanzialisierten) Landkarten dabei produziert werden, also welche Orte als neue Märkte lokalisiert und eingehegt werden und was vor Ort geschieht. Welche Adaptionen, welche Widerstände, welche Aneignungen? Eine in diesem Sinn ausgerichtete „Geographies of Marketization" (Berndt und Boeckler 2012) betrachtet Märkte als „*discursive borderlands*" und fragt: „How precisely is the world outside the confines of economics being transformed into a borderless, unbounded *market*?" (ebd., S. 205, Hervorh. im Original).

Märkte sind dabei sehr verschieden in der Art und Weise ihrer Organisation bzw. Kalkulationsweise (Callon 1998, S. 32). Was passiert, wenn ein gegebenes Markt-Agencement auf ein neues trifft? Wird das eine durch das andere abgelöst, existieren sie parallel oder welche Konsequenzen erwachsen daraus? Ein Aspekt, der gerade bei der räumlichen Expansion von Märkten zentrale Fragen aufwirft, wie es David und Halbert (2014) mit ihrer Arbeit aus dem Feld der geographischen Immobilienmarktforschung zeigen: Im Zusammenhang mit der Integration von Finanz- und Immobilienmärkten konstatieren sie die Herausbildung eines „financial calculative agency".

„This calculative agency is defined by increased task division between third-party capital investment managers and their specialised agents (asset and property managers, brokers, developers, etc.), and between what ANT terms non-human components such as discounted cash flow valuation methods, return on equity and risk ratios and standardized leasehold contracts. This calculative agency is geared towards facilitating the systematic and ceaseless ,commensuration' of capital" (David und Halbert 2014, S. 518).

Sie argumentieren, dass die Finanzialisierung von Immobilienmärkten zu verstehen ist als

„possible outcome of a confrontation between a transnational financial calculative agency and others, which are not less ,sophisticated' or ,modern', but that encompass a different ,hybrid collective of actors and instruments' (Callon 2005). We posit that other ,centres of calculation' – controlled by non-financialised actor-networks – may exist, and even interact with the former" (David und Halbert 2014, S. 518).

Diese neuen „calculative agencies" existieren parallel zu nach wie vor lokal verorteten und am Gebrauchswert der Immobilien orientierten Kalkulationsweisen. Spannend ist im Anschluss daran nicht nur die Frage, wie sich spezifische Marktideen ausbreiten und verwirklicht werden, sondern auch, welche Verräumlichungen entstehen, die als Ergebnis kalkulatorischer Netzwerke aufscheinen und in denen Investmentorte mit den Orten der Kalkulation, also den Finanzzentralen, verbunden werden und damit neue Beziehungen eingehen. Zentral sind dabei jene Wissensbestände, Programme und materiale Ausstattungen, die in diesem Prozess mobilisiert werden.

Finanzmarkthandeln aus den Blickrichtungen der Social Studies of Finance

Bei den „Social Studies of Finance" handelt es sich um ein heterogenes Forschungsfeld, also um eine Zusammenfassung von Arbeiten mit recht unterschiedlichen empirischen Betrachtungsgegenständen und Theorievorschlägen. Es geht um den Einfluss von finanzökonomischen Modellen auf Finanzhandeln. Zu nennen ist z.B. McKenzies (2007) einflussreiche Arbeit über das Black-Scholes-Modell zur Bewertung von Finanzoptionen an der Optionsbörse von Chicago, um materiale Ausstattungen, wie kalkulatorische Technologien und Werkzeuge, etwa Muniesas Arbeit (2000) zur Pariser Wertpapierbörse, Fragen zu Wirkmacht und Hervorbringungsleistungen ökonomischer Repräsentationen (Kalthoff 2007b) sowie Formen der Darstellung von Marktinformationen, wie am Beispiel des Devisenhandels (Knorr-Cetina und Brügger 2002).

Was lässt sich als Gemeinsames, als Klammer dieser Arbeiten identifizieren? Zum einen ist es nach Kalthoff und Vormbusch (2012, S. 18) wohl ihr Interesse an Mikropraktiken und „konkreten Lokalitäten (bspw. Banken, Börsen, Versicherungsunternehmen)". Diese Orte werden „nicht nur als lokale Kontexte der Wissenserzeugung betrachtet, sondern auch als Arenen der Legitimierung dieses Wissens" (ebd.). Die Umsetzung von Wissen wird ferner als soziale Handlung konzeptionalisiert. Es geht also um die Performanz, also eine Aufführung des Wissens (ebd.). Wissen ist nicht von Praxis zu trennen bzw. ist darin eingelagert. Zudem ist Wissen eingeschrieben in all den Artefakten, die in spezifischen Situationen aktiviert werden, wie wissenschaftlichen Artikeln, Gesprächsnotizen, Vorträgen usw.

Nach Vollmer et al. (2009) lassen sich innerhalb der SSF dabei zwei wesentliche Forschungsstränge erkennen. Zum einen sind dies Arbeiten, die den Performativitätsdebatten folgen (z.B. MacKenzie 2007), zum anderen Arbeiten zur „financial cognition"[3], worunter „a practical interaction-based achievement of market participants" (Vollmer et al. 2009, S. 621) verstanden wird. Sie machen aufmerksam auf soziomaterielle Formen von Wissensproduktion, die aus kognitiven Schemata bestehen, die mit technischen Artefakten, spezifischen Raumausstattungen, mathematischen Modellen usw. interagieren und als Resultat Investmentstrategien formieren (ebd.). Dies umfasst etwa die Untersuchungen Knorr-Cetinas und Brueggers (2002), die ihre Arbeiten auf den Devisenhandel, also hochgradig technisierter, elektronischer Handelsplattformen ausrichten, die sie als skopische Systeme adressieren. Sie machen bisher Unsichtbares oder Entferntes situational verfügbar und lösen persönliche Interaktion in Interaktionsweisen mit Bildschirmen auf. In dieser gleichsamen, wenn auch räumlich getrennten, Prägung und Ausrichtung des Handelns auf Bildschirmen und anhand des Bildschirmgeschehens wird Handeln in einem Marktsegment orchestriert. Herauszuheben ist an diesem Theoriestrang dessen Konzeptionalisierung von ökonomischer Repräsentation, die ohne eine externe Referenz auskommt, und dass die „Repräsentation als ökonomische Praxis *sui generis* betrachtet wird: Durch die Beobachtung wird ein gemeinsames Objekt konstituiert, an dem sich die weiteren virtuell vollzogenen Tauschhandlungen ausrichten, deren

3 | „Cognition is a general category that collects an open ended list of terms, often including memory (recall, recollection, remembering/forgetting), learning, perception, comprehension, calculation, linguistic ability and performance, and problem solving. Less often, and more elusively, it can be said to include consciousness, awareness and understanding" (Lynch 2006, S. 95).

Resultate und Effekte wiederum als Darstellung der *screen world* erscheinen, auf die sich weitere Handlungen und Interpretationen beziehen etc." (Kalthoff 2004, S. 160).

Weitere zentrale Forschungen in diesem Themenfeld sind die Arbeiten von Beunza und Stark (2004) sowie Hardie und MacKenzie (2006). Beide weiten in ihren Analysen „cognition" auf soziotechnische Umsetzung aus. Hardie und MacKenzie (2006) formulieren in ihren Analysen die Aufforderung, dass Analysen über die Betrachtung „of the individual bounded by the skin" gehen und die verschiedenen soziomateriellen Verwicklungen zwischen menschlichen AkteurInnen und Artefakten in den Blick nehmen müssen (Hardie und MacKenzie 2006, S. 4). Beunza und Stark (2004, S. 371) argumentieren ausgehend von ihrer Untersuchung „Calculation is distributed across the human and non-human agents and instruments enacting the trade. But, if calculation involves both the mathematics and the machines of quantitative finance, as we shall see – even when it is automated, it is far from mechanical: at this level of performance, calculation involves judgment". Zudem, so argumentieren sie weiter, geht es um eine Form des „Knowing", also um ein Gefühl für den Markt, ein Wissen, wie Daten zu interpretieren und Ergebnisse einzuordnen sind. Es geht um spezifische Fertigkeiten im Umgang mit den kalkulatorischen Werkzeugen, um ein Erfahrungswissen darüber, was in gegebener Situation möglich ist und was nicht (Beunza und Stark 2004, S. 381).

Viele Arbeiten auf dem Feld der Social Studies of Finance sind zugleich inspiriert von den Ansätzen der Science and Technology Studies (Pickering 1995; Hacking 1983), in denen schließlich auch die ANT – wie anfangs erwähnt – ihren Ursprung hatte. Dies gilt vor allem bei der Diskussion über das Zusammenwirken menschlicher und nicht-menschlicher Akteure bei der Herstellung von (wissenschaftlicher) Faktizität. Eine Übertragung bedeutet etwa, Märkte ähnlich wie wissenschaftliche Laboratorien zu untersuchen. Gründe hierfür sind die folgenden Parallelen:

„Beide sind heterogene Ansammlungen von Menschen und technischen Geräten und dienen der Gewinnung verwertbarer Erkenntnisse. Die Laborwissenschaft wie auch die Wissenschaft in der praktischen Anwendung außerhalb des Labors erfordern oft sowohl das ‚Intervenieren' als auch das ‚Repräsentieren' des Wissenschaftlers (Hacking 1983) – um die materialen Bedingungen zu schaffen, innerhalb derer Theorien und ‚Wirklichkeit' einander gegenübergestellt werden können und innerhalb derer Wissenschaft ‚funktioniert'" (MacKenzie et al. 2007, S. 135).

Wertvolle Einsichten bieten die empirischen Laborstudien auch in der Frage nach Faktizitätsherstellungen. Schließlich geht es in beiden Fällen um die Stabilisierung, also Anerkennung von erarbeiteten Erkenntnissen durch einen relevanten Personenkreis.

Die in diesem Kapitel kennengelernten Arbeiten weiten „financial cognition" also auf soziotechnische Interaktionen zwischen menschlichen und nicht-menschlichen Akteuren aus. Kalkulation beinhaltet zudem Interpretation und situationsspezifisches Ermessen. Gerade dieses Betonen von Formen situativen Erwägens, Meinens und Improvisierens ist zentral für die Analyse von Entscheidungsprozessen bei der es eben nicht darum geht zu schauen, wie diese Vorgänge idealtypisch, sondern tatsächlich ablaufen.

Zusammenfassung

Markt wird mit einer in dieser Arbeit eingenommenen Perspektive, die sich an ANT-inspirierten Konzeptionalisierungen orientiert, zu einem Effekt von Netzwerkarbeit aus menschlichen und nicht-menschlichen Akteuren, wie Kalkulations- oder Managementsoftware, wirtschaftswissenschaftlichen Theoremen, Vertragswerken, numerischen Prozeduren und vielem mehr. Diese Elemente werden so relationiert, dass die Transformation von Immobilien in ein Finanzmarktprodukt gelingt. Es umfasst deren Qualifizierung, Objektivierung in finanzmarktlesbare Sprache sowie deren Einfügen in einen institutionalisierten Rahmen um Transaktion und damit Investitionen möglich zu machen. Die Untersuchung finanzieller Vermarktlichung umfasst darauf aufbauend die Analyse der Konturen und Beschaffenheiten dieses Markt-Agencements sowie deren Dynamik, also deren Hervorbringung und Ausbreitung.

Bisher wurde sich dazu aus der Sicht der SSM sowie der SSF mit Marktwerdung beschäftigt und festgestellt, dass Kalkulation ein Bestandteil dieser ist. Es ist also an der Zeit, sich der Frage zuzuwenden, worum es bei Kalkulation, und damit ist nun tatsächlich die zahlengebundene Kalkulation gemeint, eigentlich geht und wie diese konzeptionalisiert werden kann. Dies ist Anliegen des nun folgenden Kapitels.

Rechenpraktiken

Finanzmärkte scheinen ohne Zahlenarbeit kaum denkbar. Am Festhalten der Branche an unterschiedlichsten Modellierungsweisen, so erweckt es den Eindruck, haben auch die Finanzkrise und die dabei in die Kritik geratenen Risikokalkulationen kaum etwas geändert. Chuas (1995, S. 140) Zitat kann wohl noch immer Gültigkeit beanspruchen, wenn er sagt: „What is of concern here is that through the processes of quantification, visualization, and normalization a certain amnesia sets in when accounting information is used in organizations. Reports and tables, although titled as ‚subject to errors and omissions' come to be seen as windows (albeit small) on a hidden reality". Es scheint, als strukturierte die Allgegenwart der Zahlen als kalkulative Praktiken in Rankings, Financial Reportings, Valuation etc. Deutungs- und Handlungsweisen finanzialisierter Umwelten, wie sie in ihrer Zahlenprosa von neuen Assetklassen, Entwicklungen von Unternehmen und Märkten erzählt. Diesen technisierten, zahlenbasierten Handlungsweisen haftet – und das ist das Herausfordernde an ihnen – die Fähigkeit zur unabhängigen Ermittlung und gewünschten Austarierung von Rendite-Risiko-Profilen an. Wir verbinden mit ihnen Rationalität und Präzision. Aber warum tun wir das? Was unterscheidet Zahlen etwa von Sprache? Was genau sind nun diese kalkulativen Praktiken, von denen gesprochen wird, und wie können sie adressiert und konzeptionalisiert werden? Worin besteht ihre gesellschaftliche Funktion? Und was sagt uns das alles über die Zusammenhänge zwischen kalkulativen Praktiken der Finanzmärkte und einem finanzialisierten Kapitalismus?

Ökonomie der Zahlen

Investitionstätigkeit institutioneller Investoren – zumindest wirkt es so bei einem Blick in die Büros der Investoren und bei Besuchen von Investmentmessen – ist ohne Zahlenarbeit schwerlich möglich. Märkte werden anhand von Kennzahlen beobachtet, Marktentwicklung durch Zeitreihen und Indexzahlen abgebildet, Performance von Investments durch Kennzahlensysteme wie den „return of investment“ geprüft. Es wird quantifiziert, standardisiert, verglichen. Zahlen werden aggregiert und in Modelle eingespeist. Es wird sich für sie und gegen andere Zahlen entschieden und weitergerechnet. Im Regelfall handelt es sich nicht um eine einzige singuläre Rechenoperation, sondern um eine Verkettung und Verschachtelung mehrerer Rechenpraktiken. Diesen haftet Objektivität und Neutralität an; der Glaube daran, dass Berechnungen jederzeit und unabhängig von Personen mit gleichem Ergebnis wiederholt werden können, darauf gründet ihr Nutzen.

Dass (ökonomische) Rechenpraktiken jedoch eben keine objektiven, neutralen Tätigkeiten sind, die eine gegebene Wirklichkeit gewissermaßen unberührt darstellen, kann kaum mehr als neue Erkenntnis verbucht werden. Dies entnehmen wir so unterschiedlichen Forschungsrichtungen wie etwa der Social Studies of Accounting (SSA), Teilen der Mathematikphilosophie und der Wissenschaftssoziologie bereits seit geraumer Zeit. Vormbusch (2011, S. 13) argumentiert, dass selbst die mit kalkulativen Praktiken im Feld Handelnden eine recht kritische und distanzierte Sicht auf die von ihnen verwendeten Rechenapparaturen hätten. Damit werde die Macht der Zahlen auf eine „neue epistemologische Grundlage gestellt“, die des Glaubens an eine objektive Repräsentationspraxis gar nicht mehr bedürfe (ebd.). Bei dieser Diskussion – in ihren Einzelheiten zunächst noch etwas nach hinten geschoben – wird jedoch bereits eines deutlich: Dass Rechenpraktiken keineswegs als objektive und neutrale Prozeduren angesehen werden können und auch entsprechende Darstellungsformate einen nicht unproblematischen – weil nicht losgelösten – Bezug zu dem gemessenen Objekt, also etwa dem Markt „da draußen“ haben, bedeutet gerade nicht, dass Fragen ihrer gesellschaftlichen Funktion damit ein Ende hätten. Im Gegenteil muss genau die Frage gestellt werden, worin *dann* deren spezifische Wirkmacht und Bindungskraft besteht, die ihre (Omni-)Präsenz erklärt. Sinnvoll erscheint es, bevor tiefer in ökonomische Zahlenwelten abgetaucht wird, einige Zeit darauf zu verwenden, das „Zahlengebastel“ etwas zu entwirren und eine präzisere Sprache für nachfolgende Debatten zu finden.

Es existieren eine ganze Reihe von Arbeiten, die sich entweder am Rande, also gewendet auf den jeweiligen empirischen Gegenstand und die Fragestellung, oder als primärem Untersuchungsgegenstand Zahlen und Rechenpraktiken widmen. Letztere entstammen meist Feldern der Philosophie, Wissenschaftstheorie oder Soziologie. Nachfolgende Skizzierungen beziehen sich im

Wesentlichen auf letztgenannten Zweig der Auseinandersetzung, der Soziologie.

Mit Bettina Heintz (2007), die sich aus einer mathematiksoziologischen bzw. wissenschaftssoziologischen Perspektive mit Rechnen, Mathematik und damit verbundenen Fragen zu Objektivität auseinandersetzt, werden Rechnen und Mathematik voneinander zu unterscheidende Felder: Rechnen verweise stets auf etwas Externes, auf eine Außenwelt und ist in ihrem Basieren auf Zahlen an vorherige Messung gebunden. Mathematik hingegen komme ohne diesen externen Bezug aus, sie operiere nicht anhand von Zahlen, sondern anhand von Zeichen (Heintz 2007, S. 66). Zudem ist noch einmal zwischen Rechnen und Kalkulation zu unterscheiden. Vormbusch (2008, S. 89) weist in diesem Zusammenhang auf zwei recht unterschiedliche – im Zuge dieser Arbeit aber sehr relevante – Zugänge zu Kalkulation hin und zwar jenen, den Callon und Muniesa (2005) konzipieren, und jenen eher durch Accounting inspirierter Analysen. Mit Callons und Muniesas Zugriff auf Kalkulation, dies wurde in vorangegangenem Kapitel bereits deutlich, wird eher auf die kalkulativen Fähigkeiten der Akteure abgestellt und kommt auch ohne Rechnen und zahlenbasierte Tätigkeit aus. Mit einer Perspektive, die organisierten Zahlengebrauch in Abgrenzung zur SSF indes an Quantifizierung bindet, „wird Rechnen zu einem integrale[n] Bestandteil kalkulativer Praktiken, wie es andererseits lediglich eine ihrer Komponenten darstellt – notwenige, aber nicht hinreichende Bedingung von Kalkulation" (Vormbusch 2008, S. 89).

Doch worin genau liegt nun das Machtvolle an Zahlen?[1] Heintz (2007, S. 78) argumentiert mit deren „Objektivierungsleistung", die im Wesentlichen auf zwei Eigenschaften gründet: Eine wird im Vergleich von Zahlen zu Sprache offenbar: „Während Sprache immer eine Ja- und eine Nein-Fassung bereitstellt und insofern ein Satz seine Negationsmöglichkeit bereits in sich trägt, muss Negation im Falle von Zahlen aktiv erzeugt werden" (ebd.). Das heißt das einfache Behaupten der Falschheit von Zahlen ist nicht ohne etwas Aufwand durchführbar. Entweder man benötigt dazu andere Zahlen oder ein Wissen über den Herstellungsprozess der kritisierten Zahlengebilde, im Idealfall wohl beides. Eine weitere Eigenschaft liege in deren Fähigkeit zur

---

1 | In Anlehnung an Heintz sind nachfolgend mit Zahlen Werte gemeint, „die auf Messung beruhen und eine gemeinsame Metrik voraussetzen, z.B. wissenschaftliche Daten, Statistiken oder Testresultate. [...]. Davon sind Zahlen zu unterscheiden, die qualitative Unterschiede zwischen Objekten bezeichnen und diese in eine nominale oder ordinale Ordnung bringen. Ein Beispiel dafür sind Hausnummern oder Klassifikationscodes" (Heintz 2012, S. 12).

Übermittlung von Informationen. Nach Heintz (2012, S. 11) ist nicht nur zentral, *was* übermittelt wird, sondern auch *wie*, also etwa visuell oder numerisch oder sprachlich etc. Zahlen und Quantifizierung seien in diesem Sinne besonders geeignete Mittel, denn sie hätten die Fähigkeit „Wissen in hoch verdichteter und komprimierter Form" (Heintz 2007, S. 79) darzustellen. Hier verweist Heintz auf Latours „inscriptions", also Dinge, die zwar mobil dabei aber unveränderlich sind, auf diese Weise in verschiedenste Kontexte eingefügt sowie wieder von ihnen gelöst werden können und über die Welt mental und kommunikativ erfahrbar gemacht werden kann. In Übersetzungsprozessen ökonomischer Objekte in andere Objekte entstehen „immutable mobiles". Diese verfestigen Gegebenheiten und machen es möglich, sie in andere Kontexte zu bewegen, erneut zu isolieren und wieder in neue Zusammenhänge zu stellen.

Zahlen sind dabei nahezu beliebig oft kombinierbar. Sie können in immer komplexere, verschachteltere, mit anderen Rechenoperationen gekoppelte Zahlengebilde und ganzen Systemen kombiniert oder aber immer weiter kaskadenförmig reduziert und am Ende auf eine Zahl gebracht werden. Diese Prozesse erzeugen „eine Eigenrealität, die praktisch nicht mehr rückübersetzbar ist. Die Zahlen erscheinen als ‚harte Fakten', die ihre Selektivität immer perfekter verbergen" (Heintz 2012, S. 12). Vollmer spricht in diesem Zusammenhang von der „Reproduktion von Zahlen aus Zahlen" (2004, S. 455), in der eine wesentliche Bedeutung des Zahlengebrauchs innerhalb von Organisationen gründe.

Zahlen sind an vorherige Messungen gebunden. Messung wiederum ist gebunden an Kommensurabilität, also den Vergleich von verschiedenen Dingen gemäß einer „common metric" (Espeland und Stevens 1998, S. 315), wie etwa unterschiedliche Assetklassen in Bezug auf deren Rendite. Vergleichbarkeit hängt also zusammen mit Kategorisierung, mit anderen Worten der Festlegung für den jeweiligen Vergleich wichtiger bzw. unwichtiger Merkmale. Die Trias aus Kategorisierung, Vergleichbarmachung und Messung ist also Voraussetzung für die Produktion von Zahlen und zugleich bereits sozial voraussetzungsvolle Tätigkeiten, die an vorherige subjektive Festlegungen gebunden sind (Heintz, 2007, S. 74). Ein Beispiel sind etwa Statistiken, die Heintz (2012, S. 8) als „quantifizierte Beobachtungssysteme" bezeichnet, „die heterogene und weltweit verstreute Ereignisse zueinander in Beziehung setzen und dadurch den Eindruck eines zusammenhängenden Ganzen erzeugen". Genau in dieser Fähigkeit, Kommunikation über eigentlich Verschiedenartiges zu ermöglichen, liegt nun auch ein wesentlicher Nutzen des organisierten Zahlengebrauchs (Vormbusch 2008, S. 89), die sich im Falle finanzialisierter Vermarktlichung darin zeigt, völlig verschiedenartige Dinge renditeorientiert miteinander vergleichen und institutionell anerkannte Kommunikation bis hin zu tatsächlichem (verfügungsrechtlichen) Austausch ausüben zu können. Konkret geht es dabei etwa um die Definition und die Festlegung spezifischer Produkteigenschaften, etwa die bereits kennengelernten Kategorisierungen von Rendite-Risiko-Relationen.

Aus dem Feld der „Èconomie des conventions" (Diaz-Bone 2011) kommt nun der Verweis auf die Bedeutung von Konventionen, die Kategorien und damit die Vergleichbarmachung von Personen, Objekten und Handlungen fundieren. Konventionen seien – so Diaz-Bone (2011, S. 293) in Anlehnung an Desrosières (2001, S. 116) – „Verständigungsgrundlage für zwei wichtige und untrennbar miteinander verbundene Fragestellungen: (1) wie man die Konstruktion von Kategorien (und Klassifikationen) durchführen und (2) wie man die Fälle praktisch den Kategorien zuordnen (klassifizieren) kann". Diese Konventionen verliehen den statistischen Objekten einen realistischen bzw. objektiven Charakter (ebd., S. 295). Hiermit wird nun ein spannender Aspekt im Zusammenhang mit Zahlen und Rechenpraktiken angesprochen, nämlich jener der Objektivität und damit verbunden die Argumentation, dass Objektivität außermathematischer Stützen bedarf (Konventionen etwa), um diese zu erzeugen. In dem Fall geht es dann nicht mehr um „Objektivität", sondern um „Objektivierung" (Desrosières 2005, S. 13 f. nach Diaz-Bone 2011, S. 295).

Deutlich mit der Umstellung von Objektivität zu Objektivierung wird, dass Objektivität kein Faktum ist, sondern Ergebnis eines Vorgangs. der gebunden ist, so Heintz (2007, S. 68), an eine „Disziplinierung der Beobachtung", im Rahmen derer etwa wissenschaftliche Beobachtungen auf technische Instrumente übertragen werden, um diese von subjektiven Verzerrungen durch menschliche BeobachterInnen zu emanzipieren, was sie am Beispiel des Teleskops und des Mikroskops illustriert. Ähnlich kann eine Argumentation auch für den Fall der Integration von Finanz- und Immobilienmärkten aussehen, die mit einer Quantifizierung und Standardisierung sowie dem Einzug finanzmarktorientierter Modellierungsweisen und Rechenpraktiken auf Immobilienmärkten verbunden ist, um Entscheidungsprozesse von den subjektiven Urteilen der AnalystInnen und ManagerInnen zu lösen. Es ist eine Übertragung, die neue Probleme hervorruft. Unklar wird etwa, ob ein Ergebnis ist, wie es dargestellt wird, oder Resultat einer möglicherweise fehlerhaften Apparatur – hier Modellierungsweise – ist. Gerade bei Datensammlungen und Berechnungen zu neuen Investitionsstandorten, zu denen also kein Vorwissen vorliegt und man sich auf die Zahlen und ermittelten Ergebnisse verlassen muss, stellt sich die Frage, ob die Märkte „tatsächlich" so sind, wie sie dargestellt werden oder, ob die Modelle schlicht nicht zu den Märkten „passen". Dabei handelt es sich um ein Problem, das sich nach Heintz (ebd.), in allen denkbaren organisationalen Umwelten im Zusammenhang mit der Produktion von Zahlen, wie in Unternehmen oder Behörden etc. zeigen kann.

Mit diesem Ankratzen eines recht komplexen und voraussetzungsvollen Themas wurden einige Aspekte zutage gefördert, die zentral für die weitere Untersuchung sind. Etwa geht es um die Rolle, die Objektivitätszuweisungen und Faktizitätsherstellung kalkulativer Ergebnisse im Feld einnehmen: Wie wird Objektivität und Faktizität für wen erzeugt und welche Anschlüsse werden dadurch möglich? Gezeigt wurde, dass Zahlen erst das Ende einer Kette von Tätigkeiten wie Kategorisierung und Vergleichbarmachung sind, die hochgradig soziale Veranstaltung und Ergebnisse sozialer Aushandlungen darstellen, etwa in ihrer Festlegung relevanter und irrelevanter Merkmale. Ihnen haftet eine Aura der Präzision und Objektivität an, die suggeriert, dass es niemals Diskussionen, Auslassungen, Anpassungen etc. in ihrer Produktion gegeben hat. Als Inskriptionen sind sie mobil und anknüpfungsfähig und können in und zu neuen Rechensystemen verknüpft werden. Sie machen Welt erfahr- und kommunizierbar. In ihrer Verschachtelung und immer weiter erfolgenden Verdichtung ist deren Herkunft irgendwann kaum mehr zu bestimmen. In diesem Kontext stellt sich die Frage nach den Zusammenhängen zwischen Rechnen und Organisation, denn organisiertes Rechnen ist, so Vollmer (2004, S. 452), „Resultat von Organisation. Gleichzeitig ist es aber auch Grundlage weiterer Möglichkeiten des Organisierens". Zusammenhänge zwischen kalkulativen Praktiken und Organisation waren schon immer zentraler Gegenstand der Accounting Studies.

Zahlen der Ökonomie – Beiträge der Accounting Studies

In der Auseinandersetzung mit Rechenpraktiken als Marktaktivitäten und deren Rolle bei der Gestaltung und Formierung ökonomischen Geschehens sind es vornehmlich Arbeiten aus dem Feld der Social Studies of Finance (SSF) und der Social Studies of Accounting (SSA), die sich in diesem Bereich tummeln und sich ökonomischer Zahlenarbeit als empirischem Gegenstandsbereich widmen. Im Unterschied zu Callons und Muniesas (2005) Blick auf Kalkulation, der eher auf kalkulative Fähigkeiten von Akteuren in ihrer soziotechnischen Verwicklung abstellt, macht die Accounting-Forschung konkrete Berechnungsweisen, Ideen und Konsequenzen von Formen der Kalkulation zum Gegenstand ihrer Analysen (Miller 2007a, S. 293).

Und obwohl unter Accounting häufig und lediglich Formen der Buchführung verstanden werden, ist – zumindest mit einem technischen Zugriff – darunter weit mehr einzuordnen: Nach Vormbusch (2004, S. 33) meint es „all jene Aktivitäten, der Identifizierung, Sammlung, Ordnung, Aufzeichnung, Auswertung und Kommunikation von Daten, die für die Koordination, Steuerung und Kontrolle (ökonomischer) Aktivitäten benötigt werden".[2] In diesem Kapital geht es, jenseits technisch-definitorischer Diskussionen, was Accounting nun eigentlich umfasst und was nicht – deutlich werden wird, dass es gerade ein Charakteristikum des Accounting ist, kontingenten und kontextuierten Zu- und Abschreibungen zu unterliegen – um die gesellschaftliche Funktion des Accounting als eine Form ökonomischer Kalkulation.

Die soziologisch orientierte Accounting-Forschung bzw. Social Studies of Accounting[3] entwickelte ihr Fundament als eigenständige Forschungsrichtung ab Mitte der 1970er Jahre. Ende der 1970er Jahre erschien erstmalig

---

2 | In vorliegender Arbeit wird von „kalkulativen Praktiken" gesprochen. Anlehnend an Vormbusch erfolgt dies in Abgrenzung zu „Kalkulation", die zu eng mit der Vorstellung verbunden sei, dass ein Gegenstand technisch neutral dargestellt werden könne (Vormbusch 2011, S. 16). „Kalkulative Praktiken stellen vielmehr spezifisch zahlenorientierte Handlungs- und Verfahrensweisen, Konstruktions- und Repräsentationsprozesse dar, welche bereits die Wahrnehmung gesellschaftlicher Leistungsprozesse verändern, indem sie spezifische Aspekte derselben hervorheben, abschatten oder als ökonomisch beziehungsweise politisch bewertbare Tatbestände erst hervorbringen" (Vormbusch 2008, S. 89).

3 | Diese Forschungsrichtung unterscheidet sich von dem eher betriebswirtschaftlich geprägten Zweig der Accounting-Forschung, der mit einer eher affirmativen Sicht auf die technischen Eigenschaften des Accounting rekurriert und kalkulative Praktiken als Reflexionen einer gegebenen ökonomischen Realität versteht. In diesem Sinne fokussieren sie auf die Rolle kalkulativer Praktiken bei der Rationalisierung und Objektivierung von Entscheidungsprozessen. Mit der Frage nach der „Systemfunktion" (Vollmer 2004, S. 452) kalkulativer Praktiken wird der Unterschied der betriebswirtschaftlichen und der soziologisch orientierten Ausrichtung offenbar: Letztere untersucht die Implementierung von Rechnungspraktiken in organisationalen Zusammenhängen, die „sich *erst dadurch* für deren Aufrechterhaltung zunehmend unentbehrlich macht" (ebd.).

die Zeitschrift „Accounting Organisations and Society", die konzeptionellen Gedanken dieser Neuausrichtung eine Plattform bot. Im Kern beschäftigt sich dieser Forschungsstrang mit dem Zusammenwirken „von Formen des Kalkulierens und Prozessen gesellschaftlichen Organisierens" (Miller 2007b, S. 20). Es geht um die wechselseitige Hervorbringung kalkulativer Praktiken des Accounting und des sie umgebenden sozialen, organisationalen und institutionellen Settings sowie daraus resultierenden Hervorbringungsleistungen. Den proklamatorischen Ausgangspunkt bildeten die Arbeiten Anthony Hopwoods (1976; 1983) und Burchel et al. (1980; 1985), die nach jahrelangem Ausbleiben einer in dieser Form soziologisch orientierten Accounting-Forschung nach Werner Sombart und Max Weber ihren Untersuchungsgegenstand wieder in den Kontext eines solch konzeptionellen Zusammenhangs zu positionieren begannen.

Max Weber und Werner Sombart hatten sich in ihren Arbeiten zur doppelten Buchführung bereits mit dem Zusammenwirken von Accounting und Rationalisierung sowie Zusammenhängen zwischen der Herausbildung spezifischer Kalkulationsweisen und Wirtschaftsformen auseinandergesetzt (ausführlich dazu Vormbusch 2011). Sie eint die Überzeugung, dass zwischen der Einführung der doppelten Buchführung und der Entwicklung kapitalistischer Wirtschaftsweise ein Zusammenhang besteht. Während Weber die Einführung der doppelten Buchführung als Voraussetzung für kapitalistische Wirtschaftsweise sieht, geht Sombart in seiner Argumentation über Weber hinaus und sieht Kapitalismus und doppelte Buchführung als Einheit:

„Man kann schlechthin Kapitalismus ohne doppelte Buchführung nicht denken: sie verhalten sich wie Form und Inhalt zueinander. Und man kann im Zweifel sein, ob sich der Kapitalismus in der doppelten Buchhaltung ein Werkzeug, um seine Kräfte zu betätigen, geschaffen oder ob die doppelte Buchhaltung erst den Kapitalismus aus ihrem Geiste geboren habe" (Sombart 1987, S. 118).

Genau wie Miller (2007b, S. 25) darauf verweist, war es aber bereits Marx, der vor Sombart und Weber auf Zusammenhänge zwischen Buchführung und Kapitalismus hinwies:

„Marx schreibt dem Accounting keine so zentrale Rolle zu, wie Weber dies tut. Gleichwohl räumt Marx dem Accounting, wenn man es in den Kontext seiner Werttheorie und der Theorie der kapitalistischen Produktionsweise stellt, einen zentralen Stellenwert neben anderen politischen Interventionen in Produktionsverhältnissen ein" (ebd.).

In den Arbeiten Marx', Sombarts und Webers werden also Accounting-Praktiken, näherhin Buchführung, mit der Herausbildung spezifischer Wirtschaftsweisen in Zusammenhang gebracht. Es ist eine Zusammenschau von Mikro- und Makroperspektive, also eine Auseinandersetzung mit konkreten Formen des Kalkulierens und deren Funktionen innerhalb kapitalistischer Ökonomien, auf die ein weitgehendes Desinteresse innerhalb der Soziologie folgte, was erst mit der Neuausrichtung und Herausbildung einer soziologisch orientierten Accounting-Forschung Ende der 1970er und Anfang der 1980er Jahre, und zwar innerhalb der Accounting-Forschung und nicht etwa innerhalb der Soziologie, aufgehoben wurde.

Hopwood (1983) und Burchell et al. (1980) waren zentrale Protagonisten dieser konzeptionellen Neuausrichtung des Forschungsprogramms. Nach Jahren stark behavioristisch geprägter Ansätze, die etwa auf Formen des „budgeting" abstellten und Accounting innerhalb von Gruppen untersuchten (dazu Miller 2007b, S. 28), wurde eine affirmative Sicht auf Accounting, die kalkulative Praktiken als rein technische Phänomene ansah, hinterfragt und vielmehr deren Geprägtheit von „organisationalen Kontexten und menschlichem Verhalten" herausgestellt (Miller 2007b, S. 28). Kennzeichen dieser Neuorientierung war – und ist bis heute – die Öffnung und konzeptionelle Orientierung an einer Vielzahl theoretischer und methodologischer Zugänge, um Accounting in seiner Vielschichtigkeit und eben seiner kontextuellen Gebundenheit erfassen zu können, womit auch eine Diskussion bisheriger empirischer Zugänge und Konzepte verbunden war. So war es Hopwood (z.B. 1983), der dazu aufrief, den Fokus auf konkrete Praktiken des Accounting in den Blick zu nehmen und ins Feld zu gehen: „What is needed are more substantive investigations orientated towards prodviding bases for understanding of explaining the workings of accounting in action" (ebd., S. 303). Die Neuausrichtung, so kann man es auf den Punkt bringen, folgte dem Ruf: „to understand and analyse accounting in action, and in context"[4] (Miller 2010, S. 225).

Bedingungen und Effekte ökonomischer Zahlenarbeit

Mit der konzeptionellen Neuausrichtung von Teilen der Accounting-Forschung Ende der 1970er Jahre gerieten die formativen und konstitutiven Aspekte des Accounting in den Blick (z.B. Hopwood 1978). Damit verbun-

4 | Miller im Nachruf auf Anthony Hopwood.

den war eine Absage an den bis dahin dominierenden Topos der Repräsentationsfunktion ökonomischer Rechenweisen, also der Vorstellung eine von der Arbeit des Repräsentierens unberührt gelassenen und einheitlichen Wirklichkeit ökonomischer Phänomene schlicht zu erfassen (dazu ausführlich Vollmer 2004, S. 454), wodurch Accounting neu attribuiert wurde. Der Programmatik einer schöpferischen Zahlenarbeit zu folgen bedeutet, dass kalkulative Praktiken nicht länger als neutrale, objektive Techniken anzusehen sind, mit deren Hilfe etwa eine Wirklichkeit der Märkte offengelegt und neutral abgebildet werden kann. Vielmehr rücken deren wirklichkeitskonstituierende Effekte in den Vordergrund: „Zahlen schaffen Sichtbarkeiten, die zur Basis organisationalen Handelns und Entscheidens werden und genau dadurch Organisationswirklichkeiten mitstrukturieren" (Vollmer 2004, S. 454). Mit dieser Sicht auf kalkulative Praktiken des Accounting erfolgt nicht nur eine Neubestimmung ihrer Adressierung, vielmehr wurden Accounting-Praktiken gleichzeitig als „distinctive phenomenon in it's own right" (Mennicken et al. 2010, S. 4) zu einem eigenständigen Gegenstand der Forschung erhoben.

Ein zweiter und bereits angedeuteter Aspekt, der mit der Repositionierung von Accounting als soziologischem Betrachtungsgegenstand einherging, war die Erweiterung des Betrachtungsrahmens, in den Accounting gestellt wurde. Ungeachtet der Emanzipation von einer rein technischen Sicht auf Accounting und der Herausstellung von Zusammenhängen zwischen Accounting, Organisation und organisationalen Umwelten konzentrierte sich die behavioristisch geprägte Forschung im Wesentlichen auf Vorgänge innerhalb von Organisationen, näherhin in Gruppenzusammenhängen. Erneut war es Hopwood (1978), der schließlich dazu aufrief, über organisationale Grenzen zu blicken und – nunmehr nach jahrelanger Mikroorientierung auf Accounting in Gruppenzusammenhängen – Accounting-Praktiken in einen neuen Untersuchungszusammenhang zu stellen. Rein intraorganisationale Betrachtungsweisen sollten einer stärker kontextualen Perspektivierung weichen, wie es Hopwood letztlich mit der Benennung der Zeitschrift zu „Accounting Organizations and Society" auch verdeutlicht. Accounting sollte (wieder) im Zusammenhang mit Formen gesellschaftlichen Wandels untersucht werden.

Im Verlauf der 1980er Jahre wurde diese Auffassung erweitert: Wurde akzeptiert, dass Einflüsse auf Accounting nicht lediglich von der jeweiligen Organisation ausgingen, in der sie implementiert waren, sondern auch von jenseits dieser Grenzen wirkten, erschien es nunmehr plausibel, davon auszugehen, dass dann auch Accounting-Praktiken nicht lediglich intraorganisationale Ausgestaltungen beeinflussen, sondern eben auch soziale und ökonomische Prozesse und Beziehungen (Chapman et al. 2009, S. 11). Das Verhältnis und der Austausch der Grenzen zwischen Organisationen und umgebenden Kontext sind also durchlässig in beide Richtungen: Hopwood (1983) spricht von den „external origins of internal accounts" und „to see the social as passing through the organizational" (ebd., S. 302). Accounting wird geformt durch gesellschaftliche Programmatiken und ökonomische Narrative. Ebenso und zur gleichen Zeit wirkt Accounting andersherum auf diese Programmatiken und Ideen zurück.

Entsprechende Neujustierungen der Forschungsperspektive dürfen dabei nicht verstanden werden als eine Abkehr bzw. Marginalisierung von intraorganisationalen Betrachtungsweisen, im Gegenteil: Hopwood (1983, S. 291) unterstrich: „Accounting gains much of its contemporary significance from the ways in which it helps to shape and guide organizational processes and actions". Die Frage muss dann genau sein, wie Accounting-Praktiken diese Bedeutung in Organisationen erlangen bzw. worin diese liegt. Wie etwa beeinflusst Accounting den Blick der Akteure in Bezug auf das, was möglich, kalkulierbar, wünschenswert, realistisch etc. ist? In diesem Sinne akzentuiert Hopwood (1983) den Blick auf Accounting innerhalb von Organisationen neu. Er tut dies, indem er u.a. auf die bedeutende Frage zu „order und disorder" (ebd., S. 299) im Zusammenhang mit der Implementierung und Nutzung kalkulativer Praktiken in Organisationen verweist. In vorliegender Betrachtung ging es bisher darum, die Sicht auf Accounting zu erweitern und deren Beeinflussung von und Einfluss auf sie umgebende Kontexte festzustellen. Eine solche Sicht sagt nichts darüber aus, wie so informierte Accounting-Praktiken innerhalb von Organisationen implementiert werden und in Erscheinung treten. Hopwood (1983, S. 299) verweist etwa darauf, dass Accounting-Praktiken auf bereits bestehende Orientierungen und Handlungsweisen der Akteure träfen, was Formen von Widerstand, Aushandlungen, Aneignungen etc. auslösen könne. In diesem Sinne werden auch Formen des Widerstands gegen Accounting-Praktiken – in vielfältiger Ausprägung – zu deren Charakteristikum (ebd.). Auch weniger intentionale Effekte, im Vergleich etwa zu Widerstand, müssen mitgedacht werden, die allesamt zum Spektrum der Nicht-Linearität der Implementierung und Nutzung von Accounting-Praktiken gehören, wie alles Zufällige, Unvorhergesehene, Sich-Ergebende, Überraschende usw. Kalthoff (2007b, S. 161) verweist darauf, „dass in den Inszenierungen alltäglicher Interaktion Modulationen aktiviert werden können, die das laufende Geschehen in ein anderes verwandeln, also die Durchführung einer Kalkulation, um den Sinn einer Investition zu überprüfen, in eine Berechnung, die eine Probe oder Simulation ist und auch als solche markiert wird". Er spricht dabei auch das situative Auslassen von Kalkulationsprozessen an, das „undoing calculation" (ebd.), auf die sich in dieser Auslassung aber dann dennoch bezogen wird. Damit werden auch Fragen zum kreativen Umgang mit Kalkulationssystemen sichtbar. Möglich wäre etwa, dass die Einführung bestimmter Praktiken anderen Unternehmenszielen zuwiderläuft, wie Meyer und Rowan (1977) beschreiben. Eine Reaktion der Unternehmen wäre etwa das „decoupling", also einem „building gaps between their formal structures and actual work activities" (ebd., S. 341). „Thus, decoupling enables organizations to maintain standardized, legitimating formal structures while their activities vary in respond to practical considerations" (ebd., S. 357). Freilich existieren für solcherlei Phänomene weitere Begriffe wie Goffmans (1959) Konzept des „frontstage" und „backstage". Allesamt ist ihnen eine wie auch immer geartete Unterscheidung zu eigen, in der die Möglichkeit zu deviantem Verhalten angelegt ist, also eine Norm im Sinne eines strikten Anwendens der Lehrbuch-Version von Accounting Modellen und abweichendem Verhalten, wie situativen Auslassungen, Aneignungen usw. So zentral diese Ansätze sind, weil sie verdeutlichen, dass Accounting nur aus seiner tatsächlichen Anwendung heraus verstanden werden kann, so stellen sie doch zugleich vor die Herausforderung „regelhaftes" Verhalten, eine Norm, ein optimales Befolgen und Anwenden von Accounting-Praktiken zu benennen, was praktisch kaum möglich und zudem wenig sinnvoll erscheint, da dadurch Accounting gewissermaßen von außen – mit ForscherInnenblick – essenzialisiert und damit Praktiken im Feld a priori kategorisiert würden. Einem Verstehen, wie AkteurInnen Accounting-Praktiken anwenden, würde dies wenig weiterhelfen. Auf die Frage nach einer Adressierung von kalkulativen Praktiken, die sich von einer solch kategorisierenden Perspektive löst, wird im Verlaufe dieser Arbeit noch einzugehen sein.

Zwar war mit den Arbeiten der 1980er Jahre nun weitgehend akzeptiert, dass Accounting die Umwelten von Organisationen aktiv formt und auszubilden hilft, jedoch weisen Chapman et al. (2009, S. 18) zu Recht darauf hin, dass es nach wie vor an Arbeiten fehle, die nachzeichnen, wie genau nun Accounting etwa soziale Beziehungen formiert und hervorbringt oder wahrgenommene Möglichkeitsräume definiert etc. In den 1990er Jahren platzierten sich Arbeiten mit erweiterten Blickrichtungen und bezogen etwa den Kontext nationaler Bedingungen in die Analyse mit ein. „The calculation of profit was viewed as an outcome of particular norm of measurement, and those norms of measurement were themselves held to be understandable in terms of the particular national context in which they gained acceptance and significance“ (Chapman et al. 2009, S. 18).. Burchell et al. (1985b, S. 400) stellten die Notwendigkeit heraus, spezifisch historische Accounting-Konstellationen, die sich in dieser Form für den Moment stabilisiert haben, in den Blick zu nehmen: Sie verstehen unter Konstellation „a very particular field of relations which existed between certain institutions, economic and administrative processes, bodies of knowledge, systems of norms and measurement, and classification techniques“.

Von Konstellationen zu sprechen, ist in gewisser Weise das frühe Aufgreifen eines Gedankens, der später mit dem Begriff „Assemblage“ (Miller und O'Leary 1994) Einzug in die Accounting-Forschung erhielt. Miller und O'Leary (1994) betonen in ihrer Verwendung von Assemblage, mit der sie die Restrukturierung von Caterpillar Inc. konzeptionalisieren, eine Form der Ko-Konstituierung dieser Assemblage, was sie zu Konzepten wie „translation“ abgrenzen: „The forming of the assemblage we address here is instead the mutual constitution of the agents and entities that make it up, a process akin to the linking together of a plethora of ‚mediating machines‘ (Wise 1988). It is the fragile and shifting complex of *relations* that is the object of our enquiry, not a given actor who enrolls and controls others“ (ebd., S. 474). Anders als in eher ANT-geprägten Verständnissen von Netzwerken geht es in den Accounting Studies mit der Verwendung von Assemblages um die Adressierung übergeordneter Programmatiken: „In accounting, notions of assemblage and constellation have, for example, been used to draw attention to the fact that accounting and other calculative practices and instruments are deeply entwined in issues and events that are of wider social, economic and political concern“ (Vollmer et al. 2009, S. 626). Mit der Verwendung des Begriffs „Assemblage“ wird zudem die Heterogenität der Wissensformen des Accounting betont, die Tatsache also, dass Accounting nicht als „zusammenhängendes und kohärentes Wissensfeld“ (Vormbusch 2002, S. 70) zu betrachten ist. Es ist vielmehr eine Art Gebastel bestehend aus Einflüssen ganz unterschiedlicher Disziplinen, etwa den Ingenieurwissenschaften und der Psychologie (dazu Vormbusch ebd.).

Deutlich wurden im Wesentlichen zwei Dinge, die in den SSA von Bedeutung sind. Zum einen können spezifische Accounting-Praktiken nicht isoliert von den sie umgebenden Bedingungen untersucht werden. Accounting wird zu einer wandelbaren Prozedur, die in ihrer Formbarkeit durch historische, institutionelle und soziale Kontexte zu einer kontingenten Praktik wird, die in ihrer Verfasstheit kaum greifbar erscheint. In diesem Sinne konstatierten auch Chapman et al. (2009, S. 2): „Those who claim to know what accounting is are simply wrong [...] Accounting is a craft without an essence". Zum anderen muss es stets um eine Zusammenschau kalkulativer Praktiken und Technologien im Feld und übergeordneten (gesellschaftlichen) Programmatiken und Ideen gehen sowie darum, wie diese zueinander in Beziehung stehen bzw. sich gegenseitig zu stabilisieren helfen:

> „The calculative practices of accounting are always intrinsically linked to a particular strategic or programmatic ambition. Accounting practices are endowed with a significance that goes beyond the task for which they are developed. Accounting practices are called upon not just to calculate costs or evaluate a particular investment opportunity but to increase efficiency, to promote economic growth to encourage responsibility to improve decision making to enhance competitiveness" (Miller 2004, S. 188).

Ein solches Anliegen verfolgt die vorliegende Arbeit mit der Zusammenschau spezifischer kalkulativer Praktiken und deren Rolle im Zusammenhang mit Finanzialisierung. Jedoch laufen gerade Arbeiten zu Finanzialisierungsprozessen – in vorherigen Kapiteln wurde die Breite entsprechender Zugriffe diskutiert – in gewisser Hinsicht Gefahr, Finanzialisierung zu essenzialisieren und als gegebene Vorgänge aufzufassen. Diese Arbeit verfolgt – andersherum – den Weg, ins Feld zu gehen und zu schauen, wie Accounting-Situationen aussehen, welche Narrative diese Prozesse anleiten, welche Widerstände und Aneignungsweisen sowie unintendierten Effekte damit verbunden sind, um nachzeichnen zu können, wie das, was wir als Finanzialisierung verstehen, aktiv kalkulativ erzeugt wird.[5]

Accounting hat – das wurde in bisher Diskutiertem deutlich – dabei keine gegebene Essenz, keine Substanz: „All too apparently accounting is a phenomenon which is what it isn't and becomes what it wasn't!" (Hopwood

5 | Entsprechende Diskussionen sind in den Accounting Studies häufig verknüpft mit der Diskussion von Herrschaft und Macht, die mit der Implementierung und Nutzung von Accounting-Praktiken einhergehen. Im Wesentlichen sind es in Anlehnung an Vormbusch (2004, S. 36) zwei Kritikstränge des Mainstream-Accounting, die neo-marxistische sowie die postmoderne Kritik, die Macht- und Herrschaftsbeziehungen im Zusammenhang mit kalkulativen Praktiken diskutieren. Auf eine ausführliche Diskussion beider Ansätze muss an dieser Stelle verzichtet werden, es sei jedoch auf Vormbuschs (2004) Ausführungen dazu verwiesen.

1983, S. 289). Accounting ist eine wandelbare Prozedur, die erst innerhalb differentieller Zusammenhänge essenzialisiert wird und situativ-kontextuell Sinn bekommt. In diesem Sinne sind essenzialisierende Praktiken für eine Auseinandersetzung von Belang, was den Aufruf Hopwoods noch einmal aktualisiert: ins Feld zu gehen und dort zu untersuchen, wie Accounting in verschiedenen kontextuellen Umgebungen essenzialisiert und eingesetzt wird.

Diese Substanzlosigkeit impliziert eine Art Ambiguität spezifischer Accounting-Praktiken, die – eben in verschiedene Zusammenhänge gestellt – unterschiedliche Bedeutungen und Funktionen einnehmen können. So stellen etwa Burchell et al. (1985a, S. 390) in ihrer Arbeit zu value-added-Verfahren heraus: „The very ambiguity of value added might, in other words, be implicated in its emergence and functioning. Depending on the point at which the circle of reasoning is entered, value added may be seen as a determining factor in the process of social change, a harbinger of social change or a consequence of social change“. Kalkulative Praktiken werden also in fortwährender situativer Erneuerung konfiguriert.

Diese Antiessenzialisierung der Verfasstheit kalkulativer Praktiken des Accounting greift auf Fragen nach deren Funktion und Rolle in organisationalen Zusammenhängen über. Es bedeutet, danach zu fragen, welche Zuschreibungen Accounting erfährt, welche Funktionen es praktisch einnimmt und wie spezifische Rechenpraktiken in ihrem praktischen Vollzug angewendet werden und funktionieren. Relevant für die vorliegende Arbeit sind dabei im Wesentlichen zwei Forschungsrichtungen. Zum einen ist es jene, die sich mit der Rolle von Accounting-Informationen für Prozesse der Entscheidungsfindung auseinandersetzt. In Anlehnung an Burchell et al. (1980) geht es im Gegensatz zu eher affirmativen Ansätzen der Accounting-Forschung, die Zusammenhänge zwischen Accounting-Informationen und Entscheidungsfindung nicht zum Thema machen, sondern deren unterstützende und verbessernde Effekte a priori annehmen, darum, diese Zusammenhänge kritisch zu hinterfragen.

Eine zweite Forschungsrichtung sind jene Arbeiten, welche die situativen und kontextuellen Bedingungen von Accounting-*Situationen* oder *settings* in den Blick nehmen, etwa Jordan et al. (2013), die in ihrer Untersuchung die Rolle sog. Risk Maps im Rahmen eines Projekts der norwegischen Petroleumindustrie untersuchen. Was sie für den vorliegenden Zusammenhang Wichtiges herausstellen ist, dass die von ihnen untersuchte Wirkweise von Risk Maps in einem anderen Kontext eine ganz andere sein könnte bzw. sich möglicherweise anders darstellen würde. Einzig stabil bleibe, dass die Art und Weise, wie Accounting erscheint, geprägt wird von der Kombination eines

„regulative context that furthers the use of commonly accepted risk representations technology within the broader context of discourses of auditability and responsibilization (Power, 2007), and the particular setting of temporal, interorganizational project collaborations, that constitutes an arena in which technologies such as risk maps get enrolled as mediating devices between different actors and concerns in the creation of a collective identity of the joint project" (Jordan et al. 2013, S. 171).

Es geht also um die Betonung dessen, dass Accounting kontextuelle Praktiken sind und in unterschiedlichen Zusammenhängen unterschiedlich genutzt wird. Was auf den ersten Blick vielleicht wenig befriedigend sein mag, zieht auf den zweiten Blick ganz entscheidende Fragen nach sich, nämlich jene nach den Folgen, die aus dieser Wandelbarkeit entstehen. Es sind Folgen, die entstehen, wenn Modellierungsweisen in gänzlich andere Kontexte gestellt werden und darin spezifische Wirkmächtigkeiten entfalten können.[6]

Neue Debatten zu kalkulativen Praktiken im Kontext von Bewertung (z.B. Hutter und Stark 2015) betonen ebenfalls die jeweiligen Situation, in der Accounting stattfindet. Valuation sei sowohl zeitlich als auch räumlich eingrenzbar. In zeitlicher Perspektive hätten sie meistens einen festlegbaren Beginn und ein festlegbares Ende. Und auch die Räume der Valuation seien meist eindeutig festlegbar, dort finden sich die technischen Artefakte, die im Prozess der Valuation eine Rolle spielen. Situationen werden damit zu einem „setup" für Valuation (Hutter und Stark 2015, S. 4). Und auch hier findet sich – ebenso wie im Falle der Konstellation – die Idee des Situationsspezifischen und auf die zu einem Zeitpunkt an einem Ort zusammenfallenden Vermischungen aus Ideen, kalkulativen Praktiken, Personen, Programmen, Aneignungen usw. „Situations are characterized by the particular social

6 | Gerade, wenn es um diese Wirkmächtigkeiten geht, sei erwähnt, dass eine ganze Reihe von Arbeiten auf die Legitimationsfunktion kalkulativer Praktiken abstellen, den Umstand also, dass kalkulative Praktiken etwa in der Lage sind, getroffene Entscheidungen gegenüber Aufsichtsbehörden, Kunden etc. zu rechtfertigen, da diese Entscheidungen mit einem Anstrich der Objektivität versehen. Genau wie Vollmer herausstellt (2004, S. 462) erscheint die Betonung der Legitimationsfunktion zwar wichtig, aber für eine vertiefte Analyse der Funktion kalkulativer Praktiken verkürzend, da deren Ausbreitung und Implementierung in verschiedenste Bereiche des Sozialen und Ökonomischen kaum alleine damit erklärt werden kann.

assemblage of persons and things that are in place and in motion during a span of time" (ebd).

Deutlich wurde: „*Accounting* stellt in dieser Perspektive mehr als die technische Anwendung bestimmter Instrumente und kalkulativer Praktiken innerhalb von Wissensorganisationen dar. Es wird stattdessen als ein institutionalisiertes Wissensfeld mit unscharfen Rändern und oftmals amorphen Methoden und Inhalten begriffen" (Vormbusch 2002, S. 71), die sich je nach Kontext und Situation, in der sie zur Anwendung kommen, unterschiedlich darstellen.

Perspektiven einer Soziologie der Kalkulation

Der Ritt durch die neuere Geschichte der Accounting-Forschung hat gezeigt, dass Accounting primär außerhalb der Soziologie zu einem Forschungsfeld wurde, das sich einer soziologischen Analyse erschließt. Nach wie vor muss gesagt werden, dass die Erforschung kalkulativer Praktiken in der Soziologie bisher nicht gerade zu dem gehört, was man als Mainstream-Thema bezeichnen könnte. Vormbusch (2007, S. 76) resümiert, dass „sich eine *Soziologie der Kalkulation* gerade erst zu entfalten beginnt". Und auch Mennicken und Vollmer (2007a, S. 9) konstatieren:

„Gleichwohl findet man in den Sozialwissenschaften kaum systematisches Interesse daran, ob und inwiefern die massenhafte Mobilisierung von Zahlen, Messungen und Kalkulationen die Aufrechterhaltung sozialer Ordnungen beeinträchtigt, abstützt oder unterläuft. Auch die Diskussion über organisiertes Rechnen, die im englischsprachigen Raum seit geraumer Zeit unter dem Oberbegriff des ‚Accounting' geführt wird (z.B. Hopwood/Miller 1994; Vollmer 2003a), ist weitgehend auf Spezialistenkreise beschränkt geblieben".

Aber auch sie erkennen ein – zumindest allmählich – anwachsendes Interesse an entsprechenden Themen in der Sozialwissenschaft. Tatsächlich muss gesagt werden, dass in den letzten Jahren doch einige Publikationen entstanden sind, die sich kalkulativen Praktiken zuwenden und deren theoretisch-konzeptionelle Adressierung zum Thema machen (z.B. Vollmer 2004; Kalthoff 2007a; Mennicken und Vollmer 2007b; Vormbusch 2011; Vormbusch 2012).

Zentrale Themen entsprechender Auseinandersetzungen sind u.a. Fragen zum Verhältnis von Wirklichkeit und Darstellung. Kultursoziologische Arbeiten unterscheiden, so Kalthoff und Vormbusch (2012, S. 20), zum einen das Konzept der Stellvertretung – etwas steht für etwas anderes –, sowie jenes der Verkörperung – Grenzen des Darzustellenden und des Darstellenden verschwimmen – und sehen Repräsentation damit als lineare Abfolge mit einem darzustellenden Objekt zu Beginn und einem Prozess der Darstellung darauf folgend. Eine Neuformulierung meint, diesen Verlauf umzudrehen und „damit das lineare Verhältnis von Wirklichkeit und Darstellung in eine vermischte Konstruktion nicht identischer und unabgeschlossener Replikationen zu transformieren" (Kalthoff 2007b, S. 152). Rheinberger ergänzt dies um die Dimension der Hervorbringung: „Experimentalsysteme ko-generieren auf eine unentwirrbare Weise experimentelle Erscheinungen und die korrespondierenden Begriffe, die sich in diesen Erscheinungen im Prozeß ihrer techno-epistemischen Hervorbringung verkörpern und zur Darstellung bringen" (Rheinberger 2005, S. 344).

Rheinberger bezeichnet diese Erscheinungen als epistemische Dinge, die von technischen Dingen – wie Aufzeichnungsapparaturen – eingefasst sind. Technische Dinge determinierten Wissensobjekte dabei in doppelter Hinsicht: „Sie bilden ihre Umgebung und lassen sie so erst als solche hervortreten, sie begrenzen sie aber auch und schränken sie ein" (Rheinberger 2002, S. 26). Die Form möglicher Repräsentationen, so Rheinberger weiter, werde daher durch die spezifischen technischen Gegebenheiten bedingt. Das bedeutet also, dass die Repräsentation eines Dings, also das, wie es uns erscheint, im Wesentlichen von den Apparaturen und den Bedingungen ihrer Erfassung bestimmt wird und auf diese verweist. Kalthoff wendet Rheinbergers Argument der Darstellung auf ökomische Bezüge an, was bedeutet, „dass nicht ein Risiko die ökonomische Darstellung und Entscheidung bedingt, sondern die Kalkulation und ihre Medien das ‚Entbergen' des Risikos und damit den Markt, das Geschäft und den Gewinn" (Kalthoff 2007b, S. 153).

Dimensionen von Hervorbringung in der Diskussion um Repräsentation zu zentrieren bedeutet etwa auch, Fragen danach zu stellen, wie das so Hervorgebrachte durch die Apparaturen seiner Hervorbringung formatiert wird, die ihrerseits durch spezifische Narrative und Bedingungen konstituiert wurden und somit Auswirkungen darauf haben, wie uns das beobachtete Objekt entgegentritt.

Zusammenfassung

Accounting-Praktiken sind amorphe, kontingente Gebilde; keine objektive Technik, sondern wirkmächtige soziale Praxis. Accounting wird von gesellschaftlichen und ökonomischen Bedingungen beeinflusst und wirkt auf diese zurück. Es schafft organisationale Wirklichkeiten und beeinflusst damit den Kontext seiner Anwendung. Accounting ist in diesem Sinne substanzlos. Eine Analyse, die Accounting-Praktiken auf deren Funktion hin untersucht, muss ins Feld gehen und diese Essenzialisierungen in den Blick nehmen.

Vormbusch (z.B. 2012) argumentiert, dass sich der Umgang mit Zahlen dabei durch eine recht kritische Sicht der AkteurInnen auf die von ihnen umgesetzten Rechenprozeduren charakterisiere. Sie wüssten um die Gemachtheit und Subjektivität der Zahlenwelten, um ihre prinzipielle Manipuliertheit. Was sie in Zahlen sehen, so Vormbusch (2012, S. 327), sind vielmehr „Meinungen und Einstellungen“ beteiligter AkteurInnen der Branche verpackt in numerische Sprache. Damit erschließen kalkulative Praktiken „Räume für kontroverse Deutungen“ (Passoth und Wehner 2010, S. 13), „öffne[n] den Raum der Alternativen, anhand derer die Bedeutung der widerstreitenden Signale diskutiert wird“ (Vormbusch 2012, S. 329), bilden eine Plattform auf der „performances' around the notion of risk can happen“ (Jordan et al. 2013, S. 156) und vieles mehr. Sie schaffen eine Handlungs- und Organisationsebene, auf der Zukunft simuliert, räsoniert, diskutiert werden kann, Wenn-dann-Annahmen durchgespielt werden können (Vormbusch 2012, S. 334) und als Folge ökonomische Objekte entstehen. Anschließend an dieses Verständnis von kalkulativen Praktiken geht es im Kontext dieser Arbeit um die Frage, wie durch Accounting-Praktiken auf entfernte Orte zugegriffen werden kann, wie sie für die AnalystInnen kognitiv erfahrbar werden und in diesem Prozess zu einem Investitionsstandort transformiert werden. Es ist ein Vorgang, der trotz Abschätzens, Erwägens, Aushandelns und vielem mehr als rationale Informationstechnologie erscheint, als dessen Ergebnis einer KAG Kapital anvertraut werden kann. Wie schaffen es die Akteure im Feld, dazu ihre Accounting-Black-Box geschlossen zu halten?

Markteinstieg

Diese Arbeit fokussiert auf kalkulative Praktiken des Investierens, also der Schaffung einer Entscheidungsgrundlage für eine Investition sowie der letztendlichen Festlegung eines Investments. Bewertende Akteure und kalkulierbar gemachtes Gut werden zusammengebracht. Miteinander verknüpft werden Kapital, Immobilie, Investitionsstandort, aufsichtsrechtliche Bestimmungen, die etwa Fremdfinanzierungsquoten vorgeben, Verfahren zur Wertermittlung, Renditeanforderungen der Kapitalgeber, aktuelle Marktdynamiken, auf spezifische Weise ausgebildete ManagerInnen, Ausstattungen mit kalkulativen Apparaturen und vielem mehr, was z.T. auch recht unsichtbar „vor sich hin funktioniert". Die Frage ist, welche Rolle organisational-kalkulative Praktiken in diesem Prozess des Investierens einnehmen, der Stelle also, wo der Investmentmarkt performt wird. Dieses Kapitel beschreibt den in dieser Arbeit verfolgten methodischen Ansatz, finanzielle Vermarktlichung *in practice* zu erforschen.

Märkte im Vollzug und die Möglichkeiten ihrer Erforschung

Märkte werden mit einer in dieser Arbeit eingenommenen Orientierung an den Perspektiven der Akteur-Netzwerk-Theorie (ANT) verstanden als Effekte von Netzwerkarbeit, als soziomaterielle Phänomene, die fragil und instabil sind und einer fortwährenden Stabilisierung und Wiederholung im Sinne eines „ongoing accomplishment" (Garfinkel 1967, S. 11) bedürfen (Berndt und Boeckler 2007; Ouma 2015a). Ebenso wie Märkte werden in dieser Arbeit auch die für das Markthandeln konstitutiven Kalkulationsprozesse als soziotechnische Agencements verstanden, also als Gefüge bestehend aus Beziehungen zwischen menschlichen und nicht-menschlichen Elementen, die, stets nur temporär stabilisiert, so relationiert werden, dass Dinge im Bild von Objektivität und Rationalität marktförmig bewertet werden können.

Die konzeptionellen Grundlagen der ANT sind dabei als Vorschläge darüber zu verstehen, wie Dinge zu erforschen sind. Es geht damit also ein Entwurf für ein methodisches Vorgehen einher, das sich für die vorliegende Arbeit dergestalt ausformuliert, sensibel zu sein für die Rolle von materialen Ausstattungen und technischen Apparaturen im Feld bzw. innerhalb des kalkulativen Agencements. Es bedeutet, den Akteuren ins Feld zu folgen und zum einen zu schauen, wie sie Kalkulationssituationen ordnen und zum anderen zu fragen, wie sie selbst im kalkulativen Agencement aktiviert werden und damit zusammengenommen ein Investmentmarkt hervorgebracht wird.

Ökonomische Wissenskonfigurationen, welche die Relationierung der Markt- und Kalkulations-Agencements informieren und aktivieren nehmen dabei materielle Form an: „Dies geschieht in Form von Gesprächen, Konferenzvorträgen, in Artikeln, Vorabdrucken, Patenten oder auch in der Verkörperung durch kompetente Wissenschaftler und Technologien" (Law 2006, S. 431). Daraus abgeleitet „muss sich der Forschungsfokus auf die in materiell verwobene Praktiken eingelassenen Wissensbestände verschieben, die Subjekte [...] eben erst konstituieren und situationsspezifisch durch bestimmte soziotechnische Arrangements performativ hervorgebracht werden (‚knowing')" (Ouma 2012, S. 205). Das Erforschen dieser Wissensbestände ist ausschließlich über Interviews nicht möglich. Vielmehr ist eine temporäre Teilnahme an dieser „Investitionswelt" gefordert, um Prozessen finanzieller Vermarktlichung folgen zu können und den Alltagsvollzug von Märkten mitzuerleben. In diesem Sinne verfolgt diese Arbeit einen ethnographischen Ansatz, in dem Ergebnisse aus Interviews, Beobachtung, Dokumentanalyse etc. zusammengebracht werden, wobei sich die zum Einsatz kommenden Erhebungsmethoden stark an der Situation vor Ort orientierten. Ethnographisches Forschen bedeutet, diese eben nicht auf teilnehmende Beobachtung zu beschränken, sondern

„neben anhaltender Beobachtung eben auch an der alltäglichen Lebenspraxis im Feld aktiv teilzunehmen, die Menschen im Feld als Expertinnen ihrer eigenen Lebenspraxis in informellen Gesprächen wie in förmlichen Interviews zu befragen, die räumlich-dinglichen Konstellationen des Feldes zu analysieren und alle Arten von Dokumenten aus dem Feld und über das Feld zu sammeln" (Strübing 2013, S. 53).

Die Erhebungen im Rahmen vorliegender Untersuchung wurden zwischen 2013 und 2014 durchgeführt und umfassen Interviews mit elf Mitarbeitern[1] aus Kapitalanlagegesellschaften aus den Bereichen Research und Transaktion sowie, in zwei Fällen, aus dem Bereich Risk Management. Es handelte sich um Leitfadeninterviews, sodass ein Kern an Fragen in allen Interviews ähnlich war, die Interviews darüber hinaus jedoch sehr unterschiedliche Ausprägungen und Verläufe nahmen. Im Wesentlichen orientierten sich die Interviews an zwei großen Themenkomplexen:

1.) *Entscheidungsprozess der Immobilieninvestition:* Ablauf der Markt- und Objektauswahl, Festlegung von Rendite-Risiko-Kriterien, beteiligte Abteilungen, verwendete Werkzeuge und kalkulatorische Ausstattungen.
2.) *Investitionsuniversum:* Zyklizität von Investments, Einfluss von Kapitalmarktbedingungen auf Investitionstätigkeit, Ausweichinvestments/Attraktivitäten und Risiken von B-Standorten, Möglichkeiten kalkulatorischer Umsetzung.

Die Interviews fanden meist in den Räumlichkeiten der jeweiligen Investmentfirmen statt, dort in der Regel in Besprechungsräumen, die aber z.T. während bzw. nach dem Gespräch verlassen wurden, um Arbeitsplätze, Unterlagen und entsprechende Computerprogramme vorzuführen. Häufig erfolgten Diskussionen auf Grundlage ausgedruckter Dokumente, die die Gesprächspartner zur Illustration mit in die Interviews brachten, um deren Arbeitsvollzüge zu erklären. Zum Teil wurden Unterlagen auch im Nachgang der Gespräche per Mail nachgesendet. Drei der Interviews wurden auf Wunsch der Interviewpartner telefonisch geführt.

Beobachtungen erfolgten in Form von Besuchen einer Investmentmesse, Weiterbildungs- und Vortragsveranstaltungen der Branche sowie im Rahmen einer dreimonatigen Hospitanz bei einer KAG im Bereich Research und Transaktion.[2] Die empirische Arbeit konzentrierte sich dabei zum einen auf den Bereich des Research, also der Datensammlung und Aufbereitung auf verschiedenen Maßstabsebenen, mit dem Ziel der Entscheidungsvorberei-

1 | Wie bereits erwähnt handelte es sich ausschließlich um männliche Interviewpartner, die für eine Befragung gewonnen werden konnten. Dies bildet die Tatsache ab, dass die entsprechenden Tätigkeitsbereiche der Investmentbranche nach wie vor von Männern dominiert sind.

2 | Die Auflistung entsprechender Veranstaltungen und durchgeführter Interviews findet sich im Anhang.

tung und -dokumentation. Das Research ist dabei die Schnittstelle zwischen dem Investitionsstandort und zur Anwendung kommender Modellierungsweisen im Falle der Transaktion. Durch Research wird das gegenwärtige Marktgeschehen in eine investmenttaugliche Sprache übersetzt und in unternehmenseigene Modellierungsweisen eingefügt. Zum anderen wurde auf den Bereich Transaktion fokussiert, in dem konkrete Immobilien auf deren Investmentchancen hin geprüft und Kaufprozesse vorbereitet werden. Es geht also um die Marktanalyse bis hin zur Investition, wobei der verfügungsrechtliche Austausch mit zugrunde liegendem Vertragswerk nicht betrachtet wird.

Im Rahmen der teilnehmenden Beobachtung ging es dabei um das *Miterleben* des Entscheidungsprozesses, also wie eine Entscheidungsgrundlage erarbeitet und wie dann entschieden wird. Wer ist etwa auf welche Weise an entsprechenden Prozessen beteiligt, wie wird über Investments gesprochen und wie entstehen Entscheidungen etc.? Deutlich wurde, dass diese Teilnahme an entsprechenden Abläufen Einblicke lieferte, die über Interviews nicht zu ermitteln sind. In vielen Fällen, dies wurde durch die teilnehmende Beobachtung und den dabei durchgeführten Interviews klar, wissen die Akteure z.T. nicht, was sie so alles tun, weil es zu einem routinierten Arbeitsrepertoire gehört, was sie nicht mehr explizit wahrnehmen und in Interviews folglich auch nicht erwähnen. Dabei sind es insbesondere diese „Selbstverständlichkeiten", mit denen in Sekundenschnelle Ergebnisse einer Berechnung überprüft und gegebenenfalls verändert werden und die folglich spannend sind für den Kontext dieser Arbeit. Die teilnehmende Beobachtung ist also auch wichtig, um Interviews mit weiteren Vertretern der Branche anders führen, also besser nachfragen, und die Ergebnisse entsprechend kontextualisieren zu können. Auf Immobilienmessen und Fachveranstaltungen der Branche ging es zudem um die Frage, wie Investitionsstandorte dargestellt werden, welche Modellierungsweisen propagiert werden und wie über die Standorte diskutiert und kommuniziert wird.

Zusammengeführt werden die Ergebnisse zur Beantwortung der Frage, welche – mit den Worten Latours (2006b, S. 504) – „Kollektive" es sind, die in ihrer temporären Zusammenkunft Investitionskapital räumlich ausrichten. Wodurch aktualisieren sich diese temporären Zusammenkünfte? Was bringt sie zur Neuformierung bzw. wie elastisch, wie dehnbar sind sie? Im Mittelpunkt steht die Frage nach der Rolle kalkulativer Praktiken bei der Integration von Finanz- und Immobilienmärkten, also deren Funktion bei der Transformation von einem Ort zu einem Investitionsstandort und einem Gebäude zu einem Anlagegut.

a) Welche Akteure, also welche „Investmentmenschen", kalkulatorische Ausstattungen, Programmatiken, Modelle usw. sind daran beteiligt? Was tun sie und wie und durch was wird deren Handeln orchestriert?
b) Wie sieht das Setting der Entscheidungsfindung und Transaktion aus? Wie werden kalkulierbare Dinge und kalkulierbare Akteure zusammengebracht?
c) Auf welche Weise verbinden sich die Räume, in denen entsprechende Kalkulationen vollzogen werden mit den kalkulierbar gemachten Räumen?

Gedanken zur eigenen Forschungsarbeit

In dem Prozess, Forschungsfragen und Untersuchungsdesign im Zuge der Verschriftlichung eines Forschungsprojektes aufzuschreiben, wird in vielen Fällen zu einer Art Glättung tendiert. Es wird versucht, ein lineares und chronologisches Vorgehen zu beschreiben, Brüche, Umkehrungen Irritationen usw. im Zuge der Verschriftlichung diskursiv „auszubügeln". Dies verwundert, entspricht doch ein gegenüber dem Forschungsgegenstand offenes Vorgehen dem Ansatz qualitativen Forschens; mehr als eine Unzulänglichkeit des Forschungsprozesses ist es gewünschtes Vorgehen. Es geht darum, sich im Feld und von den Akteuren überraschen zu lassen, ihnen in neue Richtungen zu folgen und zu beobachten, was dort vor sich geht und was vorher nicht zu erahnen war (Strübing 2013, S. 20). Dieses Vorgehen führt auch in Sackgassen oder in Bereiche, die sich als „unspannend" erweisen und zugleich fragt man sich „Warum geht es nicht in die andere Richtung? Es müsste doch so sein". Gleichzeitig wird man konfrontiert mit einer Art eigener Persistenz gegenüber den Dingen: Es dauert, um sich klar zu werden und einzugestehen, dass es nun an der Zeit ist, Dinge neu anzugehen und Neujustierungen vorzunehmen. So kam es also auch im Laufe dieser Arbeit zu Irritationen, Neufassungen und Nachjustierungen. Untersuchungsfragen wurden geändert, weggelassen, an anderer Stelle wurden neue hinzugenommen, denn – um es mit den Worten Rheinbergers (2002, S. 133) zu sagen: „Das Neue kommt gerade nicht durch die dafür vorgesehene Pforte, sondern durch den unvorhergesehenen Riß in der Wand". Eine Einsicht, die Offenheit im Forschungsprozess zu dessen maßgeblichen Element macht.

Diese Offenheit übersetzt sich auch in die Form der Datenerhebung. Dies bedeutet, dass Interviewsituationen voneinander abweichen können. Zwar orientierten sich die Interviews an einem Leitfaden, von diesem konnte aber abgewichen werden, falls es die Situation eben erforderte. Interviewpartner forderten mich während des Gesprächs auf, den eigentlichen Gesprächsraum zu verlassen und ihnen an ihren Arbeitsplatz zu folgen, um etwas am Bildschirm zu zeigen. Sie führten mich durch ihr Unternehmen und stellten mich ihren KollegInnen vor. Ich traf einen Gesprächspartner auf einer Informationsveranstaltung der Branche wieder. Während der Pause der Veranstaltung ergänzte er Informationen zu unserem vergangenen Interview, die ich auf eine Serviette notierte. Eine Unmenge an Schnipseln, kurzen Notizen aus Gesprächssequenzen, freilich aber auch Transkripten leitfadenorientierter Gespräche sowie Dokumenten zur Analyse von Märkten und Immobilien sowie ein Feldtagebuch bilden das Auswertungsmaterial dieser Arbeit.

Die hier vorgeschlagene Forschung ist prozesshaft. Das, was untersucht wird – Marktvollzug – wird beständig neu und situativ hervorgebracht, was eben auch bedeutet, dass die Ergebnisse der Forschung stark an den jeweiligen Moment gebunden sind. Eine identische Wiederholung mit ähnlichen Ergebnissen ist nicht wahrscheinlich. Dies liegt nicht nur an der Situativität der Ereignisse, sondern auch daran, dass die Ergebnisse auf die Person verweisen, die diese erhoben hat. ForscherInnen sind Teil des Feldes und verändern Situationen durch Teilnahme an eben diesem. Durch den Eintritt ins Feld verändert sich die Situation und damit verändern sich die Daten. Das heißt, Daten sind an die Forschenden gebunden. Es ist kaum vorstellbar, dass bei einer Wiederholung durch diese selbst oder gar eine andere Person identische Beobachtungen gemacht würden. Diese Unmöglichkeit der Nichtbeeinflussung ist kaum zu verhindern. Wichtig ist die Reflexion dieser Tatsache im Forschungsprozess. Reflexion meint im Zusammenhang mit ethnographischem Forschen allerdings mehr, als Veränderung im Feld durch Anwesenheit zu reflektieren. Es meint in einem breiteren Verständnis, sich der eigenen Verantwortlichkeit gegenüber den im Feld Handelnden bewusst zu sein.

Bei Formen ethnographischen Forschens ist es für die Beforschten bei weitem nicht so einfach – etwa im Vergleich zu Interviewsituationen – zu kontrollieren,

> „welche Informationen sie an die Ethnographin weitergeben. Daraus erwachsen einige zentrale ethische Fragen: Bis zu welchem Grad mache ich meine wissenschaftlichen Intentionen transparent (Herrera 2003)? Wie repräsentiere ich meine Forschungssubjekte angemessen? Inwieweit nutze ich freundschaftliche oder intime Beziehungen zum Sammeln von Daten? Wie vermeide ich Schaden für meine Forschungssubjekte, der durch meine Forschung entstehen

könnte?[...] Ethnographie ist damit mehr als unpolitisches Datensammeln: sie bedeutet, aktiv Verantwortung zu übernehmen" (Müller 2012, S. 180).

Verantwortung bedeutet dabei u.a., dem Versprechen gegenüber den Interaktionspartnern gerecht zu werden und Interviewzitate und Beobachtungseinheiten so zu verfremden, dass keine Rückschlüsse auf Personen oder Unternehmen möglich sind. Interviews werden dazu mit Buchstaben gekennzeichnet, Abteilungen unbenannt, manches Zitat abgeändert, paraphrasiert, Immobilienstandorte in andere Länder verschoben usw.

Auf der anderen Seite unterscheiden sich Interviews oder Erhebungsmomente mit „Finanzeliten" (Botzem 2014), was Immobilieninvestmentmanager eben sind, von vielen anderen Gesprächskonstellationen qualitativer Forschung. Diese Gruppe verfügt nicht nur über spezielles Insiderwissen und einen hohen Vernetzungsrad innerhalb des zu erforschenden Handlungsfeldes. Vielmehr zeichnen sie sich aus durch „hohe Kompetenzen der professionellen (Selbst-)Darstellung, rhetorische Fähigkeiten und Kompetenzen der Gesprächsführung. Oftmals handelt es sich um Personen, die über Verhandlungsgeschick verfügen und sich selbstbewusst ausdrücken" (ebd., S. 61). „Macht ist ein konstitutives Merkmal dieser Expert*innen und unterscheidet sie von Spezialist*innen oder spezialisierten Lai*innen, die zwar über hohen Sachverstand, aber nicht über Macht verfügen" (Botzem 2014, S. 62). Zusammengefasst resultieren daraus Situationen, in denen Gesprächspartner in vielen Fällen recht strategische, durchrationalisierte Aussagen treffen oder ihre Aussagen gezielt abschwächen, eben weil es zu ihrer alltäglichen Arbeit gehört. Mit dieser besonderen „Machtposition und Deutungsmacht" (ebd., S. 59) sind sie in der Lage, Gesprächssituationen zu lenken und in eine spezifische Richtung zu führen. Dies fordert zum einen ein gewisses rhetorisches Geschick der Forschenden, sich Situationen nicht aus der Hand nehmen zu lassen, entsprechende Sensibilität für strategische Rationalisierungen bei der Auswertung, aber auch die Frage nach Verantwortung. Denn „[w]ährend die Befragten in der Gesprächssituation selbst über eine größere Macht als die Forschenden verfügen, ist ihre Abhängigkeit größer, wenn Forscher*innen Daten analysieren und Ergebnisse veröffentlichen" (Botzem 2014, S. 63).

Diese Verantwortung bezieht sich auf viele weitere Fragen, etwa auf jene der Offenheit der Forschenden gegenüber den Hintergründen der Befragung und der theoretischen Perspektive.

„Offen bleiben muss daher, wie und bis zu welchem Grad Forschende sich im Gespräch verstellen, um die Neigung der Gesprächspartner*innen zu befördern, Aussagen zu treffen, die sie in der Wirtschaftspresse oder auf Konferenzen so nicht tätigen würden. Es kann je nach Interviewsituation und Forschungsfrage variieren, inwieweit es wünschenswert oder vielleicht sogar hilfreich ist, die theoretischen Hintergründe des Forschungsvorhabens unerwähnt zu lassen" (Botzem 2014, S. 69).

Die Erfahrungen im Rahmen der vorliegenden Untersuchung zeigen, dass auch die Gesprächspartner in sehr unterschiedlichem Maße an den Fragestellungen und Hintergründen dieser Arbeit interessiert waren und sich damit von Fall zu Fall unterschiedlich ausgeprägte Gespräche darüber ergaben. Häufig reflektierte das Maß des Interesses auch eine gewisse Hierarchie in der Gesprächssituation, die von Situationen eines eher fachlichen Austauschs auf Augenhöhe bis hin zu einer Art „Lehrgespräche" reichte, bei denen der Forscherin zu Beginn und ganz „grundlegend" von den Gesprächspartnern als wichtig empfundene Dinge erklärt wurden. Die konkreten Ergebnisse der empirischen Forschungsarbeit sind nun Gegenstand der in den nächsten Kapiteln erfolgenden Auseinandersetzungen.

Der Markt einer Kapitalanlagegesellschaft

Die Alltagsarbeit zahlreicher AnalystInnen, PortfoliomanagerInnen und AkquisiteurInnen von Kapitalanlagegesellschaften (KAGs) ist zu einem wesentlichen Teil davon bestimmt, mit Hilfe kalkulatorischer Praktiken und analytischer Werkzeuge Rentabilitäten potenzieller Investments zu bestimmen und darauf aufbauend Kapital zu investieren. Diese Investments bedürfen der Legitimation – etwa gegenüber den Kapitalgebern –, die durch kalkulative Praktiken erfolgt. In Anlehnung an Rottenburg (2002, S. 121) kann eine KAG damit als ökonomisches „Rechen(schafts)zentrum"[1] bezeichnet werden: „Re*chen*zentren, weil es hier hauptsächlich darum geht, die Welt berechenbar und dadurch auf Distanz kontrollierbar zu machen. Rechen*schafts*zentrum, weil diese Zentren der Öffentlichkeit gegenüber, die ihre Institutionalisierung erlaubt, Rechenschaft schuldig sind, was wiederum auf Kalkulation hinausläuft" (ebd.). In diesem ersten empirischen Kapitel soll es um die Bedingungen der Investitionstätigkeit von KAGs gehen. Welche Aufgabe nehmen sie im Gefüge moderner Finanzarchitekturen ein und welchen Dynamiken unterliegen sie in ihrem Handeln?

Investitionstätigkeit im Auftrag Dritter

Kennzeichnend für die Organisation des modernen Finanzsystems ist, dass Investitionen in aller Regel nicht direkt, also durch den jeweiligen Kapitalgeber erfolgen, sondern in einer Konstellation der Treuhänderschaft, in der Investmentgesellschaften Investitions- und Verwaltungstätigkeit des Geldes der Kapitalgeber übernehmen. In dieser Beziehung der Treuhänderschaft sind sie daran gebunden, Entscheidungen anhand eingeführter und standar-

1 | Mit diesem Begriff übersetzt er Latours (1987) „centres of calculation".

disierter Modellierungen und Kalkulationsweisen zu treffen. Investitionstätigkeit ist also zu verstehen als recht formalisierter Vollzug, gebunden an das Vermitteln stabiler, objektiver und systematischer Entscheidungsprozesse, was über kalkulative Praktiken erfolgt.

Mit ihrem Geschäftszweck, Kapital im Auftrag Dritter zu investieren, erwirtschaften sie Umsatz und Provisionen für einzelne MitarbeiterInnen:

> „Aus Sicht des Managers ist natürlich jeder investierte Euro gut, ja. Das ist Umsatz, das bringt laufende Erträge, für die wir natürlich alle arbeiten. Das ist der Unternehmenszweck" (A).

Eine KAG hält dazu den räumlichen und juristisch/institutionellen Rahmen dieser Tätigkeit vor: den räumlichen Rahmen, also die Büros und Konferenzräume ebenso wie den institutionellen Rahmen, der es überhaupt erst erlaubt, in einem rechtlich legitimierten Gehäuse für verschiedenste Investments Produkte aufzusetzen. Sie gestalten entsprechende Produktumgebungen aus, indem sie in der Lage sind, den administrativen und technischen Prozess rund um die Transaktion einer Immobilie abzuwickeln, etwa das Aufsetzen eines virtuellen Datenraums zur Vorabprüfung aller Unterlagen und Kennzahlen rund um das Gebäude, den Transfer von Kapital im Falle der Transaktion usw.

Neben dieser Rolle, Investments durch die Ausgestaltung von Produkt und Kalkulationsumgebungen technisch abwickeln zu können, sind sie zudem eine Einrichtung, die Gegebenheiten und aktuelle Entwicklungen der Märkte beobachtet, interpretiert, aufbereitet und den jeweiligen Kapitalgebern entsprechend kommuniziert. Sie verfügen über anerkannte Wissensbestände der Investitionstätigkeit. Ihnen wird die Fähigkeit zugesprochen, Kapital in seiner optimalen Verwendung zu investieren. Ihnen obliegt die Deutungshoheit in Bezug auf Märkte, Dynamiken und Prognosen. Als solche sind sie in der Lage, Investitionen zu lenken. Gibt es nicht genug Angebot in A-Standorten wird versucht, den Blick der Kapitalgeber auf andere Standorte zu richten. Passen Anforderungen nicht zum Angebot, etwa weil das Angebot – z.B. in einem B-Standort – zu risikoreich erscheint, beginnt ein Hinterfragen der Definitionen und Kategorien, die B-Standorte als weniger sicher ausschreiben. Ist dies nicht möglich, wird das Eingehen erhöhter Risiken als rationaler und notwendiger Schritt der Anpassung an gegenwärtige Marktdynamiken gerahmt, also die Nachfrage entsprechend gelenkt. Sie sind also eine Art Mittler zwischen den Entwicklungen der Märkte auf der einen Seite und den Strategien und Präferenzen der Investoren auf der anderen Seite. Sie beobachten und übersetzen Entwicklungen der Märkte und beantworten diese gleichzeitig durch das Kreieren und Vermarkten passender Produkte.

„Wenn ich es dann schaffe, Werbung für die B-Standorte zu machen und schließlich dort Immobilien kaufe, wegen meiner Werbung, dann habe ich als Investor natürlich irgendwie gewonnen und die Makler haben auch irgendwie gewonnen, weil die ja ihre Gebühren kriegen. Neutral ausgedrückt: weil ich den Markt verbreitere – ich vergrößere den Markt einfach. Wenn ich einen größeren Markt habe, ist das immer gut" (D).

„Wir würden das Geld nicht ablehnen, aber in andere Richtungen lenken, wo wir es [das Investment] als sinnvoller einschätzen. Das könnte man sich auch mit einem B-Standort vorstellen; das wir dann halt sagen ‚Schau mal, hier in Frankfurt ist es zu teuer, aber in Wiesbaden ist es besser, Geld anzulegen'" (D).

In diesem Bemühen geht es für die KAG darum, Investments in Immobilien zu kontinuieren und sich in Konkurrenz der KAGs untereinander zu platzieren und entsprechende Mandate zu erhalten.

Relationale Bewertungsarbeit von Immobilieninvestments

Die Investitionsarbeit im Immobilieninvestmentgeschäft unterliegt gänzlich verschiedenen Zyklen und Bedingungen. In Phasen hohen Anlagedrucks, wie es 2007 auf dem Höhepunkt des Investitionsbooms der Fall war, bestand die Herausforderung darin, überhaupt noch geeignete Immobilien zu finden. Dieser Phase folgte ein Einbruch der Investitionstätigkeit mit wenig anlagesuchendem Kapital und einer Konzentration auf eingeführte Standorte, Lagen und Segmente. Diese Entwicklung wurde von einem erneuten Anstieg der Transaktionsvolumina auf ein heutiges Niveau abgelöst, was erneut das Auffinden geeigneter Immobilien zu einer Herausforderung macht.

„Also wir sind jetzt definitiv in einzelnen Märkten schon wieder auf dem Niveau, auf dem wir 2006/2007 waren. Da fragt man sich, warum ist das so? Die Wirtschaft ist ja in Teilen überhaupt nicht besser, im Gegenteil. Sie ist teilweise schlechter. Also alle wirtschaftlichen Kennzahlen sind eigentlich teilweise sogar schlechter. Es ist rein, glaube ich, geldgetrieben. Es ist zu viel Kapital im Markt und das Kapital muss angelegt werden. Viele haben sich an den Börsenmärkten mit Aktien und anderen Zertifikaten die Finger verbrannt. Jetzt werden die

Immobilienquoten bei den Versicherungen wieder nach oben gedreht und deswegen ist am Ende, glaube ich, einfach zu viel Geld im Markt und das treibt dann. Gerade eben das Core-Segment, das ist extrem gefragt und dann das schöne Stichwort ‚Top 7': Muss man in die Top 7 oder Top 5 investieren oder kann es eben auch ein schöner B-Standort oder eine schöne Zweitstadt sein in irgendeinem Land, wo vielleicht eben weniger Wettbewerb ist, in dem die Renditen noch eine gewisse Prämie haben und man einfach, ja, vernünftige Immobilien zu vernünftigen Preisen vielleicht noch kaufen kann" (I).

Dieses Zitat deutet bereits das Dilemma an, in dem sich KAGs in Phasen hohen Anlagedrucks befinden. Sie werden beauftragt, Kapital zu investieren, wissen aber um die Schwierigkeit passende Immobilien zu finden, da diese ein rares Gut sind bzw. in gegebenem Marktumfeld zu teuer eingekauft werden müssen, was die Rendite der Investments drückt. Welche Möglichkeiten bleiben in einer solchen Situation? Eine Vermutung wäre, dass Investments in solchen Phasen ausgesetzt werden.

„Das wollen sowohl die KAGs nicht hören, das wollen aber auch nicht die institutionellen Geldgeber hören. Wenn die sagen: ‚Ich habe eine gewisse Allokation zu Immobilien, weil mein Geld in Aktien zu investieren macht gerade keinen Sinn, aber ich muss das Geld irgendwo anlegen, und ich brauche einen gewissen ausschüttungsfähigen Return davon', dann wollen die halt nicht hören ‚Nee, kann ich nicht nehmen', dann kann ich denen das gerne sagen als KAG, das wird mir nur halt kurz- oder mittelfristig nix bringen, weil dann ist der Investor bei mir weg und ist bei jemanden, der das Geld nimmt" (B).

Eine Folge dieses Anlagedrucks sind steigende Kaufpreise der Immobilien:

„Also eine Möglichkeit ist natürlich nicht zu investieren. Das ist aber so eine Sache, weil wenn man das Geld schon eingesammelt hat, bin ich dann gezwungen das sozusagen meinen Investoren irgendwann mal wiederzugeben z.B. oder es liegt quasi auf meinem Konto und ich bekomme jetzt nur eine niedrige Verzinsung und da ist natürlich ein Investor auch nicht so happy, wenn er quasi nur eine Miniverzinsung bekommt. Das sieht man jetzt bei den großen Fonds, also wie bei der DEKA und bei der Union Investment, die haben natürlich eine extrem hohe Liquiditätsquote, weil die eben sehr viel Geld eingesammelt haben, aber die können jetzt gar keine Objekte kaufen, weil der Markt es einfach nicht hergibt. So und das merken wir jetzt auch, wenn wir in Bieterprozessen irgendwo einsteigen. Im Regelfall werden die Objekte durch die DEKA oder durch die Union gekauft, einfach weil das Geld da ist und weil die einfach gezwungen sind, Objekte zu kaufen. Das ist natürlich vielleicht auch nicht so ganz gesund, weil man eben schon am obersten Ende vom Markt kauft" (H).

Was zudem in diesem Interview angesprochen wird, ist die Tatsache, dass bereits eingesammeltes Kapital zügig investiert werden muss, da es nicht unendlich lange „zinsarm" geparkt werden kann, was den Investitionsdruck zusätzlich befeuert. Es sind also – wenig überraschend – zum einen Kapitalgeber, die ein Interesse an einer schnellen Platzierung des Geldes haben, zum anderen aber auch die KAGs selbst:

„Sie müssen sich vorstellen, Sie haben jemanden, der hat Geld – meinetwegen 100 Millionen – und möchte die unbedingt anlegen. So, kommt jetzt, macht einen Riesenprozess, um jetzt überhaupt eine Managementfirma zu finden, die das für den macht, die quasi ein institutionelles indirektes Produkt darstellen kann. So, jetzt hat man jemanden rausgesucht, innerhalb von einem Jahr findet der jetzt kein Objekt, was da geeignet ist. So, das ist erst mal blöd für den Fonds, weil der sagt natürlich dann, er hatte ja auch einen Haufen Kosten, weil man sehr viele Leute braucht, um so ein Gerät sozusagen zu betreiben und die wollen auch alle bezahlt werden. Das Geld bekommt man natürlich dann erst, wenn wirklich eine Immobilie im Fonds ist und wenn im Prinzip so eine Maschine am Laufen ist. Das heißt, das Interesse natürlich von der Fondsgesellschaft dies zu machen, ist schon sehr hoch" (H).

Welche Alternativen und Handlungsmöglichkeiten gibt es in einer solchen Situation, welche Ausweichinvestments werden von den Investoren erwogen?

„Dass die B-Standorte, wenn die A-Standorte überhitzt sind, auch anfangen gut zu laufen. Das sind auch die ersten Standorte, die leiden, wenn das Investitionsvolumen generell zurückgeht" (J).

„Dieses Ausweichen aus dem absoluten Core-Segment, das geht in diese verschiedenen Zweige rein…sie machen dann die Logistikhalle, die sie eigentlich nicht machen wollten. Das ist zwangsläufig so" (A).

Ausweichstrategien und eine erhöhte Risikoaffinität aufgrund von Renditedruck funktionieren also z.B. über eine geographische oder sektorale Verlagerung von Investitionszielen. Dazu formuliert Thomas Beyerle, damals Analyst bei Aberdeen Asset Management, in einer Fachzeitschrift der Branche „Der Immobilienbrief" folgenden Befund:

„Was Researcher denn auch mit Sorgenfalten auf der Stirn feststellen, ist, dass es in dieser epidemischen Core-Fokussierung und den Milliarden Euro an allokiertem und angekündigtem Kapital auf keinen Fall genügend Objekte bzw. Portfolien geben kann – geographisch, objekt-

und mieterspezifisch begründet. Insofern hat diese vermeintliche drohende Gemengelage insgesamt auch etwas Positives: Wollen die eingesammelten Gelder zielgerichtet investiert werden, werden sich alsbald Überschwappeffekte des Investmentkapitals einstellen – also ein bisschen mehr in ‚value add' gehen. Mit anderen Worten, Investoren werden sich dann in neue Geographien vorwagen, in bisher vernachlässigte Teilmärkte oder gar in Mieterbonitäten abseits des AAA" (Beyerle 2010, o. S.).

Beyerle spricht in seinem Zitat also die Möglichkeit an, Risikoeinstellungen zu erhöhen, was es ermöglicht, Investments mit avisierten Renditevorstellungen zu realisieren.

„Sie sehen ganz klar, dass die Investoren ihre Risiko-Erwartung oder die Flexibilität, was das Eingehen von Risiken angeht – dass das sich tendenziell erhöht. Aber das gilt in allen Bereichen. Investoren sind heute wieder bereit, kürzere Mietverträge zu akzeptieren, schwächere Lagen, Nutzungsarten, die vor drei, vier Jahren ausgeschlossen waren. Das B-Stadt Thema ist immer eins der ersten – aus meiner Sicht, ganz subjektiv gefühlt –, was für viele Investoren dann interessant wird, weil dort gehofft wird, zumindest qualitativ gute Objekte zu finden, in guten Lagen, die vernünftige Mietvertragsstrukturen haben und dann auch ein Preisniveau, welches einigermaßen adäquat ist" (A).

Hintergrund ist, dass Investments in aller Regel über Renditeanforderungen formuliert werden und nicht über Risikoeinstellungen.

KB: „Also könnte man sagen, dass die räumliche Expansion in den meisten Fällen [...] renditegetrieben ist und das Risiko so drum herum gebaut wird?"
D: „Ja ja ja, das glaub ich schon. Einfach schon allein deswegen, weil man das Risiko ja eh nicht so ganz gut messen kann [lacht]. Ich glaube, dass der Aufhänger schon immer die Rendite ist. Ich glaube nicht, dass einer sagt, irgendwie ... dass sich einer hinsetzt und sich überlegt, ‚der Standort ist besonders sicher, da sind die Risiken gering und jetzt gucke ich mal wie hoch da die Renditen sind'. Ich glaube nicht, dass dies so ist. Ich glaub der Aufhänger ist erst mal die Rendite" (D).

Interessant ist die Frage, wie dieses Ausweiten von Risikovorstellungen funktioniert. Entgegen der vorherigen Schilderung Beyerles, dass es in Phasen hohen Anlagedrucks zu einem Wechsel in andere Rendite-Risikoklassen komme, formuliert André Scharmanski im Rahmen einer Fachveranstaltung der Branche (nach Bomke 2013): „Wenn nicht genug Core gefunden wird, könnte man ja den Core-Begriff etwas ausdehnen". Laut Bomke (ebd.) habe eine entsprechende Ausweitung des Core-Begriffs aus Sicht der Marktteilnehmer bereits begonnen. Dies bedeutet, dass es in den wenigsten Fällen darum geht, und das ist das Entscheidende, in neue Risikoklassen einzusteigen, sondern darum, das Verständnis davon zu erweitern, was noch als sicher gilt und was nicht, was im gegenwärtigen Marktumfeld kalkulierbar ist und was nicht.

„Das ist ja dann immer so, dann ändert sich die Perspektive. Man sagt dann: ‚oh der Leerstand ist kein Risiko mehr, sondern auf einmal eine Chance'" (H).

So formuliert auch Jan Stadelmann (damals bei dem Immobilienberatungsunternehmen DTZ) in einem Interview mit der Börsen-Zeitung (2012) „Der Core-Begriff bei deutschen Immobilien wird gedehnt [...] Darunter fallen inzwischen auch Büros in Mittelstädten mit achtjähriger Restmietdauer, Hotels mit zehnjähriger und Logistikobjekte mit zwölfjähriger Restlaufzeit". Verschiebungen von Investitionszielen, wie hier am Beispiel von Anlagedruck und der Suche nach geographischen oder sektoralen Ausweichinvestments, vollziehen sich also im Wesentlichen über Anpassungen der Risikovorstellungen in Abhängigkeit von Marktzyklen. Der Indikator Rendite ist der Treiber dieser Expansionsstrategien. Es geht dabei um ein im Investitionszyklus ständig sukzessives und in kleinen Schritten verstandenes renditegetriebenes Ausweiten dessen, was eben als sicher und risikoreich zu verstehen ist – oder eben dessen „Rückdefinition" im Falle geringer Transaktionstätigkeit.

„Das ist wie eine Badewanne, da läuft jetzt das Wasser über und da schwappt 'mal 'was 'rüber. Das ist natürlich jetzt nicht so, dass die ganze Badewanne darüber schwappt, aber eben ein bisschen – und das merkt man dann schon" (H).

„Ich glaube, dass es tendenziell einfach den allgemeinen Effekt gibt, wenn sehr viel Geld in die Märkte rein drängt und das Angebot knapp wird in den primär nachgefragten Marktsegmenten und die Preise entsprechend steigen, dass die Nachfrage sich dann einfach andere Kanäle sucht, dass sie dann in schwächere Lagen geht, in Nutzungsarten, die sie vorher nicht oder nicht primär betrachtet hat. In B-Städte, also das ein ganz normaler Effekt eintritt, wenn das Angebot für eine hohe Nachfrage klein ist, dann wird der Fokus erweitert [...] Nach der Finanzkrise, als die Nachfrageseite sehr schwach war, und die Angebotsseite übrigens auch, ist aus meiner Sicht in den B-Städten wahrscheinlich fast gar nichts gelaufen, außer den lokalen Investoren, die immer da waren, die auch dann immer diese kleinen Märkte bespielen. Derzeit ist es wieder so, dass die hohe Nachfrage, vor allem in dem deutschen Markt dazu führt, dass die B-Standorte wieder stärker nachgefragt werden im Augenblick [...]. Aber es ist aus meiner Sicht kein wirklich strategisches Thema, dass Investoren sich besinnen und sagen, ich finde die B-Stadt vorteilhaft, sondern es liegt eher daran, dass das Angebot in den A-Städten einfach stark eingeschränkt ist und Alternativen her müssen" (A).

Risiken und damit die Rentabilität eines Immobilieninvestments ergeben sich also relational zu den jeweiligen Marktdynamiken.

„Die Immobilie in Barcelona, für die wir gerade einen hervorragenden Mietvertrag gemacht haben, die war 2009 unverkäuflich; und jetzt 2013 ist sie wieder gut verkäuflich. Zu einem Preisniveau, das wir noch nicht besonders attraktiv finden, aber es geht schon wieder und an der Immobilie selbst hat sich eigentlich nichts geändert. Der Begriff ist immer Immobilie, aber die Immobilie ist immer mehr: Sie ist in einem Markt und in einer Marktentwicklung und Investoren, die auf ein Objekt schauen, antizipieren natürlich immer, wie sich der Markt entwickelt. Und das zusammen gibt am Ende den Ausschlag" (A).

Zu klären ist, wie diese relationale Bearbeitung und Anpassung von Rendite-Risiko-Klassifikationen und Bewertungen von Investments innerhalb von Organisationen erfolgt und plausibilisiert wird. An welcher Stelle verbinden sich übergeordnete Dynamiken der Märkte und damit die Investitionsbedingungen der KAG konkret mit den Excel-Listen, Modellen und Zahlen der Bewertungsarbeit, über die entsprechende Investments begründet werden? Wo und wie werden Ergebnisse dabei verhandelt und stabilisiert und welche Effekte resultieren daraus? Wie sind kalkulative Praktiken der Bewertungsarbeit „beschaffen", sodass diese relationalen Anpassungen möglich sind? Bevor es in den nächsten Kapiteln darum gehen wird, diese Stellen aufzuspüren, sollte in diesem Kapitel gezeigt werden, welchen Bedingungen die Kalkulationsarbeit der KAGs unterliegt. In einer Konstruktion der Auftraggeberschaft und treuhänderischer Verwaltung, die festgesetzten Regeln und Standards folgen muss, müssen sie gleichzeitig flexibel reagieren, um Investitionsmöglichkeiten auch in für sie angespannten Marktlagen – also etwa hoher Nachfrage nach Immobilien – aufzutun, gegebenenfalls neue Strategien entwickeln, um Kapital zu investieren und Kapitalgeber damit halten zu können. Deutlich wurde, dass Kategorien wie Rendite-Risiko-Klassifikationen im Zusammentreffen mit spezifischen Marktzyklen beständig neu und eben relational zu aktuellen Entwicklungen definiert und bestimmt werden. In Phasen mit hoher Nachfrage und geringem Angebot erscheinen dann Investments noch kalkulierbar, die in entspannten Marktphasen nicht im Vordergrund standen/stehen.

Numerisch-kalkulative Hervorbringung von Investitionsstandorten

Die Investitionstätigkeit von Kapitalanlagegesellschaften ist daran gebunden, die Rentabilität potenzieller Investments bestimmen zu können und damit eine Fehlallokation von treuhänderisch verwaltetem Kapital zu vermeiden. Im Immobiliensektor müssen dazu aus einer Vielzahl potenzieller Investitionsmöglichkeiten bezogen auf Standorte und Gebäude – beides fließt gleichermaßen in jede Immobilienbewertung ein und beides steht daher im Fokus vorliegender Betrachtung – jene selektiert werden, die besonders rentierliche Investments in Aussicht stellen. Es ist zudem ein Vorgang, der sich über eine möglichst detaillierte Berechnung und präzise Darstellung des zu Beobachtenden formuliert. Ziel ist es, Wissen über die zukünftige Entwicklung von Standorten und damit der Objekte zu generieren und zu plausibilisieren, um in der Zukunft liegende Zahlungsströme und deren Ausfallrisiken bestimmen zu können. Es ist, wie Windolf (2005, S. 30) für Aktien festhält, dass der „Erwartungswert der Summe zukünftiger Erträge" den Preis einer Immobilie in der Gegenwart bestimmt.

„Es geht bloß immer um die Einschätzung: Wann kippt ein Markt? Alle wissen jetzt die deutschen Märkte sind toll, das ist kein besonderes Wissen. Die Frage ist bloß: Wie lange sind sie noch toll? Wie lange befindet sich Spanien noch in der Korrektur? Das ist eine Wette auf die Zukunft" (E).

In diesem Kapitel wird in den Blick genommen, wie in KAGs Wissen über Standorte erzeugt und verhandelt wird. Ausgangspunkt der Analyse ist die zentrale Einsicht, dass diese Entscheidungsprozesse in einem dynamischen, sich stetig verändernden Marktumfeld getroffen werden, was beständige Aktualisierungen und Anpassungen erfordert. Vor diesem Hintergrund stellt sich die Frage, welchen epistemischen Status numerisch-kalkulative Praktiken der Wissensarbeit in diesem Zusammenhang einnehmen (können), wenn sich die Rentabilität eines Investments relational zu anderen Anlageklassen und Dynamiken entwickelt, damit immer „vorläufig" gehalten und beständig überschrieben werden muss.

Marktkontakt

Die Tätigkeit, Wissen über Standorte und Entwicklungen von Investments zu erzeugen, besteht aus dem Erheben bzw. Sammeln und Zusammenführen von Datenmaterial. Es ist eine nach Kalthoff (2000, S. 109) zu bezeichnende „kompilatorische[...] Tätigkeit" des Datenbeschaffens, die in der Kombination und Zusammenschau des Datenmaterials endet, um aus so Dargestelltem Aussagen zur Performance eines Standorts treffen zu können. Eine KAG wird, wie es Rottenburg (2002, S. 121) mit dem Begriff „Rechenzenten" beschreibt, zu einer Einrichtung, in der dieses verstreute Wissen gesammelt und zusammengebracht wird und dadurch neues Wissen entsteht: „Dadurch erkennt man Zusammenhänge, auf die man an keinem der getrennten Orte hätte kommen können" (ebd.). Es sind „jene Stätten, an denen buchstäblich und nicht bloß metaphorische Berechnungen durchgeführt werden, ermöglicht durch das mathematische oder zumindest arithmetische Format der dort hin- und von dort wegbeförderten Dokumente" (Latour 2007, S. 312). Im vorliegenden Fall wird der Bereich ausgeleuchtet, in dem Orte in für KAGs bewertbare Investitionsstandorte transformiert werden.

In den meisten Fällen beginnt dieser Prozess im Aufgabenbereich des sog. Immobilienresearch, bei dem es um „die systematische und zielorientierte Erfassung und Untersuchung der Immobilienmärkte mit Hilfe wissenschaftlicher Erhebungsmethoden" geht (Ertle-Straub 2011, S. 408). Wie das Research in organisationale Strukturen eingebunden ist, variiert von Unternehmen zu Unternehmen ebenso deren Einfluss auf die Entscheidungsfindung. Und auch Intensität und Tiefe, mit der entsprechende Informationen gesammelt werden, unterscheiden sich deutlich. So kann es vorkommen, dass ausschließlich auf Berichte von privaten Datenanbietern, wie Thomas Daily, FERI Immobilienmarkt Datenbank oder PMA Property Market Analysis, zugegriffen wird, Gutachten in Auftrag gegeben oder aber aus Berichten der privaten Anbieter Daten entnommen und mit anderen – etwa selbst errechneten Daten – kombiniert und in eigenen Scorings weiterverarbeitet werden.

In allen Fällen geht es zunächst einmal darum, einen bestimmten Raumausschnitt zu definieren, über den Berechnungen angestellt, Kalkulationsprozesse bezogen und Erwartungen ausgerichtet werden können. In der Immobilienwirtschaft wird dazu häufig der Begriff „Markt“ verwendet, der jedoch in seiner Verwendung völlig uneindeutig ist:

„Für Dublin wird erwartet, dass sich der Markt bereits wieder, ja, von seinem Tiefpunkt auf dem Weg nach oben befindet und das wird noch deutlich zunehmen. Also wenn man Geld retten möchte, dann würde man das auf Dublin setzen. Oder reden wir von Wette, weil das ist ja opportunistisch, das ist nicht so der Markt, wo wir agieren werden. Aber so schmeiße ich alle Märkte zusammen und am Ende des Tages habe ich dann so eine Matrix, die ich dann auch einteilen kann [...]" (E).

Alleine in diesem Zitat bezeichnet Markt drei unterschiedliche Dinge, nämlich einmal die Liquidität und Dynamik in Bezug auf den Immobilienstandort, ein Investmentprofil und eine Stadt, nämlich Dublin. Bisweilen wird Markt auch mit dem jeweiligen Land gleichgesetzt. Heeg (2010, S. 91) schreibt dazu, dass der Begriff Markt in gegenwärtiger Immobilienpraxis „Städte in ihren politischen Grenzen, städtische Teilmärkte und/oder stadtregionale Märkte sein können“. Während also die eigentlichen Raumzuschnitte variieren können, ist eines doch in allen Fällen gleich: Es geht darum, dass ein Raumausschnitt oder eine Raumeinheit für den Investor in einer Form zugänglich wird, die es ihm ermöglicht, Berechnungen anzustellen, was Voraussetzung für Investitionstätigkeit ist. Dazu bedarf es dem, was Caliskan und Callon (2010) als „pacifying goods“ meinen, also das Entwirren von Etwas aus seinem komplexen und verwobenen Beziehungsgeflecht zu einer kalkulierbaren objektivierten Einheit, um marktförmigen Austausch zu ermöglichen. Im vorliegenden Fall geht es um das Abtrennen dieses Raumausschnitts von weiteren Merkmalen, Verbindungen und Aufladungen, die er hat: „It is the passivity of things that transforms them into goods, and that enables agencies to form expectations, make plans, stabilize their preferences and undertake calculations“ (ebd., S. 5). Stabilisiert wird dieser Prozess durch „Standardization“, d.h. der Beschreibung und damit Definition des Standorts anhand spezifischer Indikatoren, wodurch er zu einer festgeschriebenen Entität – in diesem Fall einem Immobilienstandort – wird, über die Marktakteure Kalkulationen anstellen und Erwartungen ausbilden können (ebd., S. 7).

Indikatoren, die zur Beschreibung eines Immobilienstandorts verwendet werden, variieren von Segment zu Segment. Geht es um eine Bewertung von Logistikimmobilien, sind andere Indikatoren relevant als bei einer Bewertung von Wohnimmobilien, wieder andere bei Einzelhandelsimmobilien usw. Ein weiterer Punkt, der Einfluss auf die Auswahl der Indikatoren hat, ist die Frage, welche Informationen für einen bestimmten Zeitraum vorliegen. Nochmals komplizierter wird es bei einem Vergleich mehrerer Standorte. Handelt es sich um eine international ausgerichtete Analyse, kommt das Problem hinzu, dass entsprechende Indikatoren und Kennzahlen nicht selten auf verschiedene Weise ermittelt werden.

„Das liegt daran, dass das in jedem Markt anders definiert ist und anders gerechnet wird. Bei einem Ding stand ‚initial yield'. Das ist 'was typisch Englisches und da muss man wissen, wie er es definiert und da kann ich nicht einfach Rendite und Rendite zusammen in einen Topf werfen, wenn ich das übergreifend auswerten will. Das ist ein wichtiger Punkt und so habe ich viele Themen auch z.B. bei den Flächenstandards. Da muss ich auch gucken, was zählt denn jetzt zur vermieteten Fläche, was ist denn jetzt marktüblich, was vermiete ich denn jetzt überhaupt? Und das variiert ja sogar in Deutschland, dass ich quasi im Bürobereich eigentlich überall die unvermietete Fläche habe außer in München, wo ich dann nach Bruttogeschossfläche oder nach Bruttogrundfläche vermiete" (H).

Alles in allem gibt es allerdings etwas, was man als Standardindikatoren bezeichnen könnte, die die Grundlage für entsprechende Analysen bilden. Standorte werden anhand dieser Indikatoren in Tabellenform repräsentiert, wie sich etwa hier bei der Analyse des Büromarkts Berlin zeigt:

Tabelle 1: Büromarktdaten Berlin

		Veränderungen zu		
Büromarktdaten	**Q2 15**	**Q1 15**	**Q2 14**	**12-Monats-prognose**
Flächenumsatz (.000m²)	184,9	20 %	34 %	↓
Leerstand (.000m²)	1.192	-5 %	-11%	↑
Leerstandsquote (%)	6,9	-0,5	-1,0	↑
Spitzenmiete (€/m²/Monat)	23,00	4,5 %	4,5 %	→
Projekte im Bau (.000m²)	304,7	-30 %	-26 %	↑
Kapitalwert (€/m²)	6.419	9%	12 %	↑
Spitzenrendite (%)	4,30	-0,20	-0,30	↓

Quelle: angefertigt nach Jones Lang LaSalle 2015, S. 1

Es handelt sich dabei um den Flächenumsatz als Indikator für die Dynamik des jeweiligen Standorts, den Leerstand bzw. die Leerstandsquote als Indikator für zukünftige Vermietungsmöglichkeiten. Weiter handelt es sich um die Spitzenmiete, die bei Jones Lang LaSalle verstanden wird als „prime rents, also die üblicherweise erzielbare nominale Miete für eine hochwertige Vermietungsfläche von mindestens 500 m^2 im besten Teilmarkt zum Berichtszeitpunkt. Sie stellen in erster Linie die Sicht der Entwicklung des Marktes dar, basieren allerdings auch auf der Auswertung aktueller Transaktionen" (Jones Lang LaSalle 2012, S. 22). „Projekte im Bau" ist ein Angebotsindikator zur Konkurrenzsituation am Standort, da es sich dabei um Flächen handelt, die in absehbarer Zeit auf den Markt kommen. Aufgrund des Aufwands der Erhebung findet sich dieser Indikator jedoch nicht in jeder Analyse. Kapitalwert (Capital Values) wird „zum jeweiligen Zeitpunkt von der aktuellen Spitzenmiete und Spitzenrendite abgeleitet: Kapitalwert = Spitzenmiete (als Jahreswert) / Spitzenrendite in % * 100. Sie repräsentieren den theoretischen Wert eines Quadratmeters bester Qualität in bester Lage" (ebd., S. 33). Letzter Indikator dieser Tabelle ist die Spitzenrendite (Nettoanfangsrendite), also jene Rendite, die sich auf ein „Gebäude erstklassiger Qualität in bester Lage" bezieht, „das zur aktuellen Spitzenmiete an bonitätsstarke Mieter langfristig voll vermietet ist" (ebd.).[1]

Im vorliegenden Fall beinhaltet die Standortanalyse eine Referenz zu vorangegangenen Quartalen sowie eine Prognose, die sich allerdings nicht numerisch, also in Form konkreter Zahlen ausdrückt, sondern als Symbol über möglichen Auf- oder Abstieg informiert. Es zeigt sich also, dass einzelne Zahlen, die sich lediglich auf einen Zeitpunkt beziehen und nicht zu anderen Standorten oder Anlagen in Beziehung gesetzt werden, kaum Aussagekraft für die Akteure zu haben scheinen. Vielmehr geht es stets um den Vergleich zu vorangegangenen Entwicklungen, um daraus eine zukünftige Tendenz ableiten zu können, zudem um das „in-Beziehung-setzen" zu anderen Standorten, wodurch sich erst die Rentabilität des Standorts festlegen lässt, und das ebenfalls in Form von Tabellen bzw. Rankings unternommen wird. Der Sinn einer Investition ergibt sich also relational zu anderen Zeitpunkten, Standorten oder Anlagen.

„Man guckt sich da sehr genau die verschiedenen Kennziffern der einzelnen Märkte an, zunächst einmal wirtschaftliche Kennziffern, also wie sich die Wirtschaft in den einzelnen Zielmärkten derzeit entwickelt und auch aus der Historie heraus entwickelt hat. Dann aber auch

1 | Zu einer kritischen Würdigung entsprechender Indikatoren und deren Verwendung in der Immobilieninvestmentbranche siehe Heeg (2010, S. 89 ff.).

den Immobilienmarkt selber, also wie immobilienspezifische Kennziffern derzeit dastehen im Verhältnis zur historischen Entwicklung in dem jeweiligen Zielmarkt, aber eben auch im Vergleich zu den anderen Zielmärkten" (I).

Zum Zwecke des Vergleichs werden die Indikatoren, die noch in verschiedenen Einheiten vorliegen, standardisiert, deren Originalmaßeinheiten etwa über eine Standardabweichung transformiert, also auf ein einheitliches Maß gebracht und weiter verdichtet, z.B. in ein Rendite-Risikomaß. Diese errechnete Zahl steht dann stellvertretend für den jeweiligen Standort und wird gebraucht, um anhand dieser den Standort in Bezug zu anderen Standorten zu setzen und zwischen diesen damit ein Verhältnis, also eine Rangfolge zu erzeugen, wie in nachfolgender Tabelle über das sog. „Sharpe Ratio". Das Sharpe Ratio gibt das „Verhältnis der Überrendite über den risikofreien Zinssatz im Verhältnis zum eingegangenen Risiko an. Den risikofreien Zins nehmen wir pauschal mit 3% an" (DekaBank 2009, S. 37). In diesem Prozess werden mehrere Indikatoren also zu einer Zahl verdichtet, welche dann die immobilienwirtschaftlichen Charakteristika und die Performance eines Standorts ausdrückt und anhand derer Rangfolgen erzeugt werden, die in die Investitionsentscheidung einfließen.

Tabelle 2: Sharpe Ratio Bürostandorte

Stadt	**Kat**	**Vola**	**Rendite**	**Sharpe-Ratio**
		%	%	$r_f = 3\,\%$
Bochum	B	3,1	7,4	1,44
Duisburg	B	3,6	7,9	1,34
Aachen	C	4,7	9,0	1,28
Essen	B	2,2	5,5	1,14
Bremen	B	4,3	7,3	0,99
Dortmund	B	4,9	7,4	0,90
Nürnberg	B	3,6	6,2	0,89
Erlangen	C	7,8	9,2	0,78
Köln	A	9,7	10,5	0,78
Münster	B	5,9	7,4	0,75

Quelle: leicht verändert aus DekaBank 2009, S. 37

Bisweilen existieren auch recht profane Wege des ins Verhältnis-Setzens von Standorten. Dazu werden Rangplätze der Städte für jeden Indikator zugeteilt und diese am Ende aufaddiert und entsprechend sortiert. Städte mit den höchsten Werten landen dann etwa im hinteren und Städte mit niedrigen Werten im vorderen Bereich.

Mit diesen Praktiken des Vergleichs werden Standorte miteinander in Beziehung gesetzt und über Ranglisten in bessere und schlechtere Investitionsstandorte sortiert. Dass dabei häufig gänzlich verschiedene Standorte mit völlig unterschiedlichen Dynamiken und Ausgangslagen zusammengebracht werden, bei denen Vergleiche wenig Aussagekraft haben, wird in den seltensten Fällen thematisiert, ebenso wenig die ihr zugrunde liegende Vielzahl subjektiver Entscheidungen zur Konstruktion des Vergleichs.[2] Der Vergleich ist etwa daran gebunden zu entscheiden, welche Aspekte eines Gegenstands wichtig sind und welche nicht. Die ausgewählten Charakteristika bestimmen, wie der Gegenstand in Erscheinung tritt oder welches Ergebnis erzeugt wird (Belina und Miggelbrink 2010, S. 8). Vergleiche suggerieren dabei eine Homogenität und Evidenz, die in vielen Fällen nicht der Wirklichkeit entspricht, da etwa die für die zu vergleichenden Einheiten benötigten Datengrundlagen unterschiedlich sind.

„Makler haben unterschiedliche Datensätze in Bezug auf Marktdaten [aufgrund unterschiedlicher Abgrenzung der Märkte]: Da muss man erst mal gucken, welcher Datensatz ist jetzt relevant, welche Datensätze nimmt man dafür, welche passen da jetzt am besten? Manchmal geht es auch total auseinander und da muss man natürlich gucken, sicherlich hat es auch 'was damit zu tun, wenn ich ein Investment machen möchte, dann suche ich mir natürlich die Daten 'raus, die jetzt am besten passen sozusagen, logischerweise" (H).

Derjenige, der über die Architektur des Vergleichs entscheidet, also etwa welche Standorte betrachtet werden und welche nicht und anhand welcher Indikatoren und aus welchen Daten Indikatoren gebildet werden, hat also entscheidenden Einfluss auf das Ergebnis des Vorgangs. „Vergleichen ist also nicht nur ein Instrument der Wissensproduktion, sondern eine ideologieanfällige Praxis *um zu*" (Belina und Miggelbrink 2010, S. 9). In vorliegendem Fall *um zu* investieren. Dazu ausgewählte Kriterien, nach denen gemessen

2 | Stimuliert wird darüber allerdings das Bemühen lokaler Akteure, die Platzierung der Standorte zu verbessern, etwa durch eine Erhöhung der Transparenz von Marktdaten, Präsenz auf Immobilienmessen usw. (dazu Info-Box 1).

wird, konstituieren den Standort und bringen ihn als solchen hervor (ebd., S. 15). Die Konstruktion des Vergleichs ist eben keine neutrale, distanzierte und unabhängige Praxis, sondern vielmehr ein von bestehenden Vorstellungen und Strategien geformtes Instrument, etwa um Investments wahrscheinlich zu machen und bestimmte Standorte, beispielsweise solche, wo bestehende Immobilienangebote vorliegen, rentierlich dastehen zu lassen.

Erst als Folge einer so angestrengten Verzifferung, Kategorisierung und Kommensurabilisierung sowie des Vergleichs wird die Performance eines Standorts sichtbar und bekommt in Relation zu anderen Standorten überhaupt erst inhaltlich Gehalt. Das „Risiko"[3] eines Standorts existiert nicht „an sich", also im Vorfeld der Analyse, und muss lediglich entdeckt werden, sondern wird erst in diesen Verfahren erzeugt (Kalthoff 2007a, S. 147 f.). In diesem Prozess, Kennzahlen über einen Raumausschnitt zu erzeugen, wird dieser als potenzieller Investitionsstandort für Investoren sicht- und wahrnehmbar und kommt auf diese Weise zur Existenz. Als Ergebnis dieser Zahlenarbeit treten Standorte den damit Arbeitenden dann etwa in Form von Koordinatensystemen und darin eingezeichneten Punkten entlang etwa von Rendite/Risiko-Achsen entgegen.

Das so Fabrizierte suggeriert, dass Märkte und Risiken auf eine gewisse Art beherrschbar sind (dazu auch Heeg 2010, S. 101): Sie werden beobachtbar, können in Relation zu anderen Standorten nach Renditen und Risiken eingeordnet werden und, was wohl das Entscheidende ist, mit anderen Standorten so kombiniert werden, dass sich Risiken relativieren und Renditen optimieren lassen. Das ist der Kern des Portfoliomanagements. Orchestriert wird diese Kombinationsarbeit durch die Übereinkunft, dass geringe Risiken zum Preis einer geringen Rendite eingekauft werden, hohe Renditen um den Preis eines hohen Risikos. Dadurch kann auch bisher scheinbar Unentdecktes mit Hilfe des Zahlenwerks als „Hidden Champion" hervorgepaust werden, bei dem das Rendite-Risiko-Verhältnis sehr rentierlich erscheint und Aufwertungspotenzial erhoffen lässt.[4] Im Ergebnis dieses Prozesses der Verzifferung, des

---

3 | Im Falle von Investments bedeutet Risiko für die Investoren die Wahrscheinlichkeit des Ausfalls oder Abweichens von einer erwarteten Rendite. Risikoindikatoren auf Ebene des Standorts wären z.B. das dortige Flächenangebot – also die Konkurrenz am Standort, Leerstandsraten etc. Kleinräumiger gedacht, also im direkten Umfeld der Immobilie, wären es etwa Dinge wie Lärm- oder Emissionsbelastungen durch angrenzendes Gewerbe, schlechte Verkehrsanbindung etc.

4 | Ein niedriger Score bedeutet geringe Investmentattraktivität. Betrachtet wurden Indikatoren wie die Marktgröße, die sich etwa aus dem Bürobestand und der Bruttowertschöpfung

Vergleichs und dessen Repräsentation faltet sich buchstäblich vor den Augen der Investoren eine Investitionswelt auf. Durch diese visuell-kartographischen Konstruktionen werden die Märkte „da draußen" für die Akteure organisational verfügbar, es kann über sie diskutiert und verhandelt werden.

Gleichzeitig wird diese Repräsentation von den spezifischen modelltheoretischen Verfahrensweisen bedingt, nach deren Aktionsprogrammen ökonomische Größen hervorgebracht werden: Die Repräsentation eines ökonomischen Objekts. also das, wie es uns erscheint, wird im Wesentlichen von den Apparaturen und den Bedingungen ihrer Erfassung bestimmt und weist auf diese zurück. Rheinberger (2002, S. 9) nutzt in diesem Zusammenhang den Begriff der „Experimentalsysteme", in denen die Erkundungsarbeit und damit die Hervorbringung von ökonomischen Objekten vollzogen wird. In Experimentalsystemen treffen sich die technischen Apparaturen der Erkundung und das dem Interesse geltende Objekt und sind in einem Akt der Hervorbringung miteinander verwoben. Experimentalsysteme bilden „eine Art stabilen Rahmen" aus, „innerhalb dessen die fragile Software der epistemischen Dinge – dieses Amalgam aus Erst-halb-Begriff, Nicht-mehr-Technik und Noch-nicht-Standard – artikuliert, verbunden, getrennt, zurecht geschoben und auch wieder verschoben werden kann" (Rheinberger 2002, S. 39). Experimentalsysteme machen also aus einem Nichts etwas Mögliches, etwas Potenzielles, etwas Denkbares; dabei sind sie auf spezifische Weise informiert und zusammengesetzt. Sie unterliegen einer gewissen Form der Kontingenz und Situiertheit in dem Sinne, dass sie geprägt werden von lokalen Besonderheiten, wie spezifischen Arbeitsweisen.

Kalkulative Praktiken und das zu vermessende Objekt eint also niemals eine unabhängige Beziehung, vielmehr bestimmt die Art und Weise wie Dinge gemessen werden, wie sie ihrem „Publikum" entgegentreten und damit auch deren Vorstellungswelt und welche Entscheidungen getroffen werden. Die Erzeugung von Investitionslandkarten ist zudem stets temporär. Sie erneuern sich relational, in gegenseitiger Bezüglichkeit zur Entwicklung weiterer Standorte sowie zu anderen Anlagen. Bemerkenswert ist nun, dass entsprechende Darstellungsformen in ihrer Flüchtigkeit und Gebundenheit an Hervorbringungsapparaturen und Programme eine Form der Evidenz suggerieren, die wie Bettina Heintz (2007, S. 78) für wissenschaftliche Bilder beschreibt, erstaunlich ist, so sie doch in entschiedener Weise „artifiziell ist"

---

zusammensetzt. Betrachtet wurde zudem das Marktrisiko, gemessen etwa an der Markttransparenz oder Zukunftsperspektiven anhand der Bevölkerungsentwicklung.

(ebd.). Denn bevor etwas als das erscheint, was es ist, unterliege es eben einer „Vielzahl von Aufzeichnungen und Bearbeitungsschritten, die sich im Prinzip an jedem Punkt in verschiedene Richtungen verzweigen können" (ebd.).

Erstaunlich dabei ist, dass das Verhältnis zwischen externem Markt und Punkt im Koordinatensystem von den Akteuren jedoch keine wirkliche Rolle mehr zu spielen scheint. Die Punkte und Markierungen in den Diagrammen, Graphiken und Karten, die Märkte repräsentieren sollen, erinnern vielmehr an das, was Latour als „transversal object" (Latour 1999, S. 67) beschreibt: „It is not realistic; it does not resemble anything. It does *more* than resemble. It *takes the place of the original situation*" (ebd.). Entsprechende Darstellungen stehen für die Märkte, sie treten an deren Stelle. In Entscheidungssituationen wird zu ihnen und über sie als Märkte gesprochen, auf sie richtet sich Handeln aus und Erwartungen werden gebildet. Es erfolgt eine Art „Schließung" (Vormbusch 2012, S. 328) gegenüber der externen Welt der Märkte, das Handeln fokussiert auf den Punkt im Koordinatensystem, auf den ausgerichtet sich „relative Risiken bestimmen, Investments vergleichen, Entwicklungen prognostizieren [lassen]" (ebd.), oder wie es ein Interviewpartner sagte: „Und so kann man dann auch anfangen zu diskutieren. Und dann einfach sagen: Wo sind eigentlich die Chancen? Was wollen wir machen?" (E).

Mit bisher Diskutiertem wurde aus einer Raumeinheit ein Standort, auf den sich der Investor in seiner Kalkulation beziehen kann. Dazu wurden abgegrenzte Raumausschnitte festgelegt. Diese Raumausschnitte wurden von ihren sonstigen Verbindungen gekappt und stattdessen mit anderen Raumausschnitten in Verbindung gebracht, verglichen und entsprechend sortiert. Diese Übersetzungsleistungen orientieren sich an einer finanzmarktlichen Sprache und Berechnungsweise sowie einem „financial reasoning" (Henneberry und Roberts 2008, S. 1223), die entsprechende Handlungsvollzüge rationalisieren und objektiveren – und damit von subjektiven Urteilen zu emanzipieren versuchen. Gegenstand nachfolgender Betrachtungen ist die Frage, wie die Übertragung und Einpassung dieser Handlungsweisen in der Immobilienwirtschaft konkret vonstattengeht.

Einpassung von Immobilien in finanzmarktliche Kalkulationswelten

Die Transformation immobilienwirtschaftlicher Charakteristika in Rendite-Risiko-Verhältnisse rührt her von der Omnipräsenz dieser Kategorisierungsweise auf Finanzmärkten zur Bestimmung und Einteilung von Investments. Die Übertragbarkeit dieser Rechenverfahren zur Risikoermittlung von anderen Assetklassen auf Immobilien beschreiben die Interviewpartner als recht kompliziert, da Immobilien aufgrund ihrer Heterogenität im Vergleich zu Aktien oder Renten weit schwieriger zu standardisieren seien.

„Seltsam finde ich allerdings, dass im akademischen Bereich sehr viele gesagt haben: ‚Okay, das funktioniert für Aktien, dann lass' uns das für Immobilien auch versuchen', und man dann versucht hat, mit genau den gleichen Kennzahlen zu rechnen und – ich schließ' mich da ja nicht aus – wir haben das ja auch versucht. Gerade als ich kam, haben sie versucht, ein Risikomanagementsystem einzuführen, was sehr stark mit quantitativen Methoden auf allen Ebenen Risikofaktoren zu bestimmen versucht, um dann zu einer zentralen Kennzahl zu kommen. Da haben wir auch viel Geld und Zeit 'reingesteckt und sie aber letztlich nicht genutzt, weil sie nicht durch den ‚Live-Check' kam, wenn man so möchte. Sie haben sich als nicht geeignet herausgestellt, weil's einfach nicht plausibel war bei den Ergebnissen. Ich habe dann auch später versucht, auf einfacherem Weg vernünftige, vergleichbare Risikokennziffern zu berechnen. Komme nun zu dem Schluss, dass, wenn man das einfacher versucht, es besser wird. Man kann sich den ‚BA' anschauen, beispielsweise vom Portfolio, aber auch hier ist es wieder eine Kennzahl; die Vergangenheit sagt uns nicht immer alles über die Zukunft und ich finde es bei Immobilien noch sehr viel weniger aussagekräftig als bei anderen Assets" (C).

Die Schwierigkeit der Standardisierung aufgrund von Heterogenität liegt im Wesentlichen in der Standortgebundenheit der Immobilien begründet. Diese Immobilität bedeutet, dass der Vergleich von Immobilien schon in ein und derselben Stadt ein schwieriges Unterfangen ist. Verkehrsaufkommen im direkten Umfeld der Immobilie, Erreichbarkeiten von Nahversorgung, Kindergärten oder ÖPNV sind kaum miteinander zu vergleichen. Hinzukommen gebäudebezogene Merkmale, die sich ebenfalls hinsichtlich Ausstattung, Gebäudealter etc. sehr stark unterscheiden können. Alles in allem sind die Akteure also vor die Herausforderung gestellt, Immobilien trotz dieser Heterogenität in Rendite- und Risiko- Kennzahlen zu übersetzen. In den Befragungen wurde deutlich, dass die Akteure trotz ihrer Kritik an der Einführung entsprechender Kalkulationsweisen versuchen – wenn auch in abgeänderter oder abgeschwächter Form wie obiges Zitat verdeutlicht –, Immobilien in diese kalkulativen Matrizen einzupassen. Am Ende des Tages produzieren sie somit eine Zahl oder ein kalkulatives Ergebnis, was vorherige Skepsis, Sperrigkeiten, „weniger strenges Anwenden" etc. opak werden lässt. Die Akteure sind sich darüber bewusst, dass entsprechende Einpassungen in numerische Form primär Zugeständnisse an eine der sich im Zuge der Integration von Finanz- und Immobilienmärkten entwickelten priorisierten Zahlen- und Rechensprache sind (s.o.) und stets eines Korrektivs bedürfen, weil a) gewisse Dinge in Zahlen nicht ausdrückbar sind – also nicht in die Modelle „hineinvermittelt" und/oder b) aus standardisierten Zahlen bzw. formalisierten Modellen nicht herausgelesen werden können:

„Das ist oftmals eine sehr komplexe Geschichte. Man hat z.B. im Bürobereich mit mehreren Mietverträgen so viele Szenarien, die passieren können: ob jetzt der Mieter verlängert, ob er auszieht, ob er insolvent geht. Es kann also so viel passieren und letztendlich ist es eine unternehmerische Entscheidung, da gehört natürlich auch viel Bauchgefühl dazu und das ist wieder dieser Punkt: Man kann Zahlen zeigen, aber man muss sich auch ein bisschen im Markt auskennen [...]. Das heißt, letztendlich ist es oftmals nur so eine Beruhigungspille, dass man sagen kann: ‚Naja ich habe es geprüft'" (H).

Deutlich wird, dass allein die Einführung von finanzmarktlichen Berechnungsweisen, die – in ihrer Lehrbuch-Version – Entscheidungsprozesse rationalisieren und objektivieren, mit anderen Worten also unterstützen sollen, vielmehr ein gänzlich eigenes Aufgabenfeld schaffen, an dem sich Akteure abarbeiten, bevor entsprechende Kalkulationstools überhaupt erst mit den Entscheidungsvollzügen in Verbindung gebracht werden (können). Dieser Befund stimmt überein mit Ergebnissen einer Reihe von Arbeiten aus dem Feld der Accounting Studies, die ein nicht unproblematisches Verhältnis, wie fehlende Passung in bestehende Kontexte, Unvollständigkeit etc., zwischen den Anwendern und konkreten Accounting Tools thematisieren (z.B. Ahrens und Chapman 2007). Vor diesem Hintergrund stellt sich die Frage, welchen Nutzen kalkulative Praktiken haben, wenn ihr „eigentlicher Nutzen", die Unterstützung von Entscheidungsprozessen, mitunter von den Akteuren selbst hinterfragt wird.

Um sich diesem Thema zu nähern, soll die Diskussion zunächst mit einem recht häufig anzutreffenden Begriff in den Interviews begonnen werden, jenem der Plausibilität. Immer wieder ist in den Gesprächen von Plausibilität der Ergebnisse und nicht etwa von Wahrheit[5] oder Richtigkeit dieser die Rede. Ergebnisse und Annahmen müssen plausibel sein, erst dann kann ein

---

5 | Grundannahme der AkteurInnen ist, dass es eine solche Wahrheit, also eine externe Welt der Märkte „da draußen", in einheitlich bestimmbarer Form gibt, die es zu entdecken gilt. Hätte

Investment durchgeführt werden. Innerhalb des Unternehmens produzierte kalkulative Ergebnisse – Excel-Sheets, Listen, Diagramme –, die an andere Organisationseinheiten weitergereicht werden, werden auf ihre Plausibilität geprüft und darauf aufbauend entschieden:

„Zur Vereinfachung gibt es bei jeder Kapitalanlagegesellschaft eine Geschäftsführung und die Geschäftsführung entscheidet letztendlich über die Investments. So, das heißt, die bekommen dann eine, ich sage jetzt mal, Vorlage hingelegt. Da sind alle relevanten Punkte, die das Investment betreffen, aufsummiert oder dargelegt und die Geschäftsführung sagt dann: ‚Ok, das ist ein Investment, das durchgeführt werden soll'. Danach wird das ganze Thema dann – je nachdem, welches Volumen das hat – dem Aufsichtsrat auch vorgelegt. Der Aufsichtsrat ist quasi nochmal so eine Kontrollinstanz. Der guckt dann: ‚Passt denn das auch alles, ist das alles plausibel?'" (H).

Kalkulative Ergebnisse entfalten ihre Wirkmächtigkeit bei der Entscheidungsfindung also über die Kategorie der Plausibilität, woran die Frage anschließt, wie diese im Investmentprozess erzeugt wird. Hintergrund des Investitionshandelns der AkteurInnen ist zunächst einmal, dass sie unter einem gewissen Zeitdruck agieren, der zwar im Vergleich zu anderen Bereichen des Finanzhandelns und anderen AkteurInnen, etwa TraderInnen, weniger ausgeprägt ist (Klus 2012, S. 288). Dennoch steht ihnen nicht unbegrenzt Zeit zur Datenbeschaffung und Analyse zur Verfügung, gerade dann nicht, wenn es um bevorstehende Transaktionen geht. Konfrontiert wird diese knapp bemessene Zeit der Entscheidungsfindung mit dem Umstand, dass gerade für kleinere oder neue Standorte und wenig eingeführte Sektoren wie Studentenwohnheime entsprechende Datengrundlagen aus Sicht der Interviewpartner häufig unzureichend sind, also nicht umfänglich genug in Bezug auf gewünschte Indikatoren und Zeitreihen. Zudem – und das trifft für alle Standorte zu – haben die Daten recht unterschiedliche Qualitäten und Datenzuschnitte, etwa beziehen sie sich auf andere oder unklare Raumeinheiten oder unterliegen in ihrer Erhebung anderen Standards und Definitionen. Überdies sind Erhebungssituationen der Daten nicht kontrollierbar, was die Akteure einem gewissen Dilemma aussetzt: Zum einen wissen sie um die Subjektivität und Ungenauigkeiten der Daten, zum anderen fehlen ihnen die Zeit und die Möglichkeit, deren Qualität zu prüfen. Ebenso wie

man mehr und bessere Daten, könnte man sich dieser „Wahrheit" der Märkte und deren Entwicklungen nähern.

es Vormbusch (2012) beschreibt, setzt in diesen Phasen eine Art Pragmatismus ein, der dadurch gekennzeichnet ist, dass trotz des „schwachen epistemischen Status" (ebd., S. 325) dieser Datenwelten auf Basis der Daten weitergehandelt wird. Der geringe epistemische Status beziehe sich, so Vormbusch (ebd.), allerdings nicht ausschließlich auf die Manipuliertheit oder Unzulänglichkeiten des zugrunde liegenden Materials, sondern tiefergehend auf die Wahrheitsentsprechung ökonomischer Modellierungen, was er wie folgt expliziert: „Repräsentiert wird nicht eine dem Modell vorgängige ‚externe' Realität, sondern etwas bislang Unsichtbares, nämlich bestimmte Meinungen und Einstellungen interessierter Akteure" (ebd., S. 327).

Klar wird, dass sich Entscheidungsprozesse nicht an der Wahrheit oder Richtigkeit der Berechnungen orientieren können, zugrunde liegende Daten werden als „wenig tauglich für eben diese Arbeit charakterisiert: als irreführend, gefälscht, unvollständig, beliebig manipulierbar etc." (Vormbusch 2012, S. 333). Vielmehr geht es im Zusammenhang mit den im Entscheidungsprozess produzierten Berechnungen um deren Fähigkeit, eine kontingente, also in sich schlüssige, plausible Geschichte zu erzählen. In dieser Perspektive interessiert also mehr, wie sich prognostizierte Daten und daraus abgeleitete Empfehlungen begründen lassen und ein Bild ergeben bzw. eine plausible, nachvollziehbare Geschichte erzählen. Erstellte Kalkulationen müssen einleuchten, Annahmen zum ermittelten Ergebnis passen und vice versa. Im Wissen darum, dass sie niemals die Möglichkeit haben, alle Informationen zu beschaffen, richtig zu verwerten und zu interpretieren, geben sich die Akteure mit diesem Zustand zufrieden bzw. ziehen sogar Plausibilität in ihrem „sensemaking" der Daten einer umfassenden Überprüfung der Ergebnisse auf Wahrheit vor. Die Tatsache, dass sie dies tun, ist die Voraussetzung dafür, handeln, also investieren zu können.

Jede Berechnung, jedes Excel-Sheet mit einer DCF-Modellierung, jedes Ranking, jede Karte etc. erzählt in diesem Sinne ihre eigene Geschichte. Dazu werden Annahmen formuliert, innerhalb deren zukünftige Zustände plausibel erscheinen und eine Geschichte funktioniert. Es sind Berechnungen, die gleichberechtigt durch neue Berechnungen abgelöst werden können, indem etwa Annahmen verändert oder Gewichtungen anders vorgenommen werden. Erscheint die so erstellte neue Geschichte plausibler, löst sie vorherige Kalkulationen ab. Sie zeigt einen anderen zukünftigen Zustand an, der unter veränderten Annahmen eintreten wird und gebunden daran plausibel erscheint. Es spannt sich ein Möglichkeitsraum auf, in dem sich die Erwartungen der Akteure bewegen. Kalkulative Schemata geben den

Korridor vor, innerhalb dessen sich die AnalystInnen und ManagerInnen aufhalten, innerhalb dessen sie Handlungsalternativen formulieren, Szenarien schüren und sich entscheiden, ebenso werden andere Handlungsfelder ausgeblendet, Handlungsalternativen opak. Kalkulative Modellierungen stellen dazu eine neue Handlungsplattform dar, anhand derer sich verschiedene Szenarien und Wenn-Dann-Annahmen durchspielen lassen. Es beginnen Diskussionen, Aushandlungen und Neuberechnungen, sie sind, wie Vormbusch (2012, S. 329) schreibt, Beginn und nicht Ende eines Entscheidungsprozesses.

Jedoch ist die Herstellung einer konsistenten und abgestimmten Kalkulationsgeschichte keinesfalls ein zielgerichteter, deduktiver Vorgang, bei dem sich eine Zwangsläufigkeit aus ermittelten Ergebnissen für den nächsten Arbeitsschritt ergibt. Vielmehr ist der Prozess geprägt durch ein ständiges Rechnen und Rückwärtsrechnen. Bekommt man etwa ein unerwartetes oder nicht plausibles Ergebnis, beginnt der Prozess des Auffaltens des Rechenweges. Ein gutes Beispiel dafür sind Rankings, die in den Research-Abteilungen erstellt werden, um Städte nach ihrer Performance zu kategorisieren. Kommen bei diesen Rankings unerwartete Ergebnisse heraus – etwa, weil neue Indikatoren in die Bewertung einbezogen wurden –, wird die Vorgehensweise so lange geändert, etwa durch veränderte Gewichtungen – bis die Städte wieder gewohnte Rangfolgen haben. Ein Interviewpartner gibt die zentrale Frage wieder, die in solchen Fällen auftreten kann: „Sind die Märkte komisch oder das Modell?“ (B). Der Prozess des Rückwärtsrechnens, bei dem Annahmen überprüft und verändert werden, Zeitreihen noch einmal in Frage gestellt werden usw., läuft so lange weiter, bis entweder ein plausibles Ergebnis herauskommt oder aber ein unerwartetes Ergebnis plausibilisiert werden konnte.

Im Bewusstsein der in diesem Kapitel herausgearbeiteten sozialen Konstruktion der Investitionsstandorte erscheint auch die Zuordnung der dazu ermittelten Rendite-Risiko-Profile zu den Anlagepräferenzen der Kapitalgeber als kontingente und ständig diskursiv, numerisch und bildlich konstruierte, perspektiven- und marktabhängige Praxis. Die Frage darüber, was sicher, risikoreich oder rentabel ist, ist umkämpft und wird wieder und wieder neu verhandelt.

„Und damit muss der Kunde auch eine Entscheidung treffen: ‚Was mach ich jetzt? Geh' ich trotzdem in die Core-Immobilie nach München, hab' aber keine 5%, sondern nur 3,5 oder hab' ich eine gewisse Rendite-Erwartung und muss mich damit logischerweise ein bisschen bewegen, also eben nicht mehr Münchner Innenstadt, sondern ich muss mir etwas anderes suchen.' Und das andere ist dann gefühlt oder in der Realität wirklich ein bisschen mehr Risiko. Man kann da lange drüber streiten, ob ein B-Markt mehr Risiko hat" (F).

Grundlegend ist dabei die entscheidende Frage, darauf weist Heeg (2010, S. 101) zu Recht hin, ob in diesem Wechselspiel des Aufeinanderbeziehens und Anpassens von Anforderungen an und Charakteristika der Investments „Anlageprodukte geschaffen werden, die das Risiko-Rendite-Profil möglicher Anleger bedienen oder ob dadurch neue Märkte und neue Bedürfnisse geschaffen werden (und Risiko-Rendite-Neigungen das Ergebnis sind)". Beides wäre folgenreich und würde gegen eingeführte neoklassische Annahmen von Angebots- und Nachfragentwicklung sprechen. Der erste Fall widerspräche der Vorstellung, dass sich Nachfrage verlagert, wenn es kein geeignetes Angebot mehr gibt, da immer neue Anlagemöglichkeiten geschaffen werden können, die genau die Wünsche der Kapitalgeber befriedigen. Im zweiten Fall gilt das Gleiche: Das Erfinden immer neuer Investmentstile und deren Plausibilisierungen, die auf ein offenes Ohr bei Kapitalgebern treffen, würden ein darauf aufbauendes entsprechendes Interesse auslösen. Nachfrage würde also beständig neu erzeugt.

Subjektives Korrektiv und numerisch-kalkulative Zahlenarbeit

Technische Ausstattungen wie Software und Computerprogramme, finanzmathematische Modellierungen und Theorien, Repräsentationsformen wie Tabellen und Karten sowie ManagerInnen scheinen, soviel wurde in bisher Gesagtem zumindest bereits angedeutet, nur ein Teil der Zahlenarbeit zu sein. Die Akteure greifen in der Überprüfung, ob ein ermitteltes Ergebnis plausibel erscheint, auf ein Wissen zurück, was sie als Überprüfungsreferenz, also als subjektives Korrektiv nutzen.

„Da können am Ende tolle Zahlen 'rauskommen, aber wenn der Akquisiteur sagt: ‚Ich habe kein gutes Gefühl, tut mir leid, also das haut nicht hin, ich kann es nicht fassen so', dann hat das Gewicht. Dann muss man schon dahinter stehen. Und es gibt Immobilien, die von den Zahlen her gut sind, aber wo man sagt, ich glaube nicht daran. Ich glaube nicht an den Standort, ich glaube nicht daran, das kann man nicht fassen. Da kann man vielleicht den Finger mal drauflegen, aber das ist eben die Erfahrung. Das ist so wie, sie gucken sich auch irgendwelche Sachen an in der Geographie, sie gucken sich 'ne Karte an und erkennen sofort die Struktur, ohne die Details zu sehen" (E).

„Und wie gesagt, um da wieder auf die Eingangsgeschichte zu kommen, deshalb ist das Zahlenwerk oftmals nur so eine Art gute Basis und man muss sich auch an irgendwas orientieren. Aber eben da gehören halt auch viel Erfahrungen und auch sehr viel Bauchgefühl dazu und man muss quasi auch schon mal gesehen haben, wie ein Konzept eben nicht aufgegangen ist, wo man sich gedacht hat, das hat so nicht funktioniert oder ein Konzept hat sich vielleicht anders entwickelt und erst wenn man das mal gesehen hat, dann kann man das auch besser einschätzen" (H).

Zum einen wird also so etwas wie eine Art Gefühl formuliert, ein Bauchgefühl, etwas, was sich nicht mit Zahlen greifen lässt. Zum anderen ist es eine gewisse Fertigkeit im Umgang mit Zahlen, eine gewisse Fähigkeit, die die damit Arbeitenden mehr sehen lässt in den Zahlen, als etwa Laien es könnten. Beides lässt bereits im Vorfeld eine Meinung darüber entstehen, wie ein plausibles Ergebnis aussehen müsste.[6] Anhand dieser Vorstellung wird das ermittelte Ergebnis geprüft. Kalthoff (2000, S. 118) spricht im Zusammenhang mit letztgenanntem Aspekt von der „Kompetenz des ökonomischen Deutens":

„In diesem Sinne *sehen* (Hervorh. im Original) Banker nicht allein die mit Kennziffern und Zeiträumen kreuztabellierten Zahlen, die ohne diese Relation nichts auszusagen vermögen, sondern auch das, was nicht anwesend ist, noch jemals präsent sein wird. Dies bedeutet, dass Banker immer mehr sehen als das, was repräsentiert wird. Da die Ökonomie als Gesamtheit immer unzulänglich bleiben wird, bedarf sie der semiotischen Darstellung; Banken (und an-

6 | Eine Anschauung, die solange funktioniert, wie sie nicht durch Analysen über unbekannte Märkte herausgefordert wird, bzw. solange auch tatsächlich ein vorheriges Bild der ManagerInnen über einen spezifischen Markt vorhanden ist. Ist dies nicht der Fall, hängt die Einschätzung, ob es sich um ein plausibles Ergebnis handelt oder nicht – zumindest in der konkreten Situation –, zunächst einmal von der Richtigkeit des Rechenwegs ab, die wiederum an die Produktion eines plausiblen Ergebnisses gebunden ist. Dieser Aspekt macht aber deutlich, warum, auch wenn die konkret produzierten Ergebnisse inhaltlich zweitrangig sind, an der korrekten Durchführung der Kalkulation festgehalten werden muss: „da [im Property Investment Committe] sitzen auch Analysten und Portfoliomanager, die in Luxemburg solche Portfolios anschauen und halt auch ein paar, sagen wir mal Nerds von der Rechenabteilung, die also überwachen, dass auch die Rentabilitätsanalysen in der richtigen Software berechnet worden sind usw."(G).

dere Ökonomen) prozessieren ihr Wissen und ihre Entscheidungen immer auf der Basis einer zeichenförmigen Darstellung der externen Welt" (ebd.).

Es geht um eine spezifische Fertigkeit im Umgang mit dem Zahlenwerk, die darin besteht zu wissen, wie Werte zu lesen und zu verstehen sind und was sie etwa vor dem Hintergrund des gegenwärtigen Marktumfeldes aussagen und was nicht.

Zudem thematisieren die Akteure in den Interviews so etwas wie Bauchgefühl und Intuition. Dabei stellt sich die Frage, was dieses Bauchgefühl umfasst und aus was es sich zusammensetzt. Klar ist, dass ein wesentlicher Bestandteil dessen eine Form von Erfahrungswissen bzw. praktischem Wissen ist. Dies unterscheidet den Immobilieninvestmentbereich vielleicht dann auch von anderen Feldern des Portfoliomanagements, über die Vormbusch (2012, S. 320) schreibt, dass dortige Portfoliomanager „erwerbsbiografisch kaum über praktisches Wissen" verfügten, das als Korrektiv zu den Wissensformen der Finanzmärkte dienen könne. Gerade in der Immobilienwirtschaft ist es jedoch so, dass sich dortige AnalystInnen und ManagerInnen nur zu einem Teil aus FinanzmarktakteurInnen im engeren Sinne aufbauen. Im engeren Sinne meint, dass für sie Assetklassen, die gemanagt werden, völlig austauschbar sind. Der andere Teil setzt sich zusammen aus MitarbeiterInnen, die von der Immobilienseite kommen, d.h. etwa aus dem Bereich des Immobilienprojektmanagements bzw. die entsprechende Studiengänge absolviert haben. Diese verfügen über spezifische auch praktische Wissensbestände der konkreten Immobilienarbeit.

Zudem handelt es sich um ein Branchenwissen, das etwa auf Immobilienmessen und in entsprechenden Fachzeitschriften produziert und transportiert wird und einen Interpretationsrahmen für die Alltagsarbeit der Akteure ausrichtet. Dabei handelt es sich meist um neue Entwicklungen und Trends der Branche sowie um Beschreibungen gegenwärtiger Marktdynamiken. Des Weiteren existiert ein eher strukturelles Wissen der Akteure etwa bezüglich ganz grundsätzlicher Einschätzungen von Märkten. Zu Beginn dieses Kapitels war davon die Rede, dass es Ziel der KAGs ist, Wissen über die zukünftige Entwicklung von Standorten und damit der Objekte zu generieren und zu plausibilisieren. Dabei stellt sich die Frage, wann und warum welche Standorte auf die Investitionslandkarte der Investoren kommen. Welche Standorte werden in Rankings überhaupt bedacht? Welche sind in jedem Ranking zu finden, welche selten und welche nie? In der Tat erfolgt dies oft nach gewissen Kriterien und Grenzwerten. Im Wohnbereich sind dies etwa gewisse

Einwohnerzahlen. Die Ergebnisse der Feldforschung zeigten z.T. jedoch recht hemdsärmelige Verfahren der Selektion, im Rahmen derer Städte in Sekundenschnelle aus einer Liste gestrichen wurden, um sie auf eine für Kapitalgeber akzeptable Größe zu reduzieren,[7] einfach weil man wusste, dass diese Standorte den Investoren nicht zu verkaufen sind, etwa aufgrund fehlender Bekanntheit der Standorte.

In den Interviews und der teilnehmenden Beobachtung wurde aber auch deutlich, dass die ermittelten Zahlen bzw. Ergebnisse der Kalkulationsarbeit schon als eine Art Lot dienen, um das herum sich entsprechende subjektive Korrekturen bewegen. Wie in nächstem Kapitel zu sehen sein wird, mäandrieren diese Korrekturen in einem gewissen Spielraum um die Zahlen herum, ohne sich allzu weit von ihnen wegzubewegen. Sie dienen als eine Art Richtgröße, wie folgendes Zitat beschreibt:

„Im Immobilienbereich lässt sich nicht alles messen. Ich bin auch nicht sehr zahlengläubig, deswegen suche ich auch regelmäßig das Gespräch mit den Fondsmanagern oder auch mit den Assetmanagern, um eben auch das zu erfahren, was sich eben nicht in Zahlen greifen lässt. Von daher, wie gesagt, finde ich eigentlich gut, dass man sich eben nicht auf einzelne Zahlen verlässt, das ist eben eine Zahl, das ist eine Richtgröße – nicht mehr" (C).

Gleichwohl die Akteure zwar den Wahrheitsgehalt der Daten als gering einschätzen, an „creative accounting“ glauben, denken, dass die Daten subjektiv und von geringer Qualität sind usw., sind sie gebunden an die Vorstellung, dass es so etwas wie eine externe Welt der Märkte gibt, deren Wahrheit dann entdeckt werden könne, wenn die Zahlen besser, vollständiger und objektiver und sie selbst rationaler wären und weniger subjektiv. Die Tatsache, dass sie ihr subjektives Urteil einsetzen und es benötigen, liegt an ihrer Einsicht, dass die Modellierungsweisen nicht passend und nicht geeignet sind, in ihrer eigentlichen Funktion, auf diese externe Welt zuzugreifen; sie könnten es aber sein, wenn sie besser wären. Ähnlich ist der Zugriff auf und die Vorstellung von Risiko: Risiken existieren unabhängig von unserer Beobachtung, sie müssen nur durch bessere Entdeckungsverfahren erkannt werden.

Dies zusammengenommen führt nun zu einem gewissen Dilemma für die Akteure. Zum einen sind sie gewillt und auch darauf angewiesen, entsprechende Kalkulationstools zu verwenden. Zugleich wissen sie, dass die Ergebnisse meist der Korrektur bedürfen, um am Ende eine plausible

7 | Dies etwa aus Anlass von Verkaufsgesprächen über Investments.

Berechnung vorliegen zu haben. All dies muss aber am Ende in einer den Rationalitäts- und Objektivitätsanforderungen eines professionellen Entscheidungsprozesses im Investmentgeschäft genügenden Weise dargestellt sein, als systematische Technologie, die objektive und standardisierte Daten nutzt und produziert. Vor diesem Hintergrund ist bereits in der Konstruktion der Modelle und Berechnungstools die Möglichkeit zur Lösung dieses Spannungsfeldes angelegt. Denn ihnen ist die Möglichkeit des subjektiven Korrektivs gegeben. Es wird mit der Überschreibung automatisch generierter kalkulativer Ergebnisse gewissermaßen schon gerechnet:

„Ich habe noch mal vier Stellschrauben, die ich einstellen kann. Wenn ich sage, ich habe hier trotzdem eine positivere Meinung im Team, wo dann Asset-Management, Akquisition, Research und Fonds-Management vertreten wird, dann kann ich das mit einer guten Begründung auch noch mal modifizieren, individuell anpassen, weil natürlich so ein Excel-basiertes Modell nie hundert Prozent die Wirklichkeit darstellen kann" (B).

Automatisch ermittelte Zahlen in einem Excel-Sheet können also begründet überschrieben und angepasst werden. Zwar unterliegen diese Änderungen der Dokumentationspflicht (dazu Kapitel acht), dennoch suggeriert die Verarbeitung in dem dafür vorgesehen Excel-Sheet eine Form von Objektivität des Geschehens.

Augenfällig ist, dass die Interviewpartner diese subjektiven Einschätzungen gegenüber einer „reinen" Zahlenarbeit kontrastieren und sie als „gegenüberliegende Seite" dieser Zahlenarbeit verstehen. Zugleich scheinen diese subjektiven Wissensformen aber zutiefst integraler Bestandteil der „reinen" Zahlenarbeit zu sein. Callon und Law (2003) sprechen in diesem Zusammenhang von „Qualculation": „Quantitative calculation" und „qualitative judgement" gehen in Qualculation auf. Formen des Deutens, Interpretierens, Sich-Erinnerns, Meinens und vieles mehr steht nicht auf der anderen Seite numerisch-kalkulativer Prozeduren noch fordert es diese heraus. Sie sind konstitutiver Bestandteil des kalkulativen Agencements, in dem sie ebenso gleichberechtigt aufgehen, wie es in diesem Kapitel geschilderte Listen und Darstellungen, dabei entstandene Investitionsstandorte, Kapital und Immobilie auch tun. Zahlenarbeit und Interpretation sind nicht zwei verschiedene Dinge. Zahlenarbeit ist immer auch Interpretation, ist immer auch Entscheidung. Als solches ist dieses subjektive Wissen zwar Bestandteil des kalkulativen Agencements, wird aber im Zusammenwirken, also in der erbrachten Ordnung in Form eines rationalen Entscheidungsprozesses, fast unsichtbar. Denn Effekt des kalkulativen Agencements ist eben genau, dass in dessen Vollziehen Entscheidungsprozesse als rational und systematisch erscheinen, in dem subjektive Einschätzungen scheinbar keinen Platz haben und dazu unsichtbar werden. Je mehr sie dies sind, desto eher wird Kalkulation zu einer Black Box, die kaum mehr zu durchleuchten ist. Praktiken, die kalkulative Voraussetzungen für geographische Expansionen von Märkten herstellen – indem etwa Risiken entsprechend kalibriert werden –, und die Bedingungen, denen diese Praxis unterliegt, bleiben opak. Kalkulation als Agencement zu denken bedeutet also in einem ersten Schritt, numerisch kalkulative Zahlenarbeit ebenso wie subjektives Erwägen, Abschätzen und Interpretieren als einen Bestandteil kalkulativer Praktiken zu konzeptionalisieren, in der sie als Ergebnis der erfolgreichen Ordnung der Kalkulationsarbeit als „systematische" Informationstechnologie aufgehen. Das kalkulative Agencement ist eine aktive Verknüpfung sich ständig verändernder und dynamischer Bedingungen dieser Qualculation-Arbeit, in dessen Zusammenhang es keinen Normalzustand, keinen Standard, keinen richtigen Kalkulationsweg festzulegen gibt. Es geht vielmehr um eine beständige Anpassung an gegebene Marktdynamiken, also um die Eigenschaft, die für einen Moment rationalste und offenkundigste Entscheidung dieser flüchtigen Situation herauszuarbeiten.

Gegenstand des nächsten Kapitels ist nun zum einen die Frage, wie im Rahmen der DCF-Analyse Plausibilität im Falle einer konkreten Modellierung hergestellt wird, und zum anderen, welchen Effekt dieses Verfahren für die Kanalisierung von Finanzkapital in Immobilien hat.

Zahlenarbeit des Investierens

In vorangegangenen Kapiteln wurde dargestellt, wie die Bedingungen der Investitionsarbeit einer Kapitalanlagegesellschaft aussehen und wie in diesem Kontext ein Ort als potenzieller Investitionsstandort hervorgebracht wird. Deutlich wurde, dass die Sammlung, Bewertung und Darstellung von Daten zu Investitionsstandorten amorphe Verfahren sind, im Rahmen derer Kategorisierungen wie etwa Risikomaße der beständigen Aushandlung und Plausibilisierung unterliegen, weshalb dabei hervorgebrachte ökonomische Objekte stets als nur temporär stabilisierte Phänomene aufscheinen. Im Fokus dieses Kapitels steht die Frage, wie sich die Bedingungen der Investitionsarbeit der KAGs konkret mit der Rechenarbeit und verwendeten Kalkulationstools verbinden. An welchen Stellen der Excel-Sheets und Templates, aber auch in welchen konkreten Situationen der Bewertungsarbeit finden sich Bedingungen sich ändernder Marktdynamiken wieder?

Bewertungsarbeit des Investmentgeschäfts

Bewertungsarbeit im Immobiliengeschäft setzt sich in wesentlichen Teilen aus Standort- und Gebäudebewertung zusammen. Während im Bereich des Research Daten zum Standort gesammelt werden, finden gebäudebezogene Analysen meist im Bereich der Transaktionsabteilungen und im Falle konkreter Bewertungsanlässe, wie beim Ankauf von Immobilien, statt. Zunächst geht es nun darum, die Stelle anzuschauen, wo erarbeitete Informationen zu Standorten auf Bewertungsweisen des Transaktionsbereichs treffen. Es stellt sich die Frage, in welchem Verhältnis Research und Transaktion zueinander stehen: Wird im Vorfeld eine Investmentstrategie festgelegt, aus der heraus Zielstandorte definiert werden, in die investiert werden soll, was einer „Top-down"-Strategie entspräche, oder wird die Vielzahl an Märkten durch ein bestimmtes Vorgehen gescannt und darüber entdeckte Märkte zur Investition vorgeschlagen, was als „Bottom up" zu bezeichnen wäre?

Der erste Fall entspricht der Umsetzung eines Portfoliomanagements, wie es in Kapitel zwei beschrieben wurde und den Ansatz verfolgt, dass durch gezielte Auswahl der Immobilien im Portfolio das Rendite-Risiko-Verhältnis des Portfolios optimiert werden kann. So schreibt Scharmanski (2009, S. 192): „Die Analyse der Interviews zeigt, dass die Auswahl geeigneter Investitionsstandorte in einem mehrstufigen rationalen Filterverfahren vollzogen wird, das nach Darstellung der befragten Investoren überwiegend von oben nach unten verläuft (Top-down). Konform mit der stärkeren Kapitalmarktorientierung steht hierbei die Betrachtung des Einzelobjekts am Ende der Entscheidungskette". Die Befunde dieser Arbeit zeigen ein differenziertes Bild, was das Verfolgen strategischer Top-down-Ansätze in ein etwas anderes Licht rückt: Zwar werden Zielmärkte identifiziert, auf denen investiert werden soll, in der Praxis trifft dieses Vorgehen jedoch auf das Problem, dass dazu auch passende Immobilien gefunden werden müssen, die etwa in Phasen hohen Anlagedrucks ein rares Gut sind.

„Zuallererst legen wir mal ganz grob Ziele fest, also wie die einzelnen Fonds allokiert sein sollen, und dann trifft quasi die Theorie auf die Praxis. Nehmen wir einen Fonds z.B. mit 30% Paris-Anteil und ich bekomme natürlich im Moment kein Paris-Objekt, was passt, dann kaufe ich natürlich erst mal London z.B. Ich muss dann quasi über die Zeitdauer gucken, dass ich das Portfolio immer weiter in diese Richtung bewege, Richtung meiner Zielallokation und das hängt ein bisschen mit der Verfügbarkeit der Immobilien zusammen und natürlich auch mit der Möglichkeit, an diese überhaupt heranzukommen, weil es ja oftmals Immobilien nicht im Angebot gibt und wenn ich die dann nicht kaufen kann aus Gründen, weil vielleicht andere einen höheren Preis zahlen oder weil ich vielleicht zu langsam bin oder weil ich bestimmte Deadlines habe, die ich nicht einhalten kann, dann ist es natürlich ein Punkt, wo ich dann gucken muss, wie schaffe ich das am besten" (H).

Investoren sind also darauf angewiesen, Prozesse flexibel zu halten, um Immobilien, die nicht auf ursprünglich identifizierten Zielmärkten stehen, dennoch in den Entscheidungsprozess aufnehmen zu können. Das bedeutet, dass gerade die Transaktionsabteilungen, die stark auf die Einzelimmobilie schauen, oft eher rückwärts prüfen, ob die Immobilie zu den Anforderungen passt, was in der Praxis ein dehnbares Geschäft ist und einer Argumentations- und Verhandlungsarbeit der am Entscheidungsprozess Involvierten gleicht[1]:

„Das liegt aber auch in unserem Investment-Ansatz begründet. Der ist auf unserer Seite sehr ‚Bottom up' geprägt. Für uns steht tatsächlich das Objekt absolut im Vordergrund der Betrachtung und am Ende ist es natürlich das Objekt, das auf der rein strukturell-baulichen Seite die Anforderung erfüllen muss, und kaufmännisch muss es auch die Anforderung erfüllen an die Mietansätze und auch an die Rendite-Erwartungen, die wir haben. Das ist eher ein rein opportunistischer Research-Ansatz. Können wir mit unserem Research Know-how, das wir haben, können wir die Annahmen auf der Immobilien-Ebene unterschreiben, können wir die Mieten unterschreiben, die Preisentwicklung – ja oder nein. Das ist das, völlig unstrategisch. Das ist wirklich, auf der Immobilien-Seite fällt diese Entscheidung" (A).

„Und dann hat man sich auf fünf Länder geeinigt, fünf Märkte, die man sich intensiver anschaut und bepflegen möchte und dann kommt aus einem siebten Markt, den man gar nicht ‚auf der Latte hatte', irgendjemand, der sagt: Ich habe so ein tolles Angebot, schaut euch das mal an, das ist echt klasse das Angebot, das müsst ihr mal durchrechnen. Und schon hat das damit gar nichts mehr zu tun" (E).

Es zeigt sich also, dass die Stelle zwischen Research, also den strategischen Anforderungen, und der konkreten Transaktion, eine Stelle ist, die wenig

1 | Zudem sind auch die Entscheidungen zum Kauf oder Verkauf einer Immobilie nicht lediglich von Fragen der Standort- oder Immobilienbewertung geprägt, vielmehr kann es um Finanzierungsfragen oder regulatorische Anforderungen gehen (zu regulatorischen Effekten siehe Dörry 2010, S. 352 f.). Eine Konstellation, bei der Finanzierungsfragen im Vordergrund stehen, beschreibt ein Interviewpartner wie folgt: „Man muss sich immer das einzelne Produkt angucken, und Research wie gesagt liefert immer nur ein bisschen 'was an Informationen zu, und wenn das Produkt, was man kauft, in die Portfoliostruktur passt, in die Finanzierungsstruktur, kann es auch teilweise sein, dass wir in ganz schlechten Märkten kaufen, weil wir einfach da gerade eine Finanzierungsquote offen haben und wir dringend in diesem Land Geld anlegen müssen. So 'was kann auch sein. [...] Dass man eben sagt, wir haben eine Fremdfinanzierung laufen und die läuft aus und wir wollen die trotzdem beibehalten, weil wir über die Fremdfinanzierung einen zusätzlichen Effekt erreichen im Portfolio. Da geht es nicht immer nur um Immobilien. Das kann ganz unterschiedliche Intentionen haben. Wir haben zum Beispiel in Japan vor Jahren gekauft, da ging es nicht besonders um die Immobilie, sondern um den YEN. Der war so bewertet, dass wir allein durch das Hedging einen Gewinn gemacht haben. Das hat mit der Immobilie nichts mehr zu tun oder nur noch wenig" (E).

systematisch ist, sondern eher von einem beständigen Abgleichen und Angleichen geprägt ist und wo sich Bottom-up- und Top-down-Strategien treffen und aufeinander abgestimmt werden.

Ist eine potenzielle Immobilie gefunden, beginnt die Prüfung ihrer Rentabilität als Investmentobjekt, etwa in Form der DCF-Analyse, einer Methode der dynamischen Investitionsrechnung (vgl. hierzu Kapitel Immobilien im Umfeld der Finanzmärkte). Kern dieser Modellierung ist die Prognose des zukünftigen Cashflows eines Investments. Wesentliches Kriterium sind also erzielbare Mieteinnahmen, die mit dem Erwerb des Gebäudes generiert werden können:

„Wenn man eine Immobilie kauft, kauft man nicht die Steine, sondern den Mietvertrag" (E).

In die Zukunft gerichtete Analysen zum Cashflow sowie die Abschätzung des entsprechenden Ausfallrisikos sind wesentliche Grundlagen der Entscheidungsfindung. Im Rahmen des DCF, bei der zukünftige Zahlungsströme in ihren Gegenwartswert transformiert werden, um die Wirtschaftlichkeit eines Investments zu bestimmen, wird es möglich, zukünftige Erträge zu simulieren und diese in ihrem heutigen Wert zu vergegenwärtigen. In dieser Zukunftsorientierung sind gerade diese Ansätze der Bewertung besonders offen gegenüber subjektiven Einschätzungen, was die Arbeit mit diesen Verfahren in entscheidender Weise prägt.

Kalkulationssituationen

Bewertungsarbeit ist in aller Regel räumlich und zeitlich begrenzt (Hutter und Stark 2015, S. 4). Sie findet statt in Büros oder Konferenzräumen der Immobilieninvestoren.

„The sites of valuation are often spatially marked [...] all have their material characteristics. They are sites of collective gatherings. Each one is equipped with certain technologies and devices [...] These sites are carefully arranged and equipped with tools and materials that might be needed for experimentation and production. [...] Moments of valuation are also temporally marked [...] They could consist of a sequence of meetings or of an era of changing valuation standards, only recognized in hindsight" (ebd.).

Hutter und Stark (ebd., S. 3) sprechen in diesem Zusammenhang von „situations of valuation", in deren Rahmen es immer auch zu Auseinandersetzung,

Uneinigkeit und Uneindeutigkeit kommen kann: „Situations of valuation need not necessarily be troubling (and the more powerfully and gracefully they are set up, the less troubling they will seem to the participants). But they are, at least potentially, sites and moments of dispute and contention" (ebd., S. 4). Im Folgenden sollen solche Kalkulationssituationen des Bewertens angeschaut und der Frage nachgegangen werden, wie gerichtetes Handeln in situativ-kollektiven Versammlungen hervorgebracht wird.

Ein Kernelement des Bewertungsprozesses ist die Erarbeitung kalkulativer Texte, wie Excel-Sheets, Listen, Tabellen usw., die an einer Stelle produziert zwischen den verschiedenen Organisationseinheiten der KAG hin- und hergeschoben werden. Standard ist, dass Vorlagen zu einem Investment erarbeitet werden, die einem finalen Entscheidungsgremium, etwa der Geschäftsführung der KAG, vorgelegt und darauf aufbauend eine Entscheidung zu Ja oder Nein für die Investition vollzogen wird. An der Erstellung dieser Texte sind verschiedene Organisationsebenen der KAG beteiligt. Die organisationale Einbettung und die Zusammensetzung dieser Arbeitsgruppen variieren von Unternehmen zu Unternehmen und sind abhängig etwa von der Größe des Unternehmens und der Organisation des Entscheidungsprozesses. In aller Regel und vereinfacht handelt es sich aber um eine Zusammenarbeit eher strategischer Organisationseinheiten, wie dem Portfoliomanagement, die den Gesamtblick auf die Performance des Fonds haben, mit eher operativen Einheiten, wie der Akquisition mit Blick auf die einzelne Immobilie und gegbenenfalls dem Asset Management. Eine Art zwischengelagerte Instanz ist das Research mit seiner Marktperspektive. Bisweilen gehen einzelne Abteilungen aber auch ineinander auf oder einzelne Akteure nehmen Doppelfunktionen ein.

Art und Weise dieses Erarbeitungsprozesses werden durch ein Ziel vorangetrieben: Es geht darum, am Ende eine gemeinsam geteilte Sicht zu einem Investment herzustellen.

„Blöde wird es dann immer, wenn es vollkommen in die andere Richtung geht. Also wenn ich sage, der Markt ist toll und die Akquisition sagt aber: ‚Du spinnst doch wohl, das ist doch so 'was Mieses da'. Und dann kommt noch das Produktmanagement und sagt: ‚Also wir haben 'ne ganz andere Meinung zu euch beiden'. Dann passt das Bild nicht zusammen" (E).

„Dass wir uns am Anfang des Jahres zusammensetzen, holen uns die 2013-Research-Brille und dann breite ich erst mal aus – so nach dem Motto: Was sind eigentlich erst mal so die wirtschaftlichen Grundparameter? Was ist so die Erwartung? Damit alle Leute auf dem gleichen Stand sind" (E).

Gerade im Fall des letztgenannten Beispiels aus dem Bereich der strategischen Ausrichtung von Bewertungshorizonten wird deutlich, dass die Aushandlung bzw. die Herstellung einer gemeinsamen Sicht nicht nur in konkreten Kalkulationssituationen erfolgt, sondern auch in eher strategischer Weise in größeren Meetings etwa einmal im Jahr, um „kognitive[...] Rahmungen" (Vormbusch 2012, S. 317) herzustellen, die dem alltäglichen Handeln als institutionalisierten, hier gemeint abgesicherten, weil abgestimmten Korridor dienen, innerhalb dessen es sich bewegen kann und innerhalb dessen Interpretationen angestellt werden können.

Im vorliegenden Fall soll es nun weniger um diese strategischen Einstimmungen gehen, sondern eher um konkrete Bewertungssituationen im Alltagshandeln der Akteure. Zur empirischen Analyse dieser Kalkulationssituationen wird im Folgenden zurückgegriffen auf einen Ansatz, den Jordan et al. (2013) zur Analyse der Rolle von Risk Maps, also einer Visualisierungsform von Risiken, am Beispiel eines Projekts in der norwegischen Petroleumindustrie angewendet haben. Sie arbeiten in diesem Zusammenhang zum einen mit Miller und O'Leary's (2007) Konzept der „mediating instruments".[2] Dieses Konzept sensibilisiert für Situationen „in which particular inscriptions mediate the relations between distributed actors, distinct imperatives and domains within a socio-technic network" (Jordan et al. 2013, S. 159). Sowohl die Arbeit von Jordan et al. (2013) als auch jene von Miller und O'Leary (2007) helfen, der Frage nachzugehen, welche Rolle kalkulativen Vorgängen bei dem Zusammenbringen und Vermitteln unterschiedlicher Akteure mit verschiedenen Handlungshorizonten zukommt, auf welche Weise sie wirken und welche marktkonstitutiven Effekte davon ausgehen.

---

2 | In ihrer Arbeit untersuchen sie die Funktion von Moore's Law und daraus abgeleiteten sog. „technology roadmaps" für die Entwicklung der Mikroprozessoren-Industrie. Moore's Law geht zurück auf Gordon Moore, Mitbegründer von Intel, der 1965 eine prognostische Aussage zur Entwicklung der Branche formulierte. Genauer gesagt, ging es um die Anzahl sog. Komponenten auf integrierten Schaltkreisen, die sich – seiner Prognose entsprechend – jährlich verdoppeln solle, was in seinen technischen Einzelheiten für die vorliegenden Ausführungen jedoch weniger relevant ist. Relevant ist, dass sich zur Erfüllung dieses Gesetzes eine Vielzahl verschiedener Industriebranchen aufeinander einstellen musste, um die Entwicklung der Mikrochips voranzutreiben. In „technology roadmaps" wurden die Prämissen des Gesetzes in operable Meilensteine übersetzt, um koordinierende Handlungen bestehend aus entsprechenden Investitionen und Forschungstätigkeit möglich zu machen (Miller und O'Leary 2007).

Zum anderen greifen Jordan et al. (2013) auf den Ansatz der Montreal School of Communication zurück und nutzen ihn, um herauszufinden, wie genau nun „inscriptions", in ihrem Fall waren es bereits erwähnte Risk Maps zwischen verschiedenen Akteuren und Handlungsfeldern vermitteln. Gegenstand der Montreal School, einem Forschungsansatz aus dem Feld der „Organisationskommunikationsforschung" (Nothhaft und Wehmeier 2013, S. 322), sind Interdependenzen zwischen Kommunikation und Organisation, wobei Kommunikation als konstitutives Element von Organisation konzeptionalisiert wird. Dazu wird zwischen Text und Konversation unterschieden, wobei Text „den schriftlich fixierten und damit auch materialisierten Grundlagen der Organisation" (ebd.) entspricht, also etwa Leitbildern, Vertragswerken, Organigrammen usw. Konversation indes ist „nicht vertextlicht, sondern, wenn man so will: flüchtig. Konversationen sind Unterhaltungen am Arbeitsplatz, auf dem Gang, in der Kantine etc." (ebd., S. 323). Inscriptions, also Risk Maps oder die DCF-Excel-Sheets entfalten ihre Handlungsfähigkeit in sog. „Communicative events" (Jordan et al. 2013, S. 159), die sich aus eben jenen Texten sowie aus Gesprächen über diese textuellen Materialen zusammensetzen. Es handelt sich um eine „co-orientation" verschiedener Akteure auf einen gemeinsamen Text, über den sich eine Konversation entspinnt (Jordan et al. 2013, S. 159).

Im Fokus nachfolgender Betrachtungen und als Ergebnis der Verdichtung des empirischen Materials stehen nun Kalkulationssituationen der Bewertung von Objekten als „communicative events". Als Beispiel dient die Bewertung von Objekten im Rahmen des DCF-Verfahrens. In seiner textualen Form tritt dieses als Excel-Sheet in Erscheinung, was in entsprechenden Meetings entweder als Papierausdruck oder aber an Computerbildschirmen an einem Arbeitsplatz verfügbar ist. Verhandelt wird dieses Excel-Sheet sowohl in fest institutionalisierten Meetings als auch in recht informellen Situationen, etwa in Form von Gesprächen an Arbeitsplätzen. Bevor es um die Frage geht, wie diese Konversationen aussehen und vonstattengehen, sollen zunächst das Excel-Sheet und zugrunde liegende Modellierungsweisen angeschaut und ins Auge gefasst werden, was mit und in der Berechnung passiert.

Text

Fokus der Betrachtungen ist nun die konkrete Bewertungsarbeit von Immobilien, also die Stelle, an der die Rentabilität einer Investition ermittelt wird. Erkenntnisse aus dem eher strategischen Research und konkrete Kaufoptionen von Immobilien treffen dabei in einem Mix aus Top-down- und Bottom-up-Verfahren in eher wenig formalisierter Weise aufeinander. Hat sich in diesem Prozess eine Immobilie als potenzielles Investitionsobjekt herauskristallisiert, wird diese mit Hilfe von Verfahren der Investitionsrechnung durchgerechnet, also auf deren Rentabilität hin geprüft. Die in einer KAG Arbeitenden werden vor die Frage gestellt, ob eine Immobilie gekauft werden soll oder nicht. Im Rahmen der Investitionsrechnung werden dazu Zahlungsströme betrachtet, also die ab einem bestimmten Zeitpunkt anfallenden unterschiedlichen Ein- und Auszahlungen über eine bestimmte Halteperiode. Nun sind Einzahlungen, die zu unterschiedlichen Zeitpunkten generiert werden, jeweils auch unterschiedlich viel wert. Genauer gesagt ist ein Euro, der einem heute zur Verfügung steht, mehr wert, als ein Euro, der in fünf Jahren ausgezahlt wird, da er im ersten Fall mit entsprechender Verzinsung angelegt werden kann. Zunächst einmal geht es also darum, unterschiedliche Zahlungen in Bezug auf einen Zeitpunkt (hier Gegenwart) hin vergleichbar zu machen, also den Gegenwartswert (Barwert) zu ermitteln. Dazu werden die Zahlungen mit einem sog. Kalkulationszinssatz bewertet, also abgezinst (diskontiert).

Salzmann (2014, S. 12) unterscheidet im Falle von DCF in der Immobilienwirtschaft noch einmal zwischen Diskontierungssatz und Kapitalisierungssatz. Während der Diskontierungssatz zur Diskontierung der Cashflows in der ersten Phase, dem expliziten Prognosehorizont, genutzt werde, käme der Kapitalisierungssatz zur Berechnung des Restwerts aus dem letzten Cashflow für die zweite Phase, die Restnutzungsdauer, zum Einsatz. Für die Festlegung beider Größen existieren verschiedene Verfahren: etwa das analytische Verfahren, im Rahmen dessen entsprechende Werte aus Vergleichsimmobilien ermittelt werden müssen, oder das synthetische Verfahren, bei dem von einer risikoarmen Anlage ausgegangen wird, etwa Staatsanleihen, und dann durch „Aufrechnen von markt- und objekttypischen Zuschlägen" (ebd., S. 12) der Zinssatz festgelegt wird. Für alle Ein- und Auszahlungen, die für den Betrachtungszeitraum einer Immobilie anfallen, werden also die Barwerte ermittelt und damit auf den Wert der Immobilie geschlossen. „Die Summe der errechneten Barwerte beschreibt dann den Zukunftserfolgswert künftiger Zahlungen, die sich aus der Investition ergibt. Durch Abzug der Anschaffungsauszahlung von dem Zukunftserfolgswert ergibt sich der so genannte *Kapitalwert* (KW) der Investition" (Hutzschenreuter 2015, S. 140 f., Hervorh. im Original fett). Ist der Kapitalwert, der auch als Net Present Value (NPV) bezeichnet wird, positiv, ist die Investition vorteilhaft.

Ein Beispiel für eine entsprechende Kalkulation in der Immobilienwirtschaft könnte wie folgt aussehen: Der Betrachtungszeitraum umfasst meist um die zehn Jahre, danach wird ein Restwert angenommen. Im Großen und Ganzen besteht das Vorgehen dann aus einem fünf- bzw. sechsschrittigen Ablaufverfahren. Zunächst geht es um die Ermittlung der Einnahmen. Dies sind im Wesentlichen die Mieteinnahmen. Entweder liegen sie vor, weil es einen bestehenden und weiterlaufenden Mietvertrag gibt oder sie werden auf Grundlage der Marktmiete geschätzt. Den Einnahmen gegenüber stehen die Ausgaben, also Verwaltungskosten, Instandhaltungskosten oder Incentives wie mietfreie Zeiten etc., aber auch das Mietausfallwagnis, das etwa die Wahrscheinlichkeit von Insolvenz eines Gewerbemieters meint, die abgeschätzt werden muss. Es wird ein Restwert der Immobilie festgelegt. Im Anschluss daran erfolgt die Diskontierung, also die Abzinsung der Periodenergebnisse und des Restwerts zum Barwert und schließlich zum Marktwert, also die Summe aller Barwerte, die „den Marktwert der zu bewertenden Immobilie" ergibt (Altmeppen 2006).

Abbildung 3: Beispiel einer Discounted Cash Flow-Berechnung

Periodischer Teil	t1	t2	t3	...	tn
	01.01.Jahr1 *31.12.Jahr1*	*01.01.Jahr1* *31.12.Jahr2*	*01.01.Jahr3* *31.12.Jahr3*	... ...	*01.01.Jahrn* *31.12.Jahrn*
Einnahmen (in €)					
Mieter 1				...	
Mieter 2				...	
Cashflow (Jahresoberbetrag)				...	
Ausgaben					
Instandhaltungskosten				...	
Verwaltungskosten				...	
Nicht umlegbare Betriebskosten				...	
Mietausfallrisiko				...	
Sonstige wertbeeinflussende Umstände					
z.B. Mieterwechselkosten (€/m2)				...	
Gesamtausgaben (in €)				...	
Gesamt Cashflow (in €)				...	
Restwertberechnung 6,5%				...	
Abzinsungsfaktoren 7,5%				...	
Barwerte pro Periode				...	
Barwert, gesamt (in €)					
NPV Nettobarwert (in €)					

Quelle: verändert nach Cushman und Wakefield o.J.

Was bei einem Blick auf den Aufbau dieser kalkulativen Zahlenmatrix auffällt, ist zunächst einmal die schrittweise Verdichtung von Zuständen der Umwelt in eine einzige Finanzzahl, den Net Present Value. Aus Zahlen werden schrittweise neue Zahlen produziert, bis schließlich am Ende eine Zahl entsteht, die über das Ja oder Nein des Verkaufs entscheiden soll. Henneberry und Roberts (2008, S. 1223) schreiben dazu: „This combination of characteristics gave power and influence to the technique. It (apparently) replaced intuition and subjectivity with calculation based on rigorous financial reasoning". Deutlich wird bei der Betrachtung des Verfahrens jedoch, dass die dargestellten Werte Ergebnis subjektiver Festlegungen und Entscheidungen der damit Handelnden sind. So schreiben Henneberry und Roberts in Bezug auf DCF-Verfahren weiter (2008, S. 1223): „First, its operation is not neutral. It embodies the values, opinions, skills and rhetoric of its managers and operators. Secondly, it is not just the passive tool of active agents (Law, 2002). The procedures themselves homogenise, quantify, simplify and centre information; they include and exclude data through the development and application of permissible and impermissible categories; and, in so doing, they generate new realities".

In entsprechenden Verfahren, darauf zielt nun Henneberrys und Roberts erstes Argument ab, fließen subjektive Entscheidungen und Festlegungen in die Architektur der Berechnung ein. Es wird deutlich, dass die Verfahren keinesfalls „rigorous financial reasoning" (Henneberry und Roberts 2008, S. 1223) sind, wie oftmals imaginiert. An einer ganzen Reihe von Festlegungen wird deutlich, dass die Zahlen Ergebnis subjektiver Einschätzungen und Prognosen sind, etwa bei der Simulierung der Mieteinnahmen und der Festlegung des Mietausfallrisikos oder auch der Frage nach der Höhe des angenommenen Zinssatzes. Es ist wie Marsh (1991, S. 68 zitiert nach Windolf 2005, S. 28) formuliert: „The problem with this procedure is that it can provide you any answer you want". Problematisch ist etwa die verlässliche Einschätzung eines Insolvenzrisikos, wie folgendes Zitat verdeutlicht:

„Das ist oftmals eine sehr komplexe Geschichte. Man hat z.B. im Bürobereich mit mehreren Mietverträgen so viele Szenarien, die passieren können: ob jetzt der Mieter verlängert, ob er auszieht, ob er insolvent geht. Es kann also so viel passieren, und letztendlich ist es eine unternehmerische Entscheidung. Da gehört natürlich auch viel Bauchgefühl dazu, und das ist wieder dieser Punkt: Man kann Zahlen zeigen, aber man muss sich auch ein bisschen im Markt auskennen, weil letztendlich, mir nützt die beste Zahl nichts. Wir fragen ja dann auch Bonitätsnoten und so 'was von den Mietern ab und lassen uns da z.B. auch bei den Mietern, gerade bei Großmietern, auch Bilanzen zukommen und gucken halt, ja wie gesund ist denn der Mieter überhaupt. Nur da ist es so, selbst wenn man da viel hat, also mit einer guten Bewertung oder mit einem guten Rating, gucken Sie sich Firmen an wie Lehmann. Lehmann hatte auch ein super Rating gehabt und von heute auf morgen eben nicht mehr. [...]. Das heißt, letztendlich ist es oftmals nur so eine Beruhigungspille, dass man sagen kann: ‚Naja, ich habe es geprüft', aber in Wirklichkeit – man steckt da halt nicht dahinter, weil da hätte man dann schon Insiderwissen und das ist unmöglich" (H).

Gerade die Festlegung des Risikos einer Investition, etwa zur Ermittlung von Risikozuschlägen bei synthetischen Verfahren der Ermittlung des Zinssatzes zur Abdiskontierung oder des Mietausfallwagnisses, ist eine Stelle, an der sich die Gebundenheit an subjektive Einschätzungen und Erfahrungen der Akteure deutlich zeigt. Zugleich sind dies Stellen, an denen spezifische Interessen der KAGs zutage treten können. In Phasen hohen Anlagedrucks steigt zumindest schon einmal das prinzipielle Interesse der KAG, auch in weniger eingeführten Standorten Investments möglich zu machen, entsprechende Bedingungen wurden in vorherigen Kapiteln diskutiert. Die Risikomodellierung ist eine Stelle, entsprechende Erwartungen zu diesen Standorten zu erzeugen bzw. die Kalkulierbarkeit dort zu tätigender Investments herauszuarbeiten. Hinzukommt die Möglichkeit, an Stellen, die auf Basis von Einschätzungen der Akteure generiert werden, schlechtere Werte, die an anderer Stelle des Excel-Sheets automatisch generiert wurden und die Wahrscheinlichkeit des Investments verringern, auszugleichen. Ein Beispiel wäre etwa eine Berechnung für ein Investment in einer B-Stadt, was pauschal mit einem höheren Standortrisiko belegt wird als eine Investition München – aufgrund etwa schlechterer Exit-Möglichkeiten, weniger liquiden Märkten usw. Die Anpassung anderer Indikatoren, wie dem Mietausfallwagnis, kann dann als Stellschraube dienen, entsprechend schlechte Werte wieder auszugleichen.

„In meiner Cashflow-Betrachtung von dem Objekt kann ich das schon berücksichtigen. Ich mache jetzt zum Ankauf für dieses Objekt einen ‚zehn Jahres Cashflow' und habe da schon meine Nachvermietungsszenarien drin und da kann ich die natürlich entsprechend optimistisch oder realistisch oder pessimistisch gestalten, also habe ich da Anpassungsmöglichkeiten" (B).

Deutlich wird, dass kalkulative Praktiken der Bewertung in ihrer Relationalität sehr amorphe Verfahren sind, deren Vollzug und hervorgebrachte Investmentoptionen abhängig sind von spezifischen Marktdynamiken. Zum einen haben die Modellierungen dabei einen „centring effect" (Henneberry und Roberts 2008, S. 1232) in Bezug darauf, Kapital räumlich zu kanalisieren. Voreingestellt sind pauschale Risikoaufschläge, die die klassischen A-Standorte mit geringen Risiken im Vergleich zu B-Standorten belegen, was den Effekt hat, dass die Kalkulation von Investments an diesen Standorten zunächst einmal vorteilhafter erscheint. Zugleich kann aber auch genau mit Hilfe dieser kalkulativen Praktiken und mit ihnen verknüpfter Templates die räumliche Ausweitung von Investments durch entsprechende Überschreibungen am Modell sowie dessen Bearbeitung erfolgen. Sie erscheinen am Ende des Tages als plausible Investments, die durch numerisch-kalkulative Verfahren ermittelt wurden und untermauert sind.

Bei der Betrachtung der DCF-Analyse wird jedoch noch ein weiterer Effekt deutlich. Wie auch Henneberry und Roberts (2008, S. 1223) argumentieren, ist das Excel-Tool „not just the passive tool of active agents". Das Berechnungsmodell bringt vielmehr spezifische Daten zusammen, vereinheitlicht sie, verdichtet sie und bringt damit neue kalkulative Wirklichkeiten hervor. Bei einer genaueren Betrachtung des Excel-Sheets der DCF-Analyse in seinem horizontalen Aufbau wird in diesem Zusammenhang ein wesentlicher Aspekt offenbar. Die DCF-Betrachtung kalkuliert von einem gegenwärtigen Zeitpunkt ausgehend den Cashflow auf meist zehn Jahre (5–10), eine darüber hinausgehende Betrachtung erfolgt durch die Festlegung eines Restwerts oder der Festlegung einer ewigen Rente. Der horizontale Aufbau einer DCF-Analyse ist also temporal organisiert. Sie hat eine spezifische zeitliche Struktur, auf die sie ausgerichtet ist und innerhalb derer Investments kalkuliert werden. Es ist ähnlich zu dem, was Alex Preda (2006, S. 753) für den „stock ticker" beschrieben hat, indem er sagt: „I show that the ticker generated temporal structures and modes of visualizing these structures". Dazu Pollock und Campagnolo (2015, S. 104): „This means they do not reproduce existing time structures but generate their own". Was bedeutet das für das Feld der Immobilieninvestments?

Wie bereits festgestellt, handelt es sich bei Immobilien um ein Investitionsgut mit langen Haltedauern. Im Gegensatz dazu „funktioniert" Finanzkapital weit kurzfristiger. Die Ausrichtung auf Kalkulationen zwischen fünf bis maximal zehn Jahren steht im Gegensatz zu den Haltedauern im Immobilienbereich, dazu Ouma (2015b, S. 226): „‚Modern finance' itself has a specific, relational temporality which may be at odds or even clash with the ‚historical time' (Vogl, 2011) of the domains it seeks to economize: ‚the temporality of finance, distinctly oriented to the future, exists in discrepant and arrhythmic relation not only within itself but also to the temporalities of other economic and social orders‘ (Mezzadra and Neilson 2013, S. 8)“. Während also der Aspekt unterschiedlicher Zeitweisen von Finanzkapital und denjenigen Gütern, die finanzialisiert werden sollen, durchaus bereits als Hindernis für finanzielle Vermarktlichung erkannt wurde, fehlt es an Erkenntnissen dazu, wie dieses Hemmnis bearbeitet wird. Das wird nachfolgend diskutiert.

Im Immobilieninvestmentbereich ist für die Kanalisierung von Finanzkapital in Immobilien zentral, die Möglichkeiten des Exits, also eine Umschichtung von Kapital in andere, zu dem Zeitpunkt rentablere Assetklassen, bei der Investition mitdenken zu können, zumindest dessen Folgen theoretisch modellierbar zu machen. Mit der Anwendung des DCF-Verfahrens in seiner eher kurzfristigen Ausrichtung und der Immobilie als langfristiges Investitionsgut werden nun zwei Zeitweisen miteinander konfrontiert, die aufeinander eingestellt, wenn man so will, „eingetaktet“ werden müssen. Das DCF hilft, Kalkulationsweisen der Immobilienwirtschaft kurzfristiger, d.h. auf die Temporalitäten der Finanzmärkte zu orientieren. Es ist ein „device for reciprcoal temporal coordination“ (Preda 2006, S. 765) oder, wie Preda weiter ausführt, ein „immutable mobile“ in Latourschem Sinne. „A networking technology, that allows the transfer of temporal patterns across various contexts and the coordination of future paths of action“ (ebd.). Dies gelingt, da kalkulative Technologien ihre Temporalitäten ihren NutzerInnen anzeigen oder visibilisieren, die ihrerseits ihre Handlungen angleichen. „Moreover, action that projects its own temporal structures toward other actors (users) elicits responses that also are temporally structured. The rhythm of price data requires temporally specific actions (as manifested in observations, attention, interpretation). Thus, at a first level, technology generates temporal structures visible in the rhythm of data and in the rhythm of the user's response to them“ (Preda 2006, S. 757). Durch das DCF-Verfahren und seine Operationalisierung in einem Excel-Sheet, das nach entsprechenden Zeitstrukturen organisiert ist und dadurch Bewertungshorizonte für die NutzerInnen vorgibt, wird die Immobilie zu einem Investitionsgut, für das Rentabilitäten auch für kurze Zeiträume, also kurze Haltedauern, kalkuliert werden können. „Money managers have to constantly search for the best placement opportunities, which requires the commensurability of liquid and illiquid assets. For capital to be mobile, those administering it have to translate historical time into the temporality of financial markets in order to know where they stand in ‚in the market‘“ (Ouma 2015b, S. 227). Dieses Eintakten unterschiedlicher Zeitweisen, für das der Begriff der *Synchronisierung* vorgeschlagen werden soll, ist ein Effekt kalkulativer Praktiken des Investierens. Sie sind marktkonstitutiv in ihrer Funktion, spezifische Temporalitäten von Finanz- und Immobilienmärkten aufeinander einzustellen und damit den Investitionsfluss in einen Immobilieninvestmentmarkt möglich zu machen. Das heißt nicht, dass sich die Zeitweisen der Märkte damit ändern müssen, sondern dass mit der DCF-Analyse eine Art virtueller „timestream" aufgebaut wird, auf dem Finanz- und Immobilienmärkte miteinander beobachtbar werden und Kapital nach dieser erzeugten Rhythmik investiert werden kann.

Konfligierende Temporalitäten zeigen sich dabei nicht nur in hier beschriebener Form, sondern ebenso in Bezug auf unterschiedliche Bewertungshorizonte, der am Investmentprozess Beteiligten selbst, wie nachfolgend und mit Blick auf Verhandlungen zwischen Text – also Excel-Sheets – und Konversation in „communicative events" dargestellt werden soll. Im Gegensatz zu dem Begriff des „mediating" richtet *Synchronisierung* dabei den Fingerzeig explizit auf spezifische Formen von Temporalität im Zuge von Finanzialisierungsvorgängen, denen bisher noch wenig Aufmerksamkeit geschenkt wurde. Unterschiedliche Akteure, Imperative und Managementweisen werden nicht lediglich zusammengebracht, sondern es werden neue Interpretations- und Bewertungshorizonte von Märkten erzeugt, die die Mobilisierung von Kapital überhaupt erst ermöglichen.

Konversation

In den Prozess der Entscheidungsfindung sind – wie bereits einleitend dargelegt – VertreterInnen unterschiedlicher Abteilungen involviert. Kommt es zu konkreten Diskussionen zum Kauf einer Immobilie, beginnt ein Kommunikationsprozess der verschiedenen Beteiligten, der unterschiedliche Grade der Formalisierung erreichen kann. Es kann sich um Vier-Augen-Gespräche an Arbeitsplätzen handeln oder institutionalisierte Meetings in Besprechungsräumen. Eine Gemeinsamkeit dieser Meetings besteht darin, dass es darum geht, eine Einigung bezüglich der Performance eines potenziellen Investments zu erzielen. Es geht also nicht etwa um einen allgemeinen Austausch bezüglich einer Immobilie, sondern um die tatsächliche Kalkulation und Überprüfung sowie Festlegung der Rentabilität eines Investments.

Entscheidend ist nun, dass die Abteilungen – geschuldet ihren dabei sehr spezifischen Aufgaben – recht verschiedene Blickwinkel auf und Bewertungsmaßstäbe für die konkreten Investments haben, was sich vor allem in dem Bewertungshorizont zeigt, in dem Investments betrachtet werden: So sagt ein Akquisiteur über deren Researchabteilung:

„Researcher bei uns sind natürlich Desktop-Researcher, die sitzen hier in Frankfurt, die kennen die Märkte gar nicht. Die kennen die Märkte nur aus dem Papier oder aus den Zahlen und das Problem bei Immobilien ist ja, dass die Zahlen rückwärtsgewandt sind, also in die Vergangenheit zeigen. Da ich aber in die Zukunft investieren möchte, brauche ich dann natürlich mein eigenes Bild" (H).

Darauf folgend ein Researcher über die Akquisition:

„Was denen fehlt: Die können die aktuelle Situation einschätzen und haben auch ein Gefühl, was in den nächsten Monaten passiert, aber diese langfristige Einordnung, die fehlt ihnen schon" (D).

Es zeigt sich, dass die verschiedenen Abteilungen Immobilien in unterschiedlichen Zeithorizonten lesen. Hintergrund dabei ist, dass Finanz- und Immobilienwirtschaft, wie zuvor erwähnt, nach unterschiedlichen Zeitweisen funktionieren. Konfrontiert wird die relative Kurzfristigkeit des Finanzkapitals mit der Langfristigkeit des Guts Immobilie bzw. vice versa, was bedingt, dass es keinen absoluten oder sich automatisch ergebenden Zeithorizont der Bewertung gibt, sondern dieser relational – etwa auch je nach Investitionsstrategie – bestimmt werden muss. Während das Research eine Vielzahl der Analysen auf Zeitreihen aufbaut und versucht, zukünftige Entwicklungen daraus abzuleiten bzw. fortzuschreiben, interessieren im Rahmen der Investitionsrechnung vor allem zukünftige Cashflows für die Halteperiode der Immobilie. Diese unterschiedlichen Zeitintervalle haben zur Folge, dass zudem unterschiedliche Rechenverfahren und Modellierungsweisen zum Einsatz kommen, die aufeinander abgestimmt werden müssen. Außerdem haben verschiedene Abteilungen unterschiedliche Referenzpunkte, anhand derer sie das Investment analysieren. Während das Portfoliomanagement prüft, inwieweit die Immobilie zu den bereits im Fonds befindlichen Assets bzw. der Zielallokation des Fonds passt, vergleicht der Researcher die Immobilie anhand von Immobilien anderer Lagen und Märkte, der Akquisiteur anhand anderer Immobilien ähnlicher Gebäudequalität und Mieterbesatz usw.

„Da sieht man auch, dass die Sichtweise der einzelnen Abteilungen auf das Portfolio natürlich unterschiedlich ist, und das ist immer eine Frage, welche Sicht sozusagen die Oberhand gewinnt, und das ist natürlich auch eine geschäftspolitische Entscheidung" (H).

Zudem bestehen für die verschiedenen Abteilungen unterschiedliche Anreize:

C: „Wenn das jetzt ein Akquisiteur ist, dann misst sich sein Erfolg daran, wie viel er ankauft".
KB: „Ja gut, nicht nur wie viel er ankauft, sondern auch was".
C: „*Wie viel* er ankauft, zumindest in der kurzen Frist" (C).

„Jeder macht das, wofür er bezahlt wird. Also ein Akquisiteur wird dafür bezahlt, dass er kauft und verkauft. Und der Portfoliomanager wird eben dafür bezahlt, dass das Portfolio performt; dass Immobilien, gute Immobilien, eingekauft werden, die Entwicklungspotenzial haben" (C).

Die Tatsache, dass die verschiedenen Abteilungen eine unterschiedliche Sicht auf die Immobilie haben, ist ihrer jeweiligen Aufgabe im Unternehmen geschuldet. Hintergrund ist, dass zur Einschätzung der Performance einer Immobilie aus Sicht der Akteure verschiedene Perspektiven herangezogen werden müssen. In bisherigen Interviewzitaten wurden bereits eine ganze Reihe an Indikatoren und Perspektiven angesprochen, die die Entwicklung einer Immobilie beeinflussen. Es geht um den Markt, also das räumliche Umfeld, die mikroräumliche Lage, um potenzielle, also zukünftige Cashflows, Mietausfallwagnis und Nachvermietungspotenziale, Entwicklungen anderer Assetklassen, lokal-ökonomische Entwicklungen und vieles mehr. Es handelt sich um ein Bündel an Indikatoren, die aus vergangenen Entwicklungen abzuleiten sind und die in die Zukunft fortgeschrieben werden müssen, sowie um Beobachtungen gegenwärtiger Marktentwicklungen und Opportunitäten. Die verschiedenen Abteilungen repräsentieren diese einzelnen Sichtweisen, die in den Meetings zusammengeführt werden.

Im Rahmen der Arbeit an dem Excel-Sheet geht es nun darum, einzelne Werte etwa zur Risikoabschätzung gemeinsam festzulegen. Die Rede ist von „einzelnen" Werten, da es sich bei den Excel-Sheets meist um sog. Templates handelt. Es sind Vorrichtungen, in denen einige Zahlen, also etwa Risikowerte, z.B. durch eine Verknüpfung mit einer anderen Excel-Datenbank bereits automatisch eingetragen werden, sobald in die Excel-Liste der Standort, also die Stadt des zu prüfenden Investments eingegeben wurde. Im Rahmen der Meetings kommt es nun zu einem Austausch über das Investment. Bestehende Daten werden noch einmal diskutiert, bis schließlich Debatten zu den noch einzutragenden Zahlen erfolgen. Am Ende dieses Prozesses müssen alle daran Beteiligten mit einer Unterschrift signalisieren, mit dem erstellten Ergebnis einverstanden zu sein. Es ist so, wie Weick (1995, S. 16) es ausdrückt, dass „Mitglieder von Organisationen beträchtlich viel Zeit damit [verbringen], untereinander eine annehmbare Darstellung dessen, was vor sich geht, auszuhandeln".

In der Auseinandersetzung mit den KollegInnen und deren Bewertungshorizonten entstehen dabei neue Sichtweisen auf das Investment als Ergebnis einer kollektiven Aushandlung. Es geht also nicht einfach darum, anderen Sichtweisen schlicht zuzustimmen. Vielmehr wird in diesen Meetings eine gemeinsam geteilte Erwartung der Akteure selbstorganisatorisch und in soziotechnischen Konstellationen zwischen Kommunikation, menschlichen AkteurInnen, dem Excel-Sheet usw. herausgearbeitet. Unterschiedliche Sichtweisen, die aus unterschiedlichen Zeithorizonten der Bewertungsarbeit resultieren, werden aufeinander eingestimmt. Auch hier findet eine, wie es Preda (2006, S. 765) beschreibt, „reciprocal temporal coordination" statt. In ihrer gemeinsamen „co-orientation" (Jordan et al. 2013, S. 159) auf den Text, also das Excel-Sheet und dessen temporale Vorgaben, werden Erwartungen aufeinander eingestellt. Erwartungen werden – auch hier trifft es zu – in gewisser Hinsicht synchronisiert, also eingetaktet. Dies gelingt, indem Handlungen und Perspektiven orchestriert werden, d.h., es werden Aufmerksamkeiten gelenkt und auf bestimmte Indikatoren ausgerichtet, andere ausgeblendet, Zeitintervalle vorgegeben etc.

„It required the individual manager to consider the time value of money and capital productivity (and opportunity cost). Its widespread adoption and application were closely linked to the development of a vocabulary of discounted cash flow (DCF). It contributed to the installation of an economic norm within firms. It made hitherto un-noted decisions and projects visible, calculable and comparable. This last feature – comparability (of NPVs across a wide range of different projects) – exposed managers, their employers and the objects of their calculation to competition from others" (Henneberry und Roberts 2008, S. 1223).

Kalkulative Modelle wie das DCF-Verfahren ermöglichen eine Orchestrierung, ein Lenken von Handlungen nach finanzökonomischen Prämissen. Durch kalkulative Schemata werden Aufmerksamkeiten ausgerichtet, Entwicklungen von Immobilien auf spezifische Weise gedeutet und Handlungsprogramme vorgegeben. „What is accounted for can shape organizational participants' views of what is important, with the categories of dominant economic discourse and organizational functioning that are implicit within the accounting framework, helping to create a particular conception of organizational reality" (Burchell et al. 1980, S. 5). Unterschiedliche Assets werden nach einem Schema beobachtbar – oder, wie es Vormbusch (2010, S. 50) ausdrückt:

„Kalkulative Praktiken stellen vielmehr spezifisch zahlenorientierte Handlungs- und Verfahrensweisen, Konstruktions- und Repräsentationsprozesse dar, welche bereits die Wahrnehmung gesellschaftlicher Leistungsprozesse verändern, indem sie spezifische Aspekte derselben hervorheben, abschatten oder als ökonomisch bzw. politisch bewertbare Tatbestände erst hervorbringen. Damit spielen sie eine konstitutive Rolle in der Konstruktion gesellschaftlicher Wirklichkeiten".

In diesem gemeinsamen und geleiteten Erkunden von Rendite-Risiko-Potenzialen im Rahmen der DCF-Modellierungen wird aus „Etwas" peu à peu ein potenzielles Investitionsobjekt herausgearbeitet. Ob und wann welche Sichtweise der Organisation in diesem Prozess dabei Oberhand gewinnt, ist kaum allgemein zu bestimmen. Allenfalls das Research scheint gegenüber den anderen Abteilungen eine etwas schwächere Stellung zu haben, da deren Aufgabe im Gegensatz zu Portfoliomanagement und Akquisition eine primär beratende ist. Insgesamt scheinen entsprechende Verhandlungen aber von der Vorstellung geprägt, dass die Verknüpfung unterschiedlicher Bewertungshorizonte der richtigen bzw. treffsichersten Einschätzung am nächsten kommt. Der Vorgang ist dann beendet, wenn das Excel-Sheet von den beteiligten MitarbeiterInnen der KAG unterschrieben wurde, womit sie Zustimmung signalisieren und sich etwa auch mit erfolgten Überschreibungen einverstanden erklären. Die Zustimmung ist dabei Voraussetzung dafür, dass die kalkulativen Ergebnisse in weitere Stadien der Entscheidungsfindung eintreten können. Im Falle von Immobilieninvestments werden diese Vorlagen an Entscheidungsgremien weitergeleitet (etwa an die Geschäftsführung), die auf Grundlage dieser kalkulativen Ergebnisse entscheiden. Sie sitzen meist an entfernten Orten, kennen weder den Standort noch die Immobilie und verlassen sich auf entsprechende Berechnungsweisen, die sie zur Entscheidungsgrundlage erhalten und im Zuge derer es auch zur Ablehnung von Investments kommen kann. Die Maßgabe, dass entsprechende Excel-Sheets unterschrieben werden müssen, ist also auch eine Form der Absicherung der MitarbeiterInnen. Zudem, darauf verweisen Jordan et al. (2013, S. 159), entfalten Formen schriftlicher Darstellungen eine besondere Autorität oder haben eine besondere Wirklichkeitsgeltung. Diese Wirkmacht wird laut Jordan et al. umso größer „the more texts become dissociated from specific ‚authors'" (ebd.). Es sind Aspekte, die das Handeln der Akteure ermöglichen, also Operationsfähigkeit herstellen.

In diesem Kapitel wurde gezeigt, wie aus „Etwas" ein Investitionsobjekt wurde. In Kalkulationssituationen wurde in soziotechnischen Verhandlungen ein gerichtetes Handeln erzeugt, das die Mobilisierung von Kapital zum

Ziel hat. Ergebnis dieses Abwägungs-, Umschreibungs- und Anpassungsprozesses ist eine gemeinsam ermittelte Zahl bzw. ein gemeinsam ermitteltes Ergebnis am Ende der Berechnung, die für den Erfolg dieser Abstimmungsarbeit steht. Deutlich wurde, dass entsprechende Bewertungsweisen sehr amorphe Verfahren sind, die sich beständig erneuern und innerhalb derer Kategorien und Vorstellungen von dem, was noch kalkulierbar ist, beständig und in Abhängigkeit von Marktdynamiken neu verhandelt und festgelegt wird. Dazu wurde der Weg skizziert, in dem sich Bedingungen der Investmentarbeit mit dem konkreten Excel-Sheet verbinden und darin auf eine solche Weise verarbeitet werden, dass die kalkulativen Grundlagen etwa für Expansionen in schwer kalkulierbare neue Investitionswelten wie wenig eingeführte Standorte oder neue Segmente erfolgen können.

Im Wissen um die Dehnbarkeit dieser Modellierungen ist die Frage relevant, worin Nutzen und Wirkmacht dieser kalkulativen Prozeduren bestehen. Deutlich wurden zwei Aspekte, die bisher sowohl in der Accounting-Literatur als auch in Finanzialisierungsdebatten kaum betrachtet wurden: die Synchronisierung unterschiedlicher Zeitweisen und die Transformation von Orten in Investitionsstandorte. Die Heterogenität der Immobilien wird durch kalkulative Praktiken gewissermaßen eingeebnet. Standorte werden anhand von Indikatoren lesbar, die Schritt für Schritt verdichtet werden und am Ende etwa als eine Kennziffer oder eine Rendite-Risiko-Klasse in Erscheinung treten und damit zu anderen Standorten oder Assets ins Verhältnis gesetzt werden können, wodurch sich die Rentabilität eines Standorts überhaupt erst ergibt. Die Dimension der Synchronisierung von Zeit bezieht sich darauf, dass Zeitweisen von Finanzmärkten und jene der zu finanzialisierenden Domänen oftmals unterschiedlich sind (Ouma 2015b, S. 226). Sie müssen aufeinander eingestellt werden, um Bewertungsarbeit möglich zu machen. Kalkulative Praktiken helfen, unterschiedliche temporale Strukturen aufeinander einzutakten und zu verbinden. Sie synchronisieren diese Zeitweisen in eine einheitliche Zeit des Immobilieninvestmentgeschäfts.

In ihrem Amorphismus und ihrer Funktion des Synchronisierens und der Transformation werden durch Kalkulationsarbeit immerwährend neue Investmentobjekte produziert, die zu aktuellen Bedingungen der Märkte passen und damit den Investitionsfluss in Immobilien kontinuieren. Das kalkulative Agencement finanzmarktlicher Bewertungsarbeit, bestehend aus Kapitalverwaltern, Kapitalgebern, DCF-Modellierungen, Kapitalisierungszinsätzen, Rendite-Risiko-Kategorisierungen, Excel-Sheets und vielem mehr, „is geared towards facilitating the systematic and ceaseless ‚commensuration‘

of capital" (David und Halbert 2014, S. 518). Es ermöglicht Investmentprodukte analog zu den Renditeanforderungen der Kapitalgeber zu schaffen und Bedingungen wie Anlagedruck oder angespannte Lagen wie nach der Finanzkrise durch veränderte Vorstellungen dessen, was gegenwärtig kalkulierbar ist, zu bewältigen. Es handelt sich um eine beständige Aushandlung von Grenzen des Kalkulierbaren, Machbaren, Sinnvollen, Risikoreichen, die die immerwährende Reproduktion des Finanzhandelns ermöglicht.

Fazit

„But such models are only the tip of the iceberg, drawing attention away from the much more basic work of setting up measurement procedures, sampling standards, and network of data collection and refinement that allow the variables in the models to be filled with realistic-looking numbers. It is by the way of such networks of measurement systems, as much as by the abstract models they tie into, that the fish can be captured and transported into computers and made to produce scenarios for times to come" (Holm 2007, S. 239).

In dieser Arbeit wurde Immobilien – mit Holm (2007) gesprochen – einmal auf die Spitze des Eisbergs gefolgt; ihrer numerisch-kalkulativen Transformation von einem Gebrauchsgut zu einer Assetklasse. Ziel dieser Arbeit war es, hinter die Oberfläche kalkulativ-rationaler Handlungspraxis zu schauen und zu fragen, wie Kalkulationsprozesse alltäglich vollzogen werden, welche Funktion kalkulative Praktiken in der Investmentpraxis einnehmen und welche Wirkmächtigkeiten sie entfalten. Es ging um die Frage, wie finanzielle Vermarktlichung kalkulativ erzeugt wird. Was geschieht *in* und *mit* diesen Prozeduren und welches theoretische Gehäuse braucht die Adressierung all dessen?

Kalkulative Praktiken der Entscheidungsfindung

Deutlich wurde, dass Kalkulationsarbeit der Entscheidungsfindung im Immobiliengeschäft keineswegs stringent-systematischen Schemata folgt, im Rahmen derer sich eine Zwangsläufigkeit der Investitionsarbeit und automatisch ergebende Investmentoptionen eröffnen, wie vonseiten der Investmentbranche so oft imaginiert. Vielmehr handelt es sich um einen Prozess, in dem Plausibilitäten von Investments aktiv hergestellt werden müssen, es geht um Auffaltungen von Rechenwegen, um Rückwärtsrechnen, Neuberechnungen,

Aushandlungen und Absicherungen, bis ein Ergebnis schließlich als plausibel stabilisiert werden kann. In diesem Prozess werden sukzessive Meinungen und Erwartungen der AnalystInnen und ManagerInnen und Rechenarbeit miteinander verschränkt und schließlich zu einer plausiblen Möglichkeit verdichtet. Doch dann – schließlich angekommen auf der Spitze des Eisbergs – droht die Sicht beständig vernebelt zu werden: Einst erarbeitete Plausibilitäten müssen in ihrer Relationalität zu Marktdynamiken beständig neu verhandelt und aktualisiert werden. Mobilisierung von Kapital ist gebunden an den ständigen Vollzug dieser Herstellung von Rentabilitäten und Erwartungswerten der Investition. Der Anlagemarkt wird damit zu einem „ongoing, practical accomplishment" (Garfinkel und Sacks 1970, S. 341). Als „Vollzugswirklichkeit" (Berndt und Boeckler 2007, S. 227) werden die Anlagemärkte „von Interagierenden in jeder Situation und in jedem Moment immer lokal hervorgebracht" (ebd.).

Diese Konzeptionalisierung von Markt als Ergebnis unentwegter Inszenierung entzieht neu entstehenden Anlageformen ihre Fraglosigkeit, indem sie die Selbstverständlichkeit, mit der sie beworben und mit der Kapitalströme gelenkt werden, als Ergebnis einer komplexen soziotechnischen und sozioinstitutionellen Konstituierungsleistung demaskiert. Es handelt sich keineswegs um ein passives Entdecken neuer Anlageformen, nach denen die Flotte an Analystinnen und ManagerInnen sucht und die da draußen auf deren Inwertsetzung warten, sondern um die aktive und gerichtete Herstellung neuer Anlageformen, um anlagesuchendes Kapital investieren zu können. Es sind fragile, weil lediglich temporär stabilisierte, und amorphe, weil sich beständig an Marktdynamiken anpassende, kalkulative Versammlungen, die aber zugleich extrem wirkmächtig sind in ihrer Fähigkeit, hohe Kapitalsummen tagtäglich auf den Weg zu bringen, räumlich auszurichten und damit – im Falle von Immobilieninvestments – bauliche Umwelten und Lebenswirklichkeiten in Städten zu transformieren.

Es handelt sich um kalkulative Agencements, die nicht zu trennen sind von der Situation ihrer Anwendung, von dem Objekt, das es zu vermessen gilt, und dem Ergebnis, welches dabei konstituiert wird. Erst in der Verbindung dieser und weiterer Elemente zueinander entsteht Kalkulationsarbeit der Bewertung. Diese Arbeit hat gezeigt, dass der Zugriff auf kalkulative Praktiken über den Begriff der kalkulativen Agencements ermöglicht, unsere Vorstellung dessen, was zu Kalkulation gehört, zu erweitern und Trennungen zwischen numerisch-kalkulativer Arbeit und affektiven Praktiken des Erwägens, Einschätzens und Interpretierens aufzulösen. Beides ist konstitutiv für

Kalkulation. Konstitutiv sind ebenso die Bedingungen der KAGs und deren Rolle in der Architektur des Finanzsystems. Erst in dem Zusammenwirken einer Ansammlung dieser und weiterer heterogener Elemente gehen kalkulative Praktiken der Bewertungsarbeit hervor. Deutlich wurde die Wirkmächtigkeit, die das mit einem ökonomischen Modell verschränkte Excel-Sheet hat, indem es ein Aktionsprogramm darstellt, das gerichtete Handlungen provoziert, also den Zukunftsbezug von Handlungen bestimmt, Begründungsordnungen für Investitionsentscheidungen vorgibt und Aufmerksamkeiten ausrichtet – und damit die Blaupause, die Handlungsanleitung für die Transformation eines „Etwas“ zu einem Finanzprodukt darstellt. All dies sind Bestandteile von Kalkulationsarbeit, die so relationiert werden, dass am Ende eine konsistente Geschichte erzählt wird, über die Investmentprodukte verkauft werden können. Entscheidend ist also nicht nur, welche Elemente innerhalb des Agencements verbunden sind, sondern was sie in ihrem Zusammenwirken *tun*. Vor diesem Hintergrund wurde deutlich, dass Formeln im Investmenthandeln aktiv *ermöglichen*. Das DCF-Verfahren etwa ermöglicht den legitimierten und abgesicherten Zugriff auf zukünftige Erträge, es werden diesbezüglich Erwartungen ausgebildet, die sich zudem auf den gegenwärtigen Wert einer Immobilie niederschlagen. Anhand des Verfahrens wurde ferner gezeigt, wie sich Dynamiken der Finanzmärkte, etwa Anlagedruck, konkret mit den Tools der Bewertungsarbeit verbinden und dort bearbeitet werden. Ergebnis ist, dass Anlageprodukte passend zu jeweiligen Marktdynamiken oder Nachfragestrukturen kalkulativ erzeugt werden können. Kategorien von „kalkulierbarem Risiko“ und „lohnenswerten Erträgen“ werden neu ausgehandelt, wodurch neue Standorte, neue Segmente und neue Managementpraktiken plausibilisiert werden können.

Das DCF-Verfahren ist dabei weniger Produzent von Ergebnissen, die als Entscheidung für das Ja oder Nein einer Investition herangezogen werden, sondern Modellierungsplattform, mit der zukünftige Zustände simuliert und verschiedene Entscheidungsmöglichkeiten herausgearbeitet werden können, die im Kontext jeweiliger Marktphasen plausibel sind und verkauft werden können. In diesem Prozess zeigt sich ein recht distanziertes Bild der ManagerInnen von ihren verwendeten Modellen und numerisch-kalkulativen Begründungsordnungen. Sie scheinen zwar im vorliegenden Kontext den Glauben an eine externe Realität der Märkte da draußen nicht aufzugeben, wissen aber, dass ihnen mit den Berechnungsweisen kein Zugriff darauf gelingt. Gründe dafür liegen in der prinzipiellen Ungeeignetheit der Modelle für die Anwendung auf unterschiedliche Assetklassen sowie in der Subjektivität des

Datenmaterials (Vormbusch 2012, S. 319 ff.). Sie wissen ferner, dass mit den Zahlen und Modellierungen vielmehr Erfahrungen und Interpretationen verschiedener AkteurInnen transportiert werden. Ihre Funktion liegt also vielmehr in der „intersubjektiven Geltung innerhalb der Sphäre des Finanzmarktes" (Vormbusch 2012, S. 328), mit denen sich kommunizieren und über Investments austauschen lässt. ManagerInnen und AnalystInnen sind in dieser Zahlenarbeit also keine willenlosen „BefolgerInnen" vorgegebener kalkulativer Aktionsprogramme, nach denen sie blind Entscheidungen treffen. Vielmehr zeichnet sie ein „post-objektivistische[s]" (Vormbusch 2012, S. 333) Verständnis der Zahlenarbeit aus, mit dem sie sich von Zahlenarbeit in beschriebener Weise distanzieren. Klar wurde, dass diese Sicht auf Kalkulation deren Nutzen und Anwendbarkeit damit nicht schmälert, sondern lediglich auf eine andere Ebene stellt: In ihrer intersubjektiven, branchengebundenen Geltung schaffen sie akzeptierte Erzählungen des Marktes oder des Investments, die im Wissen der Akteure über die Unmöglichkeit einer „wirklichkeitsgetreuen" Abbildung als innerhalb der Branche geteilte Darstellungsform akzeptiert wird.

Es hat sich zudem gezeigt, dass die kalkulatorische Einpassung von Immobilien in die Bewertungsmatrix der Finanzmärkte ein nicht unkompliziertes und nicht planvolles Unterfangen ist. Finanzmarktliche Modelle wollen nicht recht auf das Anlagegut passen, das sich als zu sperrig in seinen Charakteristika erweist, also als zu umständlich, als dass kalkulative Matrizen einfach übergestülpt werden könnten. Die mit diesen Problemen konfrontierten Akteure der Bewertungsarbeit haben alle Hände voll damit zu tun, das Gut zu zähmen. Ist dies einmal gelungen, haben sie alle Hände voll damit zu tun, die Black Box geschlossen zu halten, wodurch Investmententscheidungen überhaupt erst als Ergebnis einer systematischen Informationstechnologie stabilisiert werden können. So auf Rationalität und Objektivität verweisende Entscheidungsoptionen stellen im Finanzmarkthandeln eine eigene „Machtressource" (Kädler 2009, S. 1) dar, denn über sie erfolgt der Verkauf von Investments und damit die Positionierung im Markt.

Im Mittelpunkt der Arbeit stand die Frage, wie Kalkulationsarbeit intraorganisational stattfindet. Es wurden soziotechnische Kalkulationssituationen angeschaut, in denen Dinge in kollektiv-gerichteten Verhandlungen bewertbar gemacht werden. Es geht darum, gemeinsam geteilte kalkulative Ergebnisse zu erarbeiten, die innerhalb der Organisation diffundieren und auf denen basierend Entscheidungen getroffen werden können. Über ein kollektives Zustimmen erfolgt eine Absicherung der Bewertungsarbeit. Es hilft, Entscheidungen zu treffen und Investitionen voranzutreiben. Durch die Dokumentation der Zustimmung erfährt der produzierte Text bzw. das so produzierte Ergebnis eine Autorität (Jordan et al. 2013, S. 159), um auch nachfolgende Entscheidungsinstanzen zu durchlaufen. Gebunden sind diese Meetings an die Herstellung einer Übereinstimmung. Einzelne Bewertungshorizonte der MitarbeiterInnen verschränken sich in diesem Prozess zu einer Sicht auf Immobilien, die einer „richtigen" Sicht auf das Investment aus Sicht der Akteure am nächsten kommt. In diesen Verhandlungen wurde aus einem „Etwas" ein Investitionsstandort, der in der jeweiligen Marktphase eine plausible Option darstellt. Aus der Projektion von Mieteinnahmen wurde Schritt für Schritt ein Investitionsobjekt herausgearbeitet und kommt damit zur Existenz. Kalkulative Praktiken der Bewertung bzw. der Investitionsarbeit sind somit zentrale Bestandteile von Vermarktlichung. Mit ihnen wird nicht nur die Welt für Investoren geordnet, hierarchisiert und bewertet (Kornberger et al. 2015, S. 9), mehr noch werden ökonomische Objekte damit hervorgebracht und Wert als Ergebnis soziotechnischer Verhandlungen, als Ergebnis von Technologien und Praktiken, überhaupt erst erzeugt.

Die Zusammenschau von Ergebnissen aus dem Feld der Social Studies of Accounting und der Social Studies of Finance kann dazu unser Verständnis der Zusammenhänge zwischen „accountingization" und Formen der Finanzvermarktlichung schärfen (dazu Vollmer et al. 2009). Die Perspektive der SSF ist es, die mit ihrem Blick auf die Konstituierung von Märkten als kalkulierbare Einheiten und der Frage nach der Herausbildung marktförmigen Handelns die marktkonstituierenden Dimensionen kalkulativer Praktiken diskutiert lässt. In der Übertragung und empirischen Diskussion von Ergebnissen der Accounting Studies und der Soziologie der Kalkulation auf Bewertungsprozesse im Immobiliengeschäft wurde deutlich, wie Kalkulation in alltäglicher Arbeit vollzogen wird und wie Akteure im Wissen um die kalkulative Nichterschließbarkeit ökonomischer Felder ihre Handlungen als rational inszenieren. Diese Inszenierungen sind keinesfalls leichtgängige Aufführungen, sondern unterliegen intraorganisationalen Aushandlungen und der Herstellung von Passungen, in denen ein akzeptiertes Ergebnis Schritt für Schritt erzeugt wird. Die Verschränkung beider Perspektiven hilft, den Vollzug finanzieller Vermarktlichung durch Kalkulationsweisen als nicht mühelosen Vorgang zu verstehen, sondern als Prozess aktiver Herstellung mit dem Ziel, neue Märkte zu schaffen. Dass die Implementierung von kalkulativen Praktiken, als Voraussetzung, legitimierte Investmentoptionen treffen zu können, die Akteure vor Herausforderungen stellt und quasi ein eigenes Betätigungsfeld schafft, ist dabei jedoch nur ein Teil der Wahrheit. Vor dem Hintergrund der Ausweitung bzw. Verstärkung kalkulativ-numerischer Prozeduren in alle möglichen Sphären des Ökonomischen und Sozialen muss doch die Frage vielmehr lauten, inwieweit kalkulative Praktiken Finanzialisierung voranzutreiben helfen? Ergebnis dieser Arbeit ist, dass kalkulative Praktiken weit mehr sind oder mehr tun als die Herausarbeitung von Entscheidungskorridoren, die Bereitstellung branchenkonformer Rahmungen, die nachträgliche Legitimation von Entscheidungen oder die Übersetzung finanzmarktexterner Dinge in das Kommunikationsmedium der Finanzmärkte etc. Zutage getreten sind zwei grundlegende Dimensionen, die Prozesse finanzieller Vermarktlichung von Immobilien wesentlich prägen, bisher aber in der Finanzialisierungsliteratur nicht im Fokus der Betrachtung standen: Raum und Zeit und deren Nonkonformität zwischen den Objekten, denen das finanzmarktliche Interesse gilt, und dem anlagesuchenden Finanzkapital.

Raumzeiten finanzieller Vermarktlichung

Immobilien zeichnen sich durch ihre Heterogenität aus, die sich im Wesentlichen aus ihrer Standortgebundenheit ergibt. Ihr Standort macht sie zu einem einmaligen und nicht vergleichbaren Gut. Deutlich wurde, wie durch Verfahren der Standardisierung und Quantifizierung Standorte abgegrenzt und anhand von Indikatoren in ihren verschiedenen Charakteristika möglichst umfassend erst lesbar gemacht werden, bevor diese Indikatoren in einem nächsten Schritt verdichtet und zu einer Zahl zusammengeführt werden, anhand derer Standorte gerankt werden können. Es entstehen temporäre Landkarten mit Investitionswelten, bei denen etwa einzelne Punkte anstelle des Marktes da draußen treten und anhand derer Simulationen und Prognosen vollzogen werden. Zudem sind Immobilien langfristige Investitionsgüter. Zeitordnungen von Finanzkapital sind hingegen weit kurzfristiger. Gezeigt wurde, wie Marktzeiten aufeinander synchronisiert und Immobilien- und Finanzmärkte damit miteinander beobachtbar werden.

Die Überwindung dieser raumzeitlichen Divergenzen ist eine zentrale Voraussetzung von finanzieller Vermarktlichung. Gleichzeitig sind es gerade Dimensionen von Raum und Zeit, die in bisheriger Finanzialisierungsliteratur unzureichend beachtet wurden. Diese Auslassung verwundert, handelt es sich doch um Kategorien, die – wie es Ouma (2015b, S. 226) beschreibt – „potential *barriers* to financialization“ sein können und die es zu überwinden gilt, um Kapital mobilisieren zu können. Diese Arbeit hat gezeigt, welche Rolle kalkulativen Praktiken bei der Überwindung dieser „Barrieren" im Immobilieninvestmentgeschäft zukommt. Gleichzeitigt wird damit ein Themenfeld markiert, das weiterer Fundierung im Rahmen der Finanzialisierungsliteratur bedarf und zu der diese Arbeit erste Anschauungen liefert:

Finanzzeiten

Zeit tritt an den verschiedenen Stellen und in unterschiedler Weise bei der Analyse der Mobilisierung von Kapital im Bereich institutioneller Immobilieninvestments zu Tage. Es geht um unterschiedliche Zeitordnungen von Assetklassen und Finanzmärkten, die aufeinander eingetaktet werden müssen, damit Kapital investiert werden kann. Es geht um verschiedene Bewertungshorizonte der an Investmentprozessen Beteiligten, um die Interpretation von Datenmaterial und Erkenntnissen aus der Vergangenheit und deren Weiterdenken in die Zukunft sowie um die Erzeugung von Erwartungen zukünftiger Erträge und wahrscheinlich noch um vieles mehr.

Im Zuge dieser Arbeit wurde die Synchronisierung verschiedener Marktzeiten von Finanz- und Immobilienmärkten beschrieben. In der Verschränkung eines ökonomischen Modells, hier des DCF, mit einem Excel-Sheet, das entsprechende Bewertungsvorgänge anleitet, wird die Langfristigkeit des Investitionsguts Immobilie in kalkulierbare Zeitintervalle zerstückelt. Dieser Vorgang macht die Analyse erwarteter zukünftiger Erträgen möglich, wodurch der heutige Wert eines Investments bestimmt werden kann und eine beständige Evaluierung von Immobilien möglich wird. Immobilien und Finanzkapital werden in einem virtuellen „timestream" aufeinander eingetaktet und beobachtbar, was die Mobilisierung von Kapital ermöglicht und damit die Schaffung oder den Vollzug eines Anlagemarktes. Zwar verändern sich in diesem Prozess nicht, jedenfalls nicht zwangsläufig, bisherige Zeitweisen der Märkte, aber sie werden in einem „timestream" miteinander beobachtbar, wodurch Investitionsarbeit erst möglich wird. Stellt Ouma noch fest (2015b, S. 226) „‚Modern finance' itself has a specific, relational temporality which may be at odds or even clash with the ‚historical time' (Vogl, 2011) of the domains it seeks to economize: ‚the temporality of finance, distinctly oriented to the future, exists in discrepant and arrhythmic relation not only within itself but also to the temporalities of other economic and social orders' (Mezzadra and Neilson, 2013, S. 8)", wurde in dieser

Arbeit deutlich, wie diese Ungleichzeitigkeit über Einpassungen in kalkulative Matrizen überwunden wird.

Bewertungshorizonte ergeben sich also nicht automatisch, sondern werden erzeugt. Auch unterscheiden sich die Bewertungshorizonte der am Investmentprozess Beteiligten. Korrespondierend zu ihrer spezifischen Aufgabe im Rahmen des Investmentgeschäfts – etwa An- und Verkauf, Research, Management des Fonds – haben die Beteiligten unterschiedliche Blickwinkel auf zeitliche Bewertungsmaßstäbe von Immobilien. Diese aufeinander abzutimmen ist Voraussetzung dafür, dass Investments vollzogen werden. Es geht um eine gemeinsam geteilte Sicht auf die Investition. In der Aushandlung um das „richtige" Erstellen der Bewertung wird eine gemeinsame Erwartung bezüglich des Investments erzeugt, die eine Verschränkung der unterschiedlichen Perspektiven darstellt und damit die verschiedenen Einflussfaktoren auf Immobilien bedient. Im Zuge der Bewertungsarbeit geht es gleichzeitig um „Erinnerungen und Erwartungen, die Vergangenheit und Zukunft in der gegenwärtigen Entscheidungssituation verkoppeln" (Schmitt 2009, S. 173) und die jeweils von den verschiedenen Organisationseinheiten des Unternehmens beigesteuert werden.

Der Faktor Zeit tritt an weiteren Stellen des Investmentprozesses zutage, auch wenn es an diesen Stellen weniger um ein „aufeinander Eintakten", sondern um ein „Verfügbarmachen" in organisationaler ebenso wie in verfügungsrechtlicher Hinsicht geht. Deutlich wurde, wie mit Hilfe des DCF-Modells zukünftige Zahlungsströme in die Gegenwart transformiert werden. Zukunft wird durch das kalkulative Modell vergegenwärtigt – sie wird zu einer „gegenwärtigen, gestaltbaren Zukunft": „Calculative technologies of accountancy seek to render the future knowable, calculable, and amenable to control. Many of the routine calculations of accountancy bring the future into the present. Techniques of discounting applied to future cash flows are the clearest expression of this capacity of accountancy to calculate and to act upon the future" (Miller 1992, S. 80). In diesem Zugriff auf zukünftige Ereignisse geht es jedoch, wie oben angedeutet, nicht lediglich um Vergegenwärtigung zur organisationalen Weiterbearbeitung, sondern auch um verfügungsrechtliche Fragen der Investitionsarbeit. Beim Kauf der Immobilie geht es um Zahlungsversprechungen. Mit einer Investition sichert man sich das Recht auf zukünftige Erträge, im Falle von Immobilien über realisierte Mieteinnahmen oder Gewinne beim Verkauf der Immobilie. So ist es eben auch, dass die zentrale Operation der Finanzmärkte in der Kapitalisierung liegt (Windolf 2005, S. 25). Mit diesem Verfahren wird die Simulierung und Abbildung zukünftiger Mieteinnahmen möglich, die jedoch nicht nur abgebildet, sondern zur Beurteilung gegenwärtiger Werte von Immobilien herangezogen werden. In gewisser Weise trifft dabei für Immobilien zu, was Windolf (2005, S. 30) für Aktien konstatiert: „Die Kapitalisierung, d.h. der Erwartungswert der Summe zukünftiger Erträge, bildet den Preis der Aktien". An dieser Stelle geht es also um die Frage, welche „Bewertungseffekte" mit der Transformation verschiedener Zeitweisen und Ordnungen einhergehen und wie Kapital innerhalb dieser virtuellen „timestreams" kalkulativ produziert wird.

Investitionswelten

Neben der Synchronisierung von Zeitordnungen zwischen Finanz- und Immobilienmärkten wurde gezeigt, wie durch kalkulative Praktiken Orte in Investitionsstandorte transformiert werden. Ihre Heterogenität wird über numerische Erfassung und Standardisierung eingeebnet. Sie werden „hervorgepaust" auf einer für die Finanzwirtschaft lesbaren Folie von Kennzahlen, an die finanzmathematische Kalkulation anschließen kann. Aus einer Welt scheinbar unbegrenzter Investitionsmöglichkeiten verdichten sich einzelne Standorte und materialisieren sich in einer wechselseitigen Praxis der Erfassung, Bewertung und Legitimierung überhaupt erst als Investitionsstandorte. Sie werden kommensurabel, vergleichbar mit anderen Standorten und Lagen. Auf dieser Grundlage werden in Konferenzräumen der Finanzzentren, auf Computerbildschirmen und Spreadsheets der Statistik-Software oder während Telefonkonferenzen zwischen Frankfurt und London beständig neue Referenz- und Vergleichsräume, Rechen- und Zahlenräume aufgespannt.

Es sind hybride Gemenge aus Computern, Software, ökonomischen Wissensprogrammen, kognitiven Orientierungen, Menschen, Standardsetzungen und vielem im Rahmen der Kalkulation mehr, was Kapital auf den Weg bringt, mit Pryke (2006, S. 2) gesprochen: „With its emphasis on the *agencements* of financial markets and the performativity of financial economics, this body of work draws attention to the range of components that make contemporary markets in finance and how this hybrid mix puts the flow and movement into financial flows. The range of calculative tools at the core of modern finance and the calculative agencies they stimulate, configure financial geographies. Over simply, to make a financial market is to make geographies".

Im Verlauf der Arbeit wurde der Blick darauf gerichtet, wie Kapital durch kalkulative Agencements intraorganisational räumlich ausgerichtet wird.

Damit wurde freilich nur ein Teil jener kalkulativen Netzwerke beleuchtet, über die sich die Kanalisierung von Kapital vollzieht. Sie umfassen weit mehr, nämlich global agierende Immobilieninvestoren ebenso wie Akteure vor Ort, etwa Wirtschaftsförderungen, die Daten zu Standorten produzieren und in Umlauf bringen, Kapitalgeber und Regulatoren und vieles mehr (dazu Ouma 2014, S. 207). Es sind Netzwerke, die sich über territoriale Einheiten hinweg zusammensetzen, Städte mit Dynamiken der Finanzmärkte verbinden und mit anderen, ähnlich kategorisierten Städten in Konkurrenz um Kapital setzen. Investoren werden dabei zu wirkmächtigen Produzenten dieser finanzialisierten Landkarten. Sie definieren kalkulierbare Regionen, sie ordnen und bewerten Welt in soziotechnischen Aushandlungen und lenken nach so produzierten Rangfolgen Kapital. Es entstehen Landkarten potenzieller Renditen und Risiken, bei denen Grenzen von Finanzmarktakteuren beständig neu verhandelt werden (Ouma und Bläser 2015). Raum wird in Gewinn und Verlustareale parzelliert, deren Muster sich je nach Marktdynamiken und Entwicklungen der Finanzmärkte aktualisieren. Als Ergebnis dieser beständigen Aushandlungen dessen, was noch möglich ist oder nicht, geraten neue Märkte – wie Emerging-Markets oder eigentlich eher gemiedene Standorte wie B-Städte – in Phasen von Anlagedruck in den Fokus der Investoren, werden durchgerechnet und in Investitionsstrategien eingebunden: eine Expansion, die in Phasen geringen Kapitalangebots durch die Fokussierung auf bekannte Standorte abgelöst wird. Es sind räumliche Verschiebungen, die nach dem Takt der Finanzmärkte funktionieren und über kalkulative Prozeduren vollzogen und legitimiert werden.

Lokal eingebettete, unbewegliche Objekte werden in kalkulative Netzwerke eingebunden. Eine Einhegung, die erfolgreich ist, wenn sowohl Probleme „physische[r] Distanzen als auch lokale Widerspenstigkeiten (z.B. intransparente Immobilien- oder Landmärkte)“ (Ouma und Bläser 2015, S. 211) – zumindest temporär – gelöst werden konnten. Orte werden von ihren Bindungen gelöst und neue Grenzen gezogen, um Erwartungen über sie ausbilden und damit auf sie zugreifen und Investitionsprozesse durchführen zu können. Diese Arbeit leistet einen Beitrag dazu, das Verständnis der Herausbildung dieser „Kapitalplatzierungsnetzwerke“ (ebd., S. 212) der Finanzialisierung zu erweitern. Damit ist nicht nur ein Beitrag zur Finanzialisierungslitertatur entstanden, sondern auch zu wirtschaftsgeographischen Debatten und der Frage, wie neue Märkte und Anlageformen geschaffen werden und Kapital räumlich kanalisiert wird. Märkte und Anlageklassen existieren zwar in völlig verschiedenen Organisationsformen sowie Architekturen und haben unterschiedliche Temporalitäten, dennoch, so argumentieren Caliskan und Callon (2010, S. 3), „in practice, there is a certain coherence to the overall process of marketization". Ziel dieser Arbeit war es, die Rolle kalkulativer Praktiken bei Formen finanzieller Vermarktlichung herauszuarbeiten. Als Ergebnis soll für kalkulative Praktiken im Hinblick auf deren herausgearbeitete Funktion der räumlichen Transformation und zeitlichen Synchronisierung von Dingen in neue Assetklassen in Anlehnung an Becker (2011) der Begriff der „Technologien universeller Übersetzung" vorgeschlagen werden. Sie schaffen es, noch so eigentümlich anmutende Dinge wie CO2-Emissionen, Fischfangquoten, Musikinstrumente und Yachten (dazu Bültmann 2011) zu Underlyings für Finanzprodukte zu machen, in die Kapital in akzeptierter, legitimierter Form gelenkt werden kann. Diese Erkenntnis der raumzeitlichen Umwandlung erweitert zum einen unser Verständnis davon, *wie* finanzielle Vermarktlichung vollzogen wird, zum anderen verweist es auf eine neue Funktion kalkulativer Praktiken innerhalb finanzmarktlicher Bewertungsvorgänge.

KEEP THE BUSINESS RUNNING ...

„Der Kapitalismus ist nichts, wenn er nicht in Bewegung ist" (Harvey 2011, S. 9). In dieser Arbeit wurde gezeigt, wie diese Bewegungen eines finanzialisierten Kapitalismus kalkulativ erzeugt werden: Bewegungen zwischen Vergangenem, Gegenwärtigem und Zukünftigem, zwischen Vorstellungen von Risiken und Kalkulierbarem, kalkulierbaren und unkalkulierbaren Räumen und wahrscheinlich zwischen vielem mehr. Gezeigt wurde, wie kalkulative Praktiken als „Technologien universeller Übersetzung"[1] das Äußere kapitalistischer Welt in das Innere verwandeln. Klar wurde zudem, dass damit die Geschichte dieser Landnahmen noch nicht zu Ende erzählt ist. Deutlich wurde, dass neu gewonnene Assets immer nur temporär als „das Innere" stabilisiert sind. Sie müssen sich bewähren als Anlageprodukt, was einem ständigen Vollzug gleicht. In der auf treuhänderischer Verwaltung basierenden Architektur des Finanzsystems handelt es sich um permanente Inszenierungen, bei denen es darum geht, Kapital zur Mobilisierung für eine bestimmte Assetklasse zu gewinnen. Anlagemöglichkeiten werden in diesem Prozess und relational zu gegenwärtigen Marktphasen beständig kalkulativ

1 | In Anlehnung an Becker (2011).

geschaffen. Die eingangs erwähnte Frage von Heeg (2010, S. 101), ob in diesem Prozess „Anlageprodukte geschaffen werden, die das Risiko-Rendite-Profil möglicher Anleger bedienen oder ob dadurch neue Märkte und neue Bedürfnisse geschaffen werden (und Risiko-Rendite-Neigungen das Ergebnis sind)" ist dabei gleichermaßen richtig. In ihrer Plastizität und Dehnbarkeit sind kalkulative Bewertungsweisen in der Lage, beständig Passungen zwischen Anforderungen der Kapitalgeber und der Situationen der Märkte zu orchestrieren und als Ergebnis plausible Investmentoptionen bereitzustellen, die die Kapitalgeber fordern oder die ihnen noch schmackhaft gemacht werden müssen. Kapital findet nicht blind die besten Anlagemöglichkeiten, Anlagemöglichkeiten werden produziert. Plausibilität und Vorteilhaftigkeit sind keine intrinsischen Eigenschaften eines Guts, sondern werden aktiv hergestellt. Diese Herstellung aktualisiert sich in der Dynamik der Finanzmärkte. Sie ist niemals starr und endgültig, sondern entwickelt sich relational. Und genau diese Viskosität der Bewertung ist es, nach der die systemische Reproduktion des Finanzmarktes verlangt bzw. an die sie gebunden ist; an die Herstellung „temporär geltender konsistenter Geschichten" zur Mobilisierung von Kapital. Dabei werden Kapazitäten für Kapital geschaffen, indem Kategorien, Berechnungsweisen und Toleranzgrenzen an aktuellen Bedingungen ausgerichtet werden und damit etwa bisher gemiedene Märkte wieder neu plausibilisiert werden können: „for it is through valuation practices that the world is ordered, hierarchized, and ultimately valued. Perceived as real, valuations such as rankings, ratings, models, and other evaluation devices are real in their consequences" (Kornberger et al. 2015, S. 9). Kalkulative Praktiken der Bewertungsarbeit schaffen soziale und gesellschaftliche Wirklichkeiten, im Falle von Immobilieninvestments etwa auch der BewohnerInnen und NutzerInnen vor Ort. Ihrer Durchführung, ihren Bedingungen, Wirkmächtigkeiten und den damit verbundenen Folgen nachzuspüren markiert ein zentrales Forschungsfeld wirtschafts- bzw. stadtgeographischer Arbeiten, die den Blick über den Tellerrand eigener Disziplingrenzen nicht scheuen und zu denen diese Untersuchung einen Beitrag zu leisten versucht hat.

Anhang

Liste der durchgeführten Interviews

	Nr.	Datum	Position
C	1	06.09.2013	Risk Manager
B	2	12.09.2013	Senior Analyst/ Research
A	3	13.09.2013	Head of Acquisition
D	4	06.11.2013	Senior Analyst/Research
E	5	07.11.2013	Senior Analyst/Research (zusammen mit Nadine Bitterer)
F	6	03.02.2014	Leiter institutionelle Investoren Deutschland
G	7	05.02.2014	Director of Property Europe
H	8	21.02.2014	Portfoliomanagement/ Akquisition
K	9	24.02.2014	Risk Management
J	10	25.02.2014	Head of Transactions
I	11	18.03.2014	Head Acquisition and Sales Europe

Besuchte Veranstaltungen

Veranstalter	Titel der Veranstaltung	Datum
Expo Real	Internationale Fachmesse für Gewerbeimmobilien und Investitionen	08.–10.10.2012 München
Gesellschaft für immobilien-wirtschaftliche Forschung e.V. (Gif)	18. Forum Risikomanagement für Immobilien- und Multi Asset Portfolios – Kennzahlen, Modelle, Verfahren	19.03.2013 Frankfurt am Main
Investment Property Databank – IPD	IPD-Fachtagung. Prognosen und Modellierungen in der Immobilienwirtschaft	10.09.2013 Frankfurt am Main
Deka	6. Immobilien-Symposium DekaBank. „Immobilienmärkte in Bewegung"	26.09.2013 Frankfurt am Main
Investment Property Databank – IPD	IPD DIX Launch	19.03.2014 Frankfurt am Main
Gesellschaft für immobilien-wirtschaftliche Forschung e.V. (Gif)	Asset Price Inflation Auswirkungen der Niedrigzinsphase auf indirekte Immobilienanlagen	02.08.2014 Frankfurt am Main

Literatur

Aalbers, Manuel (2007): Geographies of Housing Finance: The Mortgage Market in Milan, Italy. In: Growth and Change 38 (2), S. 174–199.

Ahrens, Thomas; Chapman, Christopher (2007): Management accounting as practice. In: Accounting, Organizations and Society (32), S. 1–27.

Altmeppen, Hermann (2006): gif-Standardisierung des DCF-Verfahrens. Frankfurt am Main. Online verfügbar unter http://www.altmeppen.de/pdf/Seminar%20DCF%20gif.pdf, zuletzt geprüft am 17.01.2016.

Aspers, Patrik; Beckert, Jens (2008): Märkte. In: Andrea Maurer (Hg.): Handbuch der Wirtschaftssoziologie. 1. Aufl. Wiesbaden: VS Verlag für Sozialwissenschaften, S. 225–246.

Bals, Werner; Wellner, Kristin (2011): Immobilien-Portfolio-Management und Immobilien-Asset-Management. In: Jürgen Schäfer und Georg Conzen (Hg.): Praxishandbuch der Immobilien-Investitionen. [Anlageformen, Ertragsoptimierung, Risikominimierung]. 2. Aufl. München: Beck, S. 555–575.

Beck, Martin; Rehkugler, Heinz (2007): Welchen Beitrag zur Transparenz von Immobiliengesellschaften liefert die Rechnungslegung nach IAS/IFRS? In: Heinz Rehkugler (Hg.): Die Immobilie als Kapitalmarktprodukt. Verbriefte Anlagen in Immobilien. 1. Aufl. München: Oldenbourg, S. 331–379.

Becker, Rainer C. (2011): Blackbox Computer? Zur Wissensgeschichte einer universellen kybernetischen Maschine. Bielefeld: transcript Verlag (Kultur- und Medientheorie).

Belina, Bernd; Miggelbrink, Judith (2010): Hier so, dort anders. Zum Vergleich von Raumeinheiten in der Wissenschaft und anderswo. Einleitung zum Sammelband. In: Bernd Belina und Judith Miggelbrink (Hg.): Hier so, dort anders. Raumbezogene Vergleiche in der Wissenschaft und anderswo. 1. Aufl. Münster: Westfälisches Dampfboot (Raumproduktionen: Theorie und gesellschaftliche Praxis, Bd. 6), S. 7–39.

Belliger, Andréa; Krieger, David J. (2006): Einführung in die Akteur-Netzwerk-Theorie. In: Andréa Belliger und David J. Krieger (Hg.): ANThology. Ein einführendes Handbuch zur Akteur-Netzwerk-Theorie. Bielefeld: transcript Verlag (Science studies), S. 13–50.

Berndt, Christian; Glückler, Johannes (2006): Einleitung. In: Berndt, Christian und Glückler, Johannes (Hg.): Denkanstöße für eine andere Geographie der Ökonomie. Bielefeld: transcript Verlag, S. 9–24.

Berndt, Christian; Boeckler, Marc (2007): Kulturelle Geographien der Ökonomie: Zur Performativität von Märkten. In: Christian Berndt und Robert Pütz (Hg.): Kulturelle Geographien. Zur Beschäftigung mit Raum und Ort nach dem Cultural Turn. Bielefeld: transcript Verlag (Kultur und soziale Praxis), S. 213–258.

Berndt, Christian; Boeckler, Marc (2009): Geographies of circulation and exchange: Constructions of markets. In: Progress in Human Geography 33 (4), S. 535–551.

Berndt, Christian; Boeckler, Marc (2012): Geographies of Marketization. In: Trevor J. Barnes, Jamie Peck und Eric S. Sheppard (Hg.): The Wiley-Blackwell Companion to Economic Geography. Chichester, West Sussex, Malden, MA: Wiley-Blackwell (Wiley-Blackwell companions to geography), S. 199–212.

Beunza, Daniel; Stark, David (2004): Tools of the trade: the socio-technology of arbitrage in a Wall Street trading room. In: Industrial and Corporate Change 13 (2), S. 369–400.

Beyerle, Thomas (2010): Alle lieben Core! – Und der Investmentmarkt boomt wieder. In: Der Immobilienbrief, 29.08.2010. Online verfügbar unter http://www.rohmert-medien.de/immobilienbrief/alle-lieben-core-und-der-investmentmarkt-boomt-wieder,107907.html, zuletzt geprüft am 21.12.2015.

Bitterer, Nadine; Heeg, Susanne (2015): Die Macht der Zahlen: Kalkulative Praktiken in der Immobilienwirtschaft. In: Zeitschrift für Wirtschaftsgeographie 59 (1), S. 34–50.

Boeckler, Marc; Berndt, Christian (2012): Geographies of circulation and exchange III: The great crisis and marketization 'after markets'. In: Progress in Human Geography, S. 424–432.

Bomke, Bernhard (2013): Experten raten zu Investments in B-Lagen und Südeuropa. In: Immobilien Zeitung, 07.11.2013.

Börsen-Zeitung (2012): „Der Core-Begriff bei deutschen Immobilien wird gedehnt". In: Börsen-Zeitung, 25.01.2012.

Botzem, Sebastian (2014): Strategisches Erzählen – strategisches Befragen: Macht und Reflexivität in Expert*inneninterviews mit Finanzeliten. In: Hella von Unger, Petra Narimani und Rosaline M'Bayo (Hg.): Forschungsethik in der qualitativen Forschung. Reflexivität, Perspektiven, Positionen. Wiesbaden: Springer VS (SpringerLink : Bücher), S. 59–76.

Botzem, Sebastian; Dobusch, Leonhard (2012): Dienstleister der Finanzialisierung: Fragmentierte Organisation und kalkulierte Profite in der Immobilienwirtschaft. In: Kölner Zeitschrift für Soziologie und Sozialpsychologie 64 (4), S. 673–700.

Brauer, Kerry-U. (2011): Immobilienfinanzierung. In: Kerry-U. Brauer (Hg.): Grundlagen der Immobilienwirtschaft. Recht, Steuern, Marketing, Finanzierung, Bestandsmanagement, Projektentwicklung. 8., überarb. Auflage. Wiesbaden: Gabler (Lehrbuch), S. 463–537.

Brühl, Martin; Jandura, Isabelle (2011): I. Betrachtungen zur kapitalmarktorientierten Immobilienbewertung. In: Jürgen Schäfer, Hermann Aukamp, Werner Bals, Frank Billand, Martin J. Brühl, Raimund Ellrott et al. (Hg.): Praxishandbuch der Immobilien-Investitionen. [Anlageformen, Ertragsoptimierung, Risikominimierung]. 2. Aufl. München: Beck, S. 455–470.

Bültmann, Ruth (2011): Kunst ist als alternative Assetklasse im Kommen. In: Börsen-Zeitung, 12.10.2011. Online verfügbar unter https://www.boersen-zeitung.de/index.php?li=1&artid=2011196329&titel=Kunst-ist-als-alternative-Assetklasse-im-Kommen, zuletzt geprüft am 17.01.2016.

Bundesverband Investment und Asset Management (2015): Fondsvermögen zum Stichtag 31.05.2015. Online verfügbar unter www.bvi.de.

Burchell, Stuart; Clubb, Colin; Hopwood, Anthony (1985a): Accounting In Its Social Context: Towards A History Of Value Added In The United Kingdom. In: Accounting, Organizations and Society 10 (4), S. 381–413.

Burchell, Stuart; Clubb, Colin; Hopwood, Anthony G. (1985b): Accounting in its social context: Towards a history of value added in the United Kingdom. In: Accounting, Organizations and Society 10 (4), S. 381–413.

Burchell, Stuart; Clubb, Colin; Hopwood, Anthony; Hughes, John; Nahapiet, Janine (1980): The Roles of Accounting in Organizations and Society. In: Accounting, Organizations and Society 5 (1), S. 5–27.

Busse von Colbe, Walther; Crasselt, Nils; Pellens, Bernhard (2011): Lexikon des Rechnungswesens. Handbuch der Bilanzierung und Prüfung, der Erlös-, Finanz-, Investitions- und Kostenrechnung. 5., überarb. u. erw. Aufl. München: Oldenbourg.

Caliskan, Koray; Callon, Michel (2009): Economization, part 1: shifting attention from the economy towards processes of economization. In: Economy and Society 38, S. 369–398.

Caliskan, Koray; Callon, Michel (2010): Economization, part 2: a reserach programme for the study of markets. In: Economy and Society 39 (1), S. 1–32.

Callon, Michel (1998): Introduction: The embeddedness of economic markets in economics. In: Michel Callon (Hg.): The laws of the markets. Oxford, Malden, MA: Blackwell Publishers/Sociological Review (Sociological review monograph series), S. 1–57.

Callon, Michel (2006a): Akteur-Netzwerk-Theorie: Der Markttest. In: Andréa Belliger und David J. Krieger (Hg.): ANThology. Ein einführendes Handbuch zur Akteur-Netzwerk-Theorie. Bielefeld: transcript Verlag (Science studies), S. 545–559.

Callon, Michel (2006b): Die Soziologie eines Akteur-Netzwerkes: Der Fall des Elektrofahrzeugs. In: Andréa Belliger und David J. Krieger (Hg.): ANThology. Ein einführendes Handbuch zur Akteur-Netzwerk-Theorie. Bielefeld: transcript Verlag (Science studies), S. 176–193.

Callon, Michel (2007): What does it mean to say that economics is performative? In: Donald A. MacKenzie, Fabian Muniesa und Lucia Siu (Hg.): Do economists make markets? On the performativity of economics. Princeton: Princeton University Press, S. 311–357.

Callon, Michel; Latour, Bruno (2006): Die Demontage des großen Leviathans: Wie Akteure die Makrostruktur der Realität bestimmen und Soziologen ihnen dabei helfen. In: Andréa Belliger und David J. Krieger (Hg.): ANThology. Ein einführendes Handbuch zur Akteur-Netzwerk-Theorie. Bielefeld: transcript Verlag (Science studies), S. 75–101.

Callon, Michel; Law, John (2003): On Qualculation, Agency and Otherness. Online verfügbar unter http://www.lancaster.ac.uk/fass/resources/sociology-online-papers/papers/callon-law-qualculation-agency-otherness.pdf, zuletzt geprüft am 23.12.2015.

Callon, Michel; Muniesa, Fabian (2005): Economic markets as calculative collective devices. In: Organization Studies 26 (8), S. 1229–1250.

Chapman, Christopher; Cooper, David; Miller, Peter (2009): Linking Accounting, Organizations and Institutions. In: Anthony G. Hopwood, Christopher S. Chapman, David Cooper und Peter Miller (Hg.): Accounting, organizations, and institutions. Essays in honour of Anthony Hopwood. Oxford, New York: Oxford University Press, S. 1–29.

Charney, Igal (2001): Three dimensions of capital switching within the real estate sector: A Canadian case study. In: International Journal of Urban and Regional Research 25 (4), S. 740–758.

Christophers, Brett (2014): From Marx to Market and back again: Perfoming the economy. In: Geoforum 57, S. 12–20.

Chua, Wai Fong (1995): Experts, networks and inscriptions in the fabrication of accounting images: A story of the representation of three public hospitals. In: Accounting, Organizations and Society 20 (2–3), S. 111–145.

Cieleback, Marcus; Holzmann, Christoph; Nitsch, Harald, Rottke; Nico (2008): Analysen und Prognosen von Immobilienmärkten auf Basis von Modellen. In: Karl-Werner, Schulte (Hg.): Immobilienökonomie: Volkswirtschaftliche Grundlagen. Band IV . München: Oldenbourg, 133–221

Coakley, Jerry (1994): The integration of property and financial markets. In: Environment and Planning A 26 (5), S. 697–713.

Coe, Neil, Kelly, Philip, Yeung, Henry (2007): Economic Geography. A Contemporary Introduction. Whiltshire (Blackwell).

Cushman und Wakefield – Iain Coombs (o.J.): Immobilienbewertung. Online verfügbar unter http://slideplayer.org/slide/2962364, zuletzt geprüft am 16.01.2016.

David, Louise; Halbert, Ludovic (2014): Finance Capital, Actor-Network Theory and the Struggle Over Calculative Agencies in the Business Property Markets of Mexico City Metropolitan Region. In: Regional Studies Association 48 (3), S. 516–529.

Deeg, Richard (2014): The Meltdown of Finance Capitalism: The End of Financialization?. 27.11.2014. Online verfügbar unter http://citation.allacademic.com/meta/p_mla_apa_research_citation/4/0/0/2/3/p400230_index.html, zuletzt geprüft am 13.05.2015.

DekaBank (2009): Immobilien Research Spezial. Investmentstrategien für den deutschen Immobilienmarkt.

Der Immobilienbrief (2010): BulwienGesa sieht Core-Einstufung oft als verwässert, 05.12.2010. Online verfügbar unter http://www.rohmert-medien.de/immobilienbrief/bulwiengesa-sieht-core-einstufung-oft-als-verwassert,109460.html, zuletzt geprüft am 17.01.2016.

Diaz-Bone, Rainer (2011): Die „Économie des conventions“. Grundlagen und Perspektiven eines wirtschaftssoziologischen Paradigmas. 1. Aufl. Wiesbaden: VS Verlag für Sozialwisschaft.

Dörre, Klaus (2012): Krise des Shareholder Value. In: Klaus Kraemer (Hg.): Entfesselte Finanzmärkte. Soziologische Analysen des modernen Kapitalismus. Frankfurt am Main: Campus, S. 121–143.

Dörry, Sabine (2010): Europäische Finanzzentren im Sog der Finanzialisierung. In: Bundesinstitut für Bau-, Stadt- und Raumforschung (BBSR) im Bundesamt für Bauwesen und Raumordnung (BBR) (Hg.): Internationale Immobilienmärkte – globale Immobilienwirtschaft. Informationen zur Raumentwicklung (5/6), S. 351–364.

Epstein, Gerald (2002): Financialization, Rentier Interests, and Central Bank Policy. Financialization of the World Economy. Massachusetts, 2002. Vortragspaper. Online verfügbar unter http://www.peri.umass.edu/fileadmin/pdf/financial/fin_Epstein.pdf, zuletzt geprüft am 18.01.2016.

Ertle-Straub, Susanne (2011): Immobilienmarketing. In: Kerry-U. Brauer (Hg.): Grundlagen der Immobilienwirtschaft. Recht, Steuern, Marketing, Finanzierung, Bestandsmanagement, Projektentwicklung. 8., überarb. Auflage. Wiesbaden: Gabler (Lehrbuch), S. 399–433.

Espeland, Wendy; Stevens, Mitchell (1998): Commensuratiuon as a Social Process. In: Annual Review of Sociology 24, S. 313–343.

Fama, Eugene (1970): Efficient Capital Markets: A Review of Theory and empirical work. In: The Journal of Finance 25 (2), S. 383–417.

Fama, Eugene (1995): Random Walks in Stock Market Prices. In: Financial Analysts Journal 51 (1), S. 75–80.

Fischer, Edwin O. (2002): Finanzwirtschaft für Fortgeschrittene. 3., überarb. Aufl. München, Wien: Oldenbourg (Lehr- und Handbücher zur entscheidungsorientierten Betriebswirtschaft).

Garfinkel, Harold (1967): Studies in Ethnomethodology (Social & Political Theory). Englewood Cliffs, N.J.: Prentice Hall.

Garfinkel, Harold; Sacks, Harvey (1970): On formal structures of practical actions. In: John C. McKinney und Edward A. Tiryakian (Hg.): Theoretical sociology. Perspectives and developments. New York: Appleton-Century-Crofts, Educational Division, S. 337–366.

Goffman, Erving (1959): The presentation of self in everyday life. Garden City, N.Y.: Doubleday (Doubleday anchor books, A174).

Gotham, Kevin Fox (2009): Creating Liquidity out of Spatial Fixity: The Secondary Circuit of Capital and the Subprime Mortgage Crisis. In: International Journal of Urban and Regional Research 33 (2), S. 355–371.

Granovetter, Mark (1985): Economic Action and Social Structure: The Problem of Embeddedness. In: Amercian Journal of Sociology 91 (3), S. 481–510.

Hacking, Ian (1983): Representing and intervening. Introductory topics in the philosophy of natural science. Cambridge [Cambridgeshire], New York: Cambridge University Press.

Haila, Anne (1991): Four Types of Investment in Land and Property. In: International Journal of Urban and Regional Reserach 15 (3), S. 343–365.

Haimann, Richard (2014): Immobilienfonds-Manager vertrauen auf trügerische Sicherheiten. In: Manager Magazin, 22.01.2014. Online verfügbar unter http://www.manager-magazin.de/immobilien/artikel/immobilienfonds-mit-risiko-trotz-core-investments-a-944720.html.

Handelsblatt (2015): Der Milliardendeal vom Potsdamer Platz, 17.03.2015. Online verfügbar unter http://www.handelsblatt.com/finanzen/immobilien/immobilien-in-berlin-der-milliardendeal-vom-potsdamer-platz/11515276.html, zuletzt geprüft am 16.01.2016.

Hardie, Iain; MacKenzie, Donald (2006): Assembling an Economic Actor: The Agencement of an Hedge Fund. London, 2006. Online verfügbar unter http://www.sps.ed.ac.uk/__data/assets/pdf_file/0014/3416/AssemblinganEconomicActor.pdf, zuletzt geprüft am 19.05.2015.

Harvey, David (2001): Globalization and the "Spatial Fix". In: Geographische Revue 3 (2), S. 23–30.

Harvey, David (2005): Räume der Neoliberalisierung. Zur Theorie der ungleichen Entwicklung. Hamburg: VSA-Verlag.

Harvey, David (2011): Marx' Kapital lesen. Ein Begleiter für Fortgeschrittene und Einsteiger. Hamburg: VSA-Verl.

Harvey, David (25.05.2012): Die Weltwirtschaftskrise ist eine Krise der Urbanisierung. Online verfügbar unter http://www.heise.de/tp/artikel/36/36988/1.html, zuletzt geprüft am 13.05.2015.

Heeg, Susanne (2009a): Geld und (Stadt-)Raum. Zur Nachhaltigkeit von Finanzströmen in die gebaute Umwelt. In: Wissenschaft & Umwelt Interdisziplinär (12), S. 169–175.

Heeg, Susanne (2009b): Wie Phönix aus der Asche. Immobilienwirtschaftliche Forschung in der Geographie. In: Zeitschrift für Wirtschaftsgeographie 53 (3), S. 129–137.

Heeg, Susanne (2009c): Was bedeutet die Integration von Finanz- und Immobilienmärkten für Finanzmetropolen? Erfahrungen aus dem anglo-amerikanischen Raum. In: Susanne Heeg und Robert Pütz (Hg.): Wohnungs- und Büroimmobilienmärkte unter Stress. Deregulierung, Privatisierung und Ökonomisierung. Frankfurt am Main: Rhein-Mainische Forschung des Instituts für Humangeographie der Johann-Wolfgang-Goethe-Universität (Rhein-Mainische Forschungen, Bd. 129), S. 123–141.

Heeg, Susanne (2010): Unvergleichliches vergleichbar machen! Das Herstellen von Transparenz auf internationalen Immobilienmärkten. In: Bernd Belina und Judith Miggelbrink (Hg.): Hier so, dort anders. Raumbezogene Vergleiche in der Wissenschaft und anderswo. 1. Aufl. Münster: Westfälisches Dampfboot (Raumproduktionen: Theorie und gesellschaftliche Praxis, Bd. 6), S. 85–107.

Heeg, Susanne (2013): Wohnen als Anlageform: Vom Gebrauchsgut zur Ware. In: Emanzipation 3 (2), S. 5–20.

Heeg, Susanne; Bitterer, Nadine (2015): Transnationalizing Warsaw and Communities of Practice: Standardization and Changing Building Practices in the Commercial Real Estate Sector. Global Networks, Special Issue on Transnational Building Practices: Actors, Trajectories and Modes of Knowledge Mobility 15 (3), S. 343–359.

Heeg, Susanne; Dörry, Sabine (2009): Leerstände und Bauboom – Büroimmobilien nur noch ein Anlageprodukt? Über die Folgen der Verflechtung von Finanz- und Immobilienmärkten. In: Forschung Frankfurt: Wissenschaftsmagazin der Goethe-Universität, S. 30–36.

Heintz, Bettina (2007): Zahlen, Wissen, Objektivität: Wissenschaftssoziologische Perspektiven. In: Andrea Mennicken und Hendrik Vollmer (Hg.): Zahlenwerk. Kalkulation, Organisation und Gesellschaft. 1. Aufl. Wiesbaden: VS Verlag für Sozialwissenschaften, S. 65–85.

Heintz, Bettina (2012): Welterzeugung durch Zahlen – Modelle politischer Differenzierung in internationalen Statistiken, 1948-2010. In: Soziale Systeme 18(1–2), S. 7–39.

Henneberry, John; Roberts, Claire (2008): Calculated Inequality? Portfolio Benchmarking and Regional Office Property Investment in the UK. In: Urban Studies 45 (5–6), S. 1217–1241.

Holm, Petter (2007): Which Way Is Up On Callon? In: Donald A. MacKenzie, Fabian Muniesa und Lucia Siu (Hg.): Do economists make markets? On the performativity of economics. Princeton: Princeton University Press, S. 225–243.

Holm, Petter; Nielsen, Kare Nolde (2007): Framing fish, making markets: the construction of Indivual Transferable Quotas (ITQs). In: Michel Callon, Yuval Millo und Fabian Muniesa (Hg.): Market devices. Malden, MA: Blackwell Pub. (Sociological review monographs), S. 173–195.
Hopwood, Anthony (1976): Editorial - The Path Ahead. In: Accounting, Organizations and Society 1 (1), S. 1–4.
Hopwood, Anthony (1978): Towards an organizational perspective for the study of accounting and information systems. In: Accounting, Organizations and Society 3 (1), S. 3–13.
Hopwood, Anthony (1983): On trying to study accounting in the contexts in which it operates. In: Accounting, Organizations and Society 8 (2/3), S. 287–305.
Hopwood, Anthony G.; Chapman, Christopher S.; Cooper, David; Miller, Peter (Hg.) (2009): Accounting, organizations, and institutions. Essays in honour of Anthony Hopwood. Oxford, New York: Oxford University Press.
Huffschmid, Jörg (2002): Politische Ökonomie der Finanzmärkte. Aktualisierte und erw. Neuaufl. Hamburg: VSA-Verlag.
Huffschmid, Jörg (2009): Die Krise der Finanzmärkte und die Antwort der Regierungen. In: Krise global, lokal, fundamental. Analysen und Impulse zur Politik = La @crise globale, locale, fundamentale. Zürich: Ed. 8 (Jahrbuch / Denknetz, 2009), S. 10–21. Online verfügbar unter http://www.denknetz-online.ch/IMG/pdf/Huffschmid.pdf, zuletzt geprüft am 16.01.2016.
Hutter, Michael; Stark, David (2015): Pragmatist Perspectives on Valuation: An Introduction. In: Ariane Berthoin Antal, Michael Hutter und David Stark (Hg.): Moments of valuation. Exploring sites of dissonance. Oxford, England: Oxford University Press, S. 1–12.
Hutzschenreuter, Thomas (2015): Allgemeine Betriebswirtschaftslehre. Grundlagen mit zahlreichen Praxisbeispielen. 6., überarb. Aufl. 2015. Wiesbaden: Gabler (SpringerLink : Bücher).
Jones Lang LaSalle (2012): Immobilienmarkt-Definitionen. Online verfügbar unter http://www.jll.de/germany/de-de/Documents/research/pdf/JLL_Germany_Research_Definitionen.pdf, zuletzt geprüft am 28.12.2015.
Jones Lang LaSalle (2015): Office Market Profile. Berlin 2. Quartal 2015.
Jordan, Silvia; Jørgensen, Lene; Mitterhofer, Hermann (2013): Performing risk and the project: Risk maps as mediating instruments. In: Management Accounting Research 24 (2), S. 156–174.

Kädler, Jürgen (Hg.) (2009): Finanzialisierung und Finanzmarktrationalität. Zur Bedeutung konventioneller Handlungsorientierungen im gegenwärtigen Kapitalismus. SOFI Arbeitspapier 5.

Kalthoff, Herbert (2000): Entscheiden unter Ungewissheit: Bankwirtschaftliche Standortsuche in Mittel- und Osteuropa. In: Zeitschrift für Soziologie 29 (2), S. 103–120.

Kalthoff, Herbert (2004): Finanzwirtschaftliche Praxis und Wirtschaftstheorie. Skizze einer Soziologie ökonomischen Wissens. In: Zeitschrift für Soziologie 33 (2), S. 154–175.

Kalthoff, Herbert (2007a): Ökonomisches Rechnen: Zur Konstitution bankwirtschaftlicher Objekte und Investitionen. In: Andrea Mennicken und Hendrik Vollmer (Hg.): Zahlenwerk. Kalkulation, Organisation und Gesellschaft. 1. Aufl. Wiesbaden: VS Verlag für Sozialwissenschaften, S. 143–164.

Kalthoff, Herbert (2007b): Rechnende Organisation: Zur Anthropologie des Risikomanagements. In: Jens Beckert, Rainer Diaz-Bone, Heiner Ganssmann und Richard Swedberg (Hg.): Märkte als soziale Strukturen. Frankfurt/Main: Campus (Theorie und Gesellschaft, Bd. 63), S. 151–165.

Kalthoff, Herbert; Vormbusch, Uwe (2012): Einleitung: Perspektiven der Wirtschafts- und Finanzsoziologie. In: Herbert, Kalthoff, Uwe, Vormbusch (Hg.): Soziologie der Finanzmärkte. 1. Aufl. Bielefeld: transcript Verlag (Sozialtheorie), S. 9–28.

Klus, Luise (2012): Performanz des Portfoliomanagements. In: Herbert, Kalthoff, Uwe, Vormbusch (Hg.): Soziologie der Finanzmärkte. 1. Aufl. Bielefeld: transcript Verlag (Sozialtheorie), S. 285–312.

Knorr-Cetina, Karin; Brügger, Urs (2002): Global Microstructures: The Virtual Societies of Financial Markets. In: Amercian Journal of Sociology 107, S. 905–950.

Kornberger, Martin; Justesen, Lise; Madsen, Anders Koed; Mouritsen, Jan (2015): Introduction: Making Things Valuable. In: Martin Kornberger, Lise Justesen, Anders Koed Madsen und Jan Mouritsen (Hg.): Making things valuable. First edition. Oxford, United Kingdom: Oxford University Press, S. 1–17.

Lange, Bettina (2011): Immobilienbestandsmanagement. In: Kerry-U. Brauer (Hg.): Grundlagen der Immobilienwirtschaft. Recht, Steuern, Marketing, Finanzierung, Bestandsmanagement, Projektentwicklung. 8., überarb. Auflage. Wiesbaden: Gabler (Lehrbuch), S. 539–605.

Latour, Bruno (1987): Science in action. How to follow scientists and engineers through society. Cambridge, Massachusetts: Harvard University Press.

Latour, Bruno (1999): Circulating Reference: Sampling the Soil in the Amazon Forest. In: Bruno Latour (Hg.): Pandora's hope. Essays on the reality of science studies. Cambridge, Massachusetts: Harvard University Press, S. 24–79.

Latour, Bruno (2006a): Drawing Things Together: Die Macht der unveränderlichen mobilien Elemente. In: Andréa Belliger und David J. Krieger (Hg.): ANThology. Ein einführendes Handbuch zur Akteur-Netzwerk-Theorie. Bielefeld: transcript Verlag (Science studies), S. 259–307.

Latour, Bruno (2006b): Über technische Vermittlung: Philosophie, Soziologie und Genealogie. In: Andréa Belliger und David J. Krieger (Hg.): ANThology. Ein einführendes Handbuch zur Akteur-Netzwerk-Theorie. Bielefeld: transcript Verlag (Science studies), S. 483–528.

Latour, Bruno (2007): Eine neue Soziologie für eine neue Gesellschaft. Einführung in die Akteur-Netzwerk-Theorie. 1. Aufl. Frankfurt, M.: Suhrkamp.

Law, John (2006): Notizen zur Akteur-Netzwerk-Theorie: Ordnung, Strategie und Heterogenität. In: Andréa Belliger und David J. Krieger (Hg.): ANThology. Ein einführendes Handbuch zur Akteur-Netzwerk-Theorie. Bielefeld: transcript Verlag (Science studies), S. 429–446.

Lichtenberger, Elisabeth (1995): Der Immobilienmarkt im politischen Systemvergleich. In: Geographische Zeitschrift (83), S. 21–29.

Logan, John (1993): Cycles and trends in the globalization of real estate. In: Paul L. Knox (Hg.): The Restless urban landscape. Englewood Cliffs, N.J.: Prentice Hall, S. 33–54.

Luxemburg, Rosa (1913): Die Akkumulation des Kapitals. Ein Beitrag zur ökonomischen Erklärung des Imperialismus. Berlin. Buchhandlung Vorwärts Paul Singer G.m.b.H.

Lynch, Michael (2006): Cognitive activities without cognition? Ethnomethodological investigations of selected 'cognitive' topics. In: Discourse Studies 8 (1), S. 95–104.

MacKenzie, Donald (1998): Knowing Machines: Essays on Technical Change (Inside Technology). London: The MIT Press Group Ltd.

MacKenzie, Donald (2005): Opening the black boxes of global finance. In: Review of International Political Economy 12 (4), S. 555–576.

MacKenzie, Donald (2007): Is Economics Performative? Option Theory and the Construction of Derivates Markets. In: Donald A. MacKenzie, Fabian Muniesa und Lucia Siu (Hg.): Do economists make markets? On the performativity of economics. Princeton: Princeton University Press, S. 54–86.

MacKenzie, Donald; Beunza, Daniel; Hardie, Iain (2007): Die materiale Soziologie der Arbitrage. In: Jens Beckert, Rainer Diaz-Bone, Heiner Ganssmann und Richard Swedberg (Hg.): Märkte als soziale Strukturen. Frankfurt/Main: Campus (Theorie und Gesellschaft, Bd. 63), S. 135–150.

MacKenzie, Donald A. (2006): An engine, not a camera. How financial models shape markets. 1st MIT Press pbk. ed. Cambridge, MA, London: MIT Press (Inside technology).

Markert, Christoph; Zacharias, Thomas (2006): Wirtschaftsförderung und Immobilienwirtschaft. In: Standort - Zeitschrift für Angewandte Geographie 30 (3), S. 118–122.

Markowitz, Harry (1952): Portfolio Selection. In: The Journal of Finance 7 (1), S. 77–91.

Meinel, Wulf (2011): X. „Opportunity Fonds" Eine Begriffsbestimmung und Einführung in ihre Investitionsstrategie und Organisationsweise. In: Jürgen Schäfer und Georg Conzen (Hg.): Praxishandbuch der Immobilien-Investitionen. [Anlageformen, Ertragsoptimierung, Risikominimierung]. 2. Aufl. München: Beck, S. 227–242.

Mennicken, Andrea; Miller, Peter (2012): Accounting, Territorialization and Power. In: Foucault Studies 13, S. 4–24.

Mennicken, Andrea; Miller, Peter; Samiolo, Rita (2010): Accounting for Economic Sociology. In: economic sociology_the European electronic newsletter 10 (1), S. 3–8. Online verfügbar unter http://econsoc.mpifg.de/archive/econ_soc_10-1.pdf, zuletzt geprüft am 22.05.2015.

Mennicken, Andrea; Vollmer, Hendrik (2007a): Einleitung: Fundstellen von Zahlenforschung. In: Andrea Mennicken und Hendrik Vollmer (Hg.): Zahlenwerk. Kalkulation, Organisation und Gesellschaft. 1. Aufl. Wiesbaden: VS Verlag für Sozialwissenschaften, S. 9–42.

Mennicken, Andrea; Vollmer, Hendrik (Hg.) (2007b): Zahlenwerk. Kalkulation, Organisation und Gesellschaft. 1. Aufl. Wiesbaden: VS Verlag für Sozialwissenschaften.

Meyer, John; Rowan, Brian (1977): Institutionalized Organizations: Formal Structure as Myth and Ceremony. In: American Journal of Sociology 83 (2), S. 340–363.

Miller, Peter (1992): Accounting and Objectivity: The Invention of Calculating Selves and Calculable Spaces. In: Annals of Scholarship 9 (1/2), S. 61–85.

Miller, Peter (2004): Governing by Numbers: Why Calculative Practices. In: Ash Amin und N. J. Thrift (Hg.): The Blackwell cultural economy reader. Malden, MA: Blackwell (Blackwell readers in geography), S. 179–189.

Miller, Peter (2007a): Management Accounting and Sociology. In: Christopher S. Chapman, Anthony G. Hopwood und Michael D. Shields (Hg.): Handbook of management accounting research. 1st ed. Amsterdam, Boston: Elsevier, S. 285–295.

Miller, Peter (2007b): Wie und warum das Rechnungswesen in der Soziologie in Vergessenheit geriet. In: Andrea Mennicken und Hendrik Vollmer (Hg.): Zahlenwerk. Kalkulation, Organisation und Gesellschaft. 1. Aufl. Wiesbaden: VS Verlag für Sozialwissenschaften, S. 19–42.

Miller, Peter (2010): Obituary.Anthony G. Hopwood, 1944–2010. In: The British Accounting Review (42), S. 225–226.

Miller, Peter; O'Leary, Ted (1994): The Factory as Laboratory. In: Science in context 7 (3), S. 469–496.

Miller, Peter; O'Leary, Ted (2007): Mediating instruments and making markets: Capital budgeting, science and the economy. In: Accounting, Organizations and Society 32 (7–8), S. 701–734.

Millo, Yuval (2007): Performativity in "Theories of Markets and Theories of Society", 04.05.2007. Online verfügbar unter https://socfinance.wordpress.com/2007/05/04/performativity-in-theories-of-markets-and-theories-of-society/, zuletzt geprüft am 14.01.2016.

Müller, Martin (2012): Mittendrin statt nur dabei: Ethnographie als Methodologie in der Humangeographie. In: Geographica Helvetica 67 (4), S. 179–184.

Muniesa, Fabian (2000): Performing prices: the case of price discovery automation in the financial markets. In: Herbert Kalthoff, Richard Rottenburg und Hans-Jürgen Wagener (Hg.): Facts and figures. Economic representations and practices. Marburg: Metropolis Verlag (Ökonomie und Gesellschaft, Jahrbuch 16), S. 289–312.

Naubereit, Philipp (2010): Harmonisierung der internationalen Immobilienmärkte und Folgen für die Immobilienbewertung. In: Bundesinstitut für Bau-, Stadt- und Raumforschung (BBSR) im Bundesamt für Bauwesen und Raumordnung (BBR) (Hg.): Internationale Immobilienmärkte – globale Immobilienwirtschaft. Informationen zur Raumentwicklung (5/6), S. 365–376.

Nothhaft, Howard; Wehmeier, Stefan (2013): Make Public-Relations-Research matter – Alternative Wege der PR-Forschung. In: Ansgar Zerfaß, Lars Rademacher und Stefan Wehmeier (Hg.): Organisationskommunikation und Public Relations. Forschungsparadigmen und neue Perspektiven. Wiesbaden: Springer VS (SpringerLink : Bücher), S. 311–330.

Ortiz, Horacio (2013): Financial value. Economic, moral, political, global. In: Journal of Ethnographic Theory 3 (1), S. 64–79.

Ortiz, Horacio (2014): Financial valuation and investment : techniques, organizations, politics. Finance, Food and Farming Workshop, International Institute of Social Studies (ISS). The Hague, Vortragspaper (nicht veröffentlicht), 25.01.2014.

Ouma, Stefan (2012): „Markets in the Making": Zur Ethnographie alltäglicher Marktkonstruktionen in organisationalen Settings. In: Geografica Helvetica 67 (4), S. 203–211.

Ouma, Stefan (2014): „The new enclosures". Zur Finanzialisierung von Land und Agrarwirtschaft. In: Marcel Heires (Hg.): Politische Ökonomie der Finanzialisierung. Wiesbaden: Springer VS (Globale Politische Ökonomie), S. 197–210.

Ouma, Stefan (2015a): Assembling export markets. The making and unmaking of global food connections in West Africa. Chichester: Wiley-Blackwell (RGS-IBG book series).

Ouma, Stefan (2015b): Getting in between M and M' or: How farmland further debunks financialization. In: Dialogues in Human Geography 5 (2), S. 225–228.

Ouma, Stefan; Bläser, Kerstin (2015): Räume der Kalkulation, Kalkulation des Raumes Geographien der finanziellen Ökonomisierung. In: Zeitschrift für Wirtschaftsgeographie 59 (4), S. 214–229.

Passoth, Jan-Hendrik (2010): Aktanten, Assoziationen, Mediatoren: Wie die ANT das Soziale neu zusammenbaut. In: Gert Albert (Hg.): Dimensionen und Konzeptionen von Sozialität. 1. Aufl. Wiesbaden: VS Verlag für Sozialwissenschaften, S. 309–316.

Passoth, Jan-Hendrik; Wehner, Josef (2010): Quoten, Kurven und Profile – Zur Vermessung der sozialen Welt. Einleitung. In: Jan-Hendrik Passoth und Josef Wehner (Hg.): Web 3.0. Zur Vermessung des Internets. 1. Auflage. Wiesbaden: VS Verlag für Sozialwissenschaften, S. 7–23.

Petersen, Olaf; Radke, Udo (2011): Standort- und Marktanalysen. In: Jürgen Schäfer und Georg Conzen (Hg.): Praxishandbuch der Immobilien-Investitionen. [Anlageformen, Ertragsoptimierung, Risikominimierung]. 2. Aufl. München: Beck, S. 497–516.

Pickering, Andrew (1995): The mangle of practice. Time, agency, and science. Chicago: University of Chicago Press.

Pohl, Andreas; Vornholz, Günter (Hg.) (2010): Immobilien-Investmentmarkt: Nach dem Boom ist vor dem Boom?

Pohl, Andreas; Vornholz, Günter (Hg.) (2013): Immobilien-Investmentmärkte in Deutschland. Deutsche Hypothekenbank/ Global Markets Real Estate.

Pollock, Neil; Campagnolo, Marco (2015): Subitizing Practices and Market Decisions: The Role of Simple Graphs in Business Valuations. In: Martin Kornberger, Lise Justesen, Anders Koed Madsen und Jan Mouritsen (Hg.): Making things valuable. First edition. Oxford, United Kingdom: Oxford University Press, S. 89–108.

Power, Michael (2007): Die Erfindung operativer Risiken. In: Andrea Mennicken und Hendrik Vollmer (Hg.): Zahlenwerk. Kalkulation, Organisation und Gesellschaft. 1. Aufl. Wiesbaden: VS Verlag für Sozialwissenschaften, S. 123–142.

Preda, Alex (2006): Socio-Technical Agency in Financial Markets. The Case of the Stock Ticker. In: Social Studies of Science 36 (5), S. 753–782.

Preda, Alex (2009): Framing finance. The boundaries of markets and modern capitalism. Chicago: University of Chicago Press.

Pryke, Michael (2006): Speculating on geographies finance. In: CRESC Working Paper Series 24, online verfügbar unter http://www.cresc.ac.uk/medialibrary/workingpapers/wp24.pdf zuletzt geprüft am 07.01.2016.

Rebitzer, Dieter (2011): Teil 1. Anlageformen, generelle Aspekte der Immobilieninvestition sowie Immobilieninvestoren. In: Jürgen Schäfer und Georg Conzen (Hg.): Praxishandbuch der Immobilien-Investitionen. [Anlageformen, Ertragsoptimierung, Risikominimierung]. 2. Aufl. München: Beck, S. 1–39.

Rehkugler, Heinz; Goronczy, Stefan (2007): Bewertung. In: Heinz Rehkugler (Hg.): Die Immobilie als Kapitalmarktprodukt. Verbriefte Anlagen in Immobilien. 1. Aufl. München: Oldenbourg, S. 57–95.

Rehkugler, Heinz; Sotelo, Ramon (2007): Verbriefte Immobilienanlagen als Kapitalmarktprodukte – eine Einführung. In: Heinz Rehkugler (Hg.): Die Immobilie als Kapitalmarktprodukt. Verbriefte Anlagen in Immobilien. 1. Aufl. München: Oldenbourg, S. 3–35.

Rehkugler, Heinz; Thomas, Mathias; Piazolo, Daniel (2007): Konzepte und Probleme der Messung von Renditen und Risiken indirekter Immobilien. In: Heinz Rehkugler (Hg.): Die Immobilie als Kapitalmarktprodukt. Verbriefte Anlagen in Immobilien. 1. Aufl. München: Oldenbourg, S. 97–116.

Rheinberger, Hans-Jörg (2002): Experimentalsysteme und epistemische Dinge. Eine Geschichte der Proteinsynthese im Reagenzglas. 2. Aufl. Frankfurt am Main: Suhrkamp.

Rheinberger, Hans-Jörg (2005): Kritzel und Schnipsel. In: Bernhard J. Dotzler und Sigrid Weigel (Hg.): „fülle der combination". Literaturforschung und Wissenschaftsgeschichte. München: Fink (Trajekte), S. 343–356.

Rottenburg, Richard (2002): Weit hergeholte Fakten. Eine Parabel der Entwicklungshilfe. Stuttgart: Lucius & Lucius (Qualitative Soziologie, Bd. 2).

Salden, George (2014): Die Dynamische Methode. Erfolgreich in Immobilien investieren durch perfektes Timing und ganzheitliche Betrachtung. 1. Aufl. Freiburg, München: Haufe.

Salzmann, Beat (2014):Diskontierungssätze in der Immobilienbewertung. In: SIV- Publikation Schweizer Immobilienschätzer-Verband, S. 12–13.

Schäfer, Jürgen; Conzen, Georg (Hg.) (2011): Praxishandbuch der Immobilien-Investitionen. [Anlageformen, Ertragsoptimierung, Risikominimierung]. 2. Aufl. München: Beck.

Scharmanski, André (2009): Globalisierung der Immobilienwirtschaft. Grenzüberschreitende Investitionen und lokale Marktintransparenzen; mit den Beispielen Mexiko City und São Paulo. Bielefeld: transcript Verlag (Global studies).

Schmitt, Marco (2009): Trennen und Verbinden. Soziologische Untersuchungen zur Theorie des Gedächtnisses. 1. Aufl. Wiesbaden: VS Verlag für Sozialwissenschaften.

Schubert, Jan A. (2013): Büroimmobilien in Deutschland. Die Bedeutung der Beschäftigungsstruktur für die Marktauswahl institutioneller Investoren. Köln: Immobilien Manager Verlag IMV (Schriften zur Immobilienökonomie, 64).

Sombart, Werner (1987) [1916]: Der moderne Kapitalismus. Band II. Das europäische Wirtschaftsleben im Zeitalter des Frühkapitalismus. (Duncker & Humblot 1916). München: Deutscher Taschenbuch Verlag.

Stolz, Dennis (2014): Nachhaltiges Kalkül. Zur sozial-räumlichen Konstruktion einer Finanzmarkt-Rationalität (Forum Humangeographie 13). Online verfügbar unter https://www.uni-frankfurt.de/52944447/F13_neu.pdf.

Strübing, Jörg (2013): Qualitative Sozialforschung. 1. Aufl. München: Oldenbourg.

Vollmer, Hendrik (2004): Folgen und Funktionen organisierten Rechnens. In: Zeitschrift für Soziologie 33 (6), S. 450–470.

Vollmer, Hendrik; Mennicken, Andrea; Preda, Alex (2009): Tracking the numbers: Across accounting and finance, organizations and markets. In: Accounting, Organizations and Society 34 (5), S. 619–637.

Vormbusch, Uwe (2002): Diskussion und Disziplin. Gruppenarbeit als kommunikative und kalkulative Praxis. Frankfurt am Main, New York: Campus Verlag (Studienreihe des Instituts für Sozialforschung Frankfurt am Main).

Vormbusch, Uwe (2004): Accounting. Die Macht der Zahlen im gegenwärtigen Kapitalismus. In: Berliner Journal für Soziologie 14 (1), S. 33–50.

Vormbusch, Uwe (2007): Eine Soziologie der Kalkulation: Werner Sombart und die Kulturbedeutung des Kalkulativen. In: Lars Meyer und Hanno Pahl (Hg.): Kognitiver Kapitalismus. Soziologische Beiträge zur Theorie der Wissensökonomie. Marburg: Metropolis-Verlag, S. 75–96.

Vormbusch, Uwe (2008): Von der Buchhaltung der Dinge zur Kalkulation des Immateriellen. Zahlenbasierte Steuerung im Wissenskapitalismus. In: WestEnd Neue Zeitschrift für Sozialforschung 5 (1), S. 78–101.

Vormbusch, Uwe (2010): Taxonomien des Flüchtigen: das Portfolio als Wettbewerbstechnologie der Marktgesellschaft. In: Jan-Hendrik Passoth und Josef Wehner (Hg.): Web 3.0. Zur Vermessung des Internets. 1. Auflage. Wiesbaden: VS Verlag für Sozialwissenschaften, S. 47–68.

Vormbusch, Uwe (2011): Die Herrschaft der Zahlen. Zur Kalkulation des Sozialen in der kapitalistischen Moderne. Frankfurt am Main [u.a.]: Campus-Verlag (Frankfurter Beiträge zur Soziologie und Sozialphilosophie, 15).

Vormbusch, Uwe (2012): Zahlenmenschen als Zahlenskeptiker. Daten und Modelle im Portfoliomanagement. In: Herbert, Kalthoff, Uwe, Vormbusch (Hg.): Soziologie der Finanzmärkte. 1. Aufl. Bielefeld: transcript Verlag, S. 313–337.

Vornholz, Günter (2013): Volkswirtschaftslehre für die Immobilienwirtschaft. Studientexte Real Estate Management. De Gruyter Oldenbourg.

Weick, Karl E. (1995): Der Prozess des Organisierens. 1. Aufl. Frankfurt am Main: Suhrkamp.

Windolf, Paul (2005): Was ist Finanzmarktkapitalismus? In: Paul Windolf (Hg.): Finanzmarkt-Kapitalismus. Analysen zum Wandel von Produktionsregimen. Kölner Zeitschrift für Soziologie und Sozialpsychologie. Sonderheft,45, S. 22–57.

Windolf, Paul (2008): Eigentümer ohne Risiko. Die Dienstklasse des Finanzmarktkapitalismus. In: Zeitschrift für Soziologie 37 (6), S. 516–535.

Wirtschaftsförderung Bremen: https://www.wfb-bremen.de/de/wfb-messebeteiligungen?font=plus, zuletzt geprüft am 04.01.2016

Wirtschaftsförderung Bremen: https://www.wfb-bremen.de/sixcms/media.php/1754/Immobilien%20Report%20Bremen%202010.pdf, zuletzt geprüft am 04.01.2016

Wójcik, Darius; MacDonald-Korth, Duncan (2015): The British and the German financial sectors in the wake of the crisis: size, structure and spatial concentration. In: Journal of Economic Geography 15 (5), S. 1033–1054.

Geographie

Iris Dzudzek

Kreativpolitik

Über die Machteffekte einer neuen Regierungsform des Städtischen

2016, 388 S., kart.
34,99 € (DE), 978-3-8376-3405-1
E-Book
PDF: 34,99 € (DE), ISBN 978-3-8394-3405-5

Veronika Selbach, Klaus Zehner (Hg.)

London – Geographien einer Global City

2016, 246 S., kart.
29,99 € (DE), 978-3-8376-2920-0
E-Book
PDF: 26,99 € (DE), ISBN 978-3-8394-2920-4

Antje Schlottmann, Judith Miggelbrink (Hg.)

Visuelle Geographien

Zur Produktion, Aneignung und Vermittlung von RaumBildern

2015, 300 S., kart., zahlr. z.T. farb. Abb.
29,99 € (DE), 978-3-8376-2720-6
E-Book
PDF: 26,99 € (DE), ISBN 978-3-8394-2720-0

Leseproben, weitere Informationen und Bestellmöglichkeiten finden Sie unter www.transcript-verlag.de

Geographie

Christine Scherzinger
Berlin – Visionen einer zukünftigen Urbanität
Über Kunst, Kreativität und alternative Stadtgestaltung

März 2017, 350 S., kart.
34,99 € (DE), 978-3-8376-3717-5
E-Book
PDF: 34,99 € (DE), ISBN 978-3-8394-3717-9

Nicolai Scherle
Kulturelle Geographien der Vielfalt
Von der Macht der Differenzen zu einer Logik der Diversität

2016, 296 S., kart.
34,99 € (DE), 978-3-8376-3146-3
E-Book
PDF: 34,99 € (DE), ISBN 978-3-8394-3146-7

Raphael Schwegmann
Nacht-Orte
Eine kulturelle Geographie der Ökonomie

2016, 180 S., kart.
24,99 € (DE), 978-3-8376-3256-9
E-Book
PDF: 21,99 € (DE), ISBN 978-3-8394-3256-3

Leseproben, weitere Informationen und Bestellmöglichkeiten finden Sie unter www.transcript-verlag.de